HEYNE BÜCHER

SACHBUCH

Véronique Le Guen

Allein mit der Angst

Eine Frau im Grenzbereich menschlicher Erfahrung: 100 Tage in totaler Isolation

Aus dem Französischen von Monika Hofko

WILHELM HEYNE VERLAG
MÜNCHEN

HEYNE SACHBUCH
Nr. 19/2014

Titel der französischen Originalausgabe
SEULE AU FOND DU GOUFFRE
Erschienen bei Les Editions Arthaud, Paris

Redaktion: Elisabeth Richter

Gekürzte Taschenbuchausgabe
im Wilhelm Heyne Verlag GmbH & Co. KG, München

Bildrechte Innenteil und Umschlag:
Sygma/Francis Le Guen
Printed in Germany 1992
Umschlaggestaltung: Atelier Adolf Bachmann, Reischach
Satz: Fotosatz Völkl, Puchheim
Druck und Verarbeitung: Ebner Ulm

ISBN 3-453-05816X

Vorwort zur deutschen Ausgabe

Als Véronique Le Guen am 29. November 1988 die 80 Meter tief gelegene Höhle im Valat-Nègre bei Millau (Südwestfrankreich) verläßt, hat sie insgesamt 110 Tage unter der Erde verbracht, die längste Zeit, die ein Mensch bis dahin je in Isolation lebte.

Das Experiment diente den medizinisch-wissenschaftlichen Zwecken; Véronique Le Guen führte regelmäßige Urin-, Speichel- und Bluttests durch; ihre Körpertemperatur und ihre Gehirnströme wurden laufend gemessen, und ihre Schlaf- und Wachphasen richteten sich nicht mehr nach einem vorgegebenen Rhythmus, sondern folgten nur ihren eigenen Bedürfnissen.

Jedes Kapitel entspricht einem Zyklus und umfaßt die Phase vom Aufwachen über die Schlafphase bis zum nächsten Aufwachen. Per Knopfdruck meldete sie diese Momente dem Forschungslager, das zu ihrer Überwachung am Einstiegsort der Höhle eingerichtet war. So konnte nachträglich die Dauer der Zyklen rekonstruiert werden.

In einem Tagebuch hielt Véronique Le Guen jeden Moment ihres einsamen Höhlendaseins fest. Mit erschütternder Offenheit schildert sie ihre Ängste, ihre bulimischen Anfälle, mit denen sie ihre psychische Anspannung zu bekämpfen versucht, ihre Gedanken und Sehnsüchte, die sie als eine Frau zeigen, die extreme Situationen geradezu sucht, um ihre Grenzen auszuloten. Sie beschreibt das fortschreitende Entgleiten der Erdenrealität, die Absurdität einer Existenz fern von menschlicher Gesellschaft.

Ein gutes Jahr nach dem Experiment nimmt sie sich, 33jährig, mit einer Überdosis Schlaftabletten das Leben – ob als Folge der Erfahrungen während ihres Höhlenlebens, in dem sie oft am Rande des Abgrunds stand, ist nicht mehr nachvollziehbar.

Ein Brief, den sie kurz vor ihrem Selbstmord an ihren Mann Francis Le Guen schrieb, läßt einen solchen Zusammenhang ahnen: »Unter der Erde sind mir Dämonen begegnet (…). Ich habe hier nichts mehr verloren, und so verlasse ich diese Welt. (…) Ich habe zwar Angst vor dem Tod, aber noch mehr Angst habe ich vor dem Leben.«

Einleitung

Das »Experiment jenseits der Zeit«, so bezeichnet von seinem Initiator und Leiter Michel Siffre, besteht darin, einen Menschen vorübergehend völlig von der Außenwelt zu isolieren. Das bedeutet, daß diese Person weder das Tageslicht sieht noch sonst irgendeinen Bezugspunkt für eine Zeiteinteilung hat (Uhr, Musik etc.).

Das vorrangige Ziel eines solchen Experiments liegt in der Erforschung von Bio- und Schlafrhythmus. Denn diese sind dann nicht mehr durch die äußere Umwelt bestimmt (den Tag-Nacht-Rhythmus von 24 Stunden), sondern durch die innere Uhr des Menschen.

Dazu hat Michel Siffre eine Höhle gewählt, die auf ökonomische Weise alle Bedingungen eines künstlich geschaffenen hermetischen Raumes erfüllt: konstante Temperatur und Luftfeuchtigkeit, völlige Isolation von der Erdoberfläche und vom Tageslicht, Reduzierung der Reizeinflüsse auf Gehör-, Gesichts- und Geruchssinn etc. Außerdem kann aufgrund des ungewohnten und etwas beklemmenden Milieus einer Höhle zur Erforschung menschlichen Verhaltens in Einzelhaft beigetragen werden.

Als Testperson hat Michel Siffre eine Frau ausgewählt, und zwar aus einem ganz einfachen Grund. Verschiebungen im Hormonhaushalt lassen sich bei einer weiblichen Versuchsperson klarer feststellen als bei einer männlichen. Tut mir leid, meine Herren!

Das Experiment fand vom 10. August bis zum 29. November 1988 in einem Naturschacht des Valat-Nègre in der Kalkhochebene des Causse Noir in Aveyron statt. Diese überwältigend schöne Gegend liegt elf Kilometer von der Stadt Millau entfernt. Während der fünf Monate bis zum Beginn des Experiments – und natürlich für die Dauer des Experiments selbst – war in der Nähe der Höhle ein Forschungscamp eingerichtet worden. Die Grotte im Valat-Nègre nimmt ihren Anfang an einem 57 Meter tiefen Schacht, einem eindrucksvollen, zylindrisch geformten Brunnen. Am Fuß dieses Zylinders erstreckt sich ein gewaltiger Erdwall, der in mehr als 80 Meter Tiefe führt. Hier ist der Boden eben, und nach weiteren 100 Metern etwa stößt man auf das »unterirdische Lager«, das Herzstück des Experiments. Das Gewölbe ist riesig. Hier hätte eine ganze Kirche Platz (das ist relativ, ich weiß ...).

Der Höhlenforscher-Club des Causse-Gebiets hat Tag und Nacht hart gearbeitet, um dieses unterirdische Lager einzurichten, um die endlos langen Elektro- und Telefonkabel auszurollen, Gefriertruhe, Meßgeräte und andere Ausrüstungsgegenstände hinunterzuschaffen, eine Fläche von 50 Quadratmetern mit Holzbrettern zu isolieren, das Zelt, die Bücherregale aufzubauen ...

Der Einstieg zur Grotte wurde künstlich abgedichtet durch eine massive Holzluke mit einer verriegelten Klappe in der Mitte, dem einzigen Zugang zur Höhle. Ein Seilzug ermöglichte den Transport der wissenschaftlichen Instrumente, die ich während des Experimentes benötige. Das sollte während meiner Schlafphasen vonstatten gehen, und ich sollte später die Sachen unten am Fuß des Schachtes abholen.

Ein Telefon stellte die Kommunikation zwischen dem unterirdischen Lager und dem Labor oben her. Von dem Moment an, wo ich ins »Zeit-Jenseits« kam, sollte sie nur in eine Richtung funktionieren: Ich sollte alle Informationen zu den Posten »da oben« melden.

Darüber hinaus war in meinem Zelt ein Mikrophon eingebaut, durch das auch der leiseste Seufzer mitgehört werden konnte. Meine Abgeschnittenheit von der Welt sollte so vollständig wie möglich sein. Ich sollte keinerlei Informationen übermittelt bekommen.

Die Temperatur in der Grotte betrug 9,5 °C bei einer Luftfeuchtigkeit von annähernd 99 %.

Am Tag meines Abstiegs befanden sich unter der Erde: Tiefkühlgerichte und Konserven für über drei Monate, 1000 Liter Wasser und 900 Bücher. Allerhand, um eine Belagerung durchzustehen, eine Belagerung durch die Einsamkeit ...

Michel Siffre hatte rund um die Uhr Aufsichtsposten im Labor oben organisiert. Meine »Schutzengel« sollten Tag und genaue Stunde jedes meiner Anrufe notieren. Das erlaubt unter anderem eine exakte Erforschung der »Zeitverschiebung«, die man unter der Erde erlebt.

Schutzengel waren sie wirklich, geduldig, freundlich und zuverlässig. Ihnen sei hiermit gedankt: Thierry Martin, Christophe Vaysset, Christian Vasseur vom Höhlenforscher-Club Causse, Hugues Lapeyronnier vom Höhlenforscher-Club Paris. Und natürlich dem großen Organisator des Experiments, dem ich diese wunderbare Bewährungsprobe verdanke, Michel Siffre.

Mittwoch, 10. August 1988 – 14 Uhr 26

Unter den Augen der Menschenmenge vor dem Forschungszelt verschwinde ich in der Tiefe. Das Zählen gegen den Strich hat begonnen ...

Francis verbringt eine letzte Nacht mit mir – unter der Erde.

Vor dem Zeit-Jenseits
Donnerstag, 11. August 1988

Ich habe noch die Elektroden für die Nacht im Gesicht und bin an Drähte angeschlossen, die meine Gehirnströme direkt nach oben leiten. Francis wird gleich endgültig gehen. Sein Gesicht ist verschlossen, er sagt kein Wort.

Er ordnet seine Photoapparate, und nach einem langen Kuß kehrt er mir den Rücken zu. Ich halte es nicht aus, mache mich von den Drähten los und laufe zu ihm, um ihn bis zum Wall zu begleiten. Francis ist bedrückt und hat wie ich Tränen in den Augen. Dann sehe ich das Licht seiner kleinen Lampe in der Höhe tanzen.

Freitag, 12. August 1988

Ich muß auf Anweisung von oben Dinge tun, die sich nicht in meinen Rhythmus einfügen. Man könnte fast meinen, ich hätte das Forschungscamp noch gar nicht verlassen.

Dreimal läßt mich Hugues zur Eingangsluke gehen, um defektes Gerät hinaufzubefördern oder Sachen zu holen. Unmöglich, die Uhrzeit nicht zu wissen, denn da oben wird auf Hochtouren gearbeitet, um jede Minute zu nutzen. Es ist sehr anstrengend, etwas zur Luke zu schaffen. Ich muß mit aller Kraft am Seil ziehen, um einen Sack, der über zehn Kilo schwer sein kann, die 60 Meter hochzuhieven. Dabei habe ich gedacht, ich sei, sobald ich einmal in dem Loch unten wäre, weniger Zwängen ausgesetzt, und weil ich eigensinnig bin, hasse ich das Gefühl, daß man mich zu etwas zwingt, auch von da oben aus. Folglich habe ich entsetzlich schlechte Laune: zwei Punkte auf der Zehn-Punkte-Skala.

Macht mich etwa der Kaffee so nervös? Bestimmt. Ich möchte jetzt gern endgültig mit dem Experiment anfangen. Doch heute sollen noch ein paar Leute wegen letzter Dreharbeiten kommen, und die Vorstellung, Menschen sehen zu müssen und noch nicht wirklich mit der Einsamkeit konfrontiert zu sein, nervt mich. Glücklicherweise bin ich allein. Ich hätte nämlich gute Lust, meinen Ärger an jemandem auszulassen. Nach der Anstrengung am Seilzug bin ich schweißgebadet. Meine Hände sind schmutzig, doch ich setze mich trotzdem an die Schreibmaschine, um wieder einen freien Kopf zu bekommen. Aber ich hasse es, mit schmutzigen Händen zu tippen oder sonstige Präzisionsarbeiten auszuführen. Ich werde fünf Schüsse abfeuern; so kann ich die angestauten Aggressionen loswerden. Die Pistole soll eigentlich meine Wachsamkeit und Konzentration testen. Na ja, dann wird sie mich jetzt halt vor einem Nervenzusammenbruch bewahren. Die Zielscheibe gegenüber dem Zelt denke ich mir als einen Menschen, und ich werde auf alle schießen, die mich in diese Lage gebracht haben; denn ich bin überzeugt, daß die anderen schuld daran sind, daß ich nervös bin. Aber ich weiß ebensogut, daß ich einen saumäßigen Charakter habe, für den ich ganz allein verantwortlich bin! Meine Güte! Ich habe noch nicht einmal richtig mit dem Experiment angefangen und bin schon schlechter Laune. Ach was. Ich werde mir etwas zu essen machen und lesen, während ich auf die letzten Besucher warte …

Es kommen nur André und Thierry, um die letzten Vorkehrungen zu treffen; der eine am Telefon, der andere an der Luke. Sie halten sich nicht lange auf.

Okay. Diesmal gehen wir endgültig …

Ich schaue zu, wie sie langsam zurückgehen. Ich fühle, wie sie noch einmal die unterirdische Landschaft in sich aufnehmen und sich gerührt sagen:

Drei Monate! Drei Monate wird sie da unten bleiben, und ich bin der letzte, der sie gesehen hat!

Meine Grubenlampe brennt schwach und geht endlich aus. Ich gehe die Batterie auswechseln, während sich André anseilt. Dann kehre ich zum Erdwall zurück, als würde es mich zu einem Geliebten hinziehen, und schaue den kleinen Lämpchen nach, die mir sanft schaukelnd »Auf Wiedersehen. Bis in drei Monaten!« zurufen.

André ist bereits hinausgestiegen. Jetzt Thierry. Er winkt mir ein letztes Mal zu und ruft »Tschüs, meine Gute!«, um seine Rührung zu verbergen. Dann verschwindet er in der Höhe, geschluckt von den Felsen. Mein Arm ist immer noch zu einer Abschiedsgeste gereckt, als ich die Klappe höre. Sie schließt sich mit einem dumpfen Laut, der endlos von den Wänden widerhallt. Es herrscht vollkommene Finsternis. Ich bin allein, endgültig allein unter der Erde für mehr als 100 Tage. Ich schaue noch einmal nach oben und versuche, wenigstens einen winzig kleinen Lichtstrahl von draußen zu erhaschen. Doch nichts. Nur die Dunkelheit schickt mir ihr stilles Echo.

Ich senke den Kopf und starre auf ein komisches rundes Steinchen zu meinen Füßen. Ich fühle bereits, wie die Höhle von mir Besitz ergreift, und der Lichtkreis, in dem ich stehe, ist nicht stark genug, um die eisige Leere um mich herum zurückzudrängen. Aus den Augenwinkeln sehe ich die Stalaktiten ihre scharfen Spitzen auf mich richten. Wassertropfen dröhnen wie Gongschläge. Die Luft drückt mir mit ihren durchsichtigen, feuchten Händen die Kehle zu. Doch jetzt ist es zu spät. Hastig gehe ich zur hell erleuchteten Plattform zurück, wo mein Zelt steht. Ich mache mich an den Abwasch, und das vertraute Klappern der Pfannen und Plastikschüsseln verscheucht das Gespenst meiner neuen Einsamkeit.

Vorbei ist es für mich mit der heißen Sonne im Causse, vorbei mit dem Vogelgezwitscher und dem Rascheln der Walnußbäume am Abend. Vorbei mit dem Duft von trockener Erde und Pinien. Vorbei die Liebe in freier Natur mit Francis. Vorbei das Requiem von Mozart. Ich werde weder das Ende des Sommers noch die Kastanien im Herbst erleben.

Ich werde nicht mehr mitbekommen, wie die Politiker gegen Windmühlen ankämpfen. Keine Restaurants mehr, kein Kino, keine Schokolade, keine Oper, keine Freunde, kein Mann, kein Alkohol. All das stecke ich in ein kleines Kästchen in meinem Kopf, das ich erst in 100 Tagen wieder öffnen werde. Im Moment schiebe ich den bedrohlichen Augenblick weg, in dem ich nichts mehr aufzubauen oder aufzuräumen habe in der begrenzten Welt meines Zeltes. Ich packe statt dessen die Sachen für mein unterirdisches Leben aus, eine Existenz im Dunkeln, geschützt vor indiskreten Blicken.

Um glücklich zu sein, muß man im Verborgenen leben, heißt es. Also gut! Ich werde versuchen, mich an diese Devise zu halten.

Mit Vergnügen entdecke ich all die Bücher wieder, die ich vor drei Monaten sorgfältig ausgewählt habe. Von Science-fiction bis zu japanischer Dichtung, die Comics nicht zu vergessen.

Ich blättere sie der Reihe nach durch und räume sie in die Bücherregale aus weißem Holz, die förmlich nach Literatur lechzen. Ich weiß, daß die Feuchtigkeit die Bücher aufquellen läßt und die Buchdeckel verbiegt. Ich weiß, daß die Seiten porös werden und aufweichen ... Aber ihr Anblick beruhigt mich – es sind die einzigen Freunde, die ich in den nächsten drei Monaten haben werde.

Zufällig fällt mein Blick auf das Thermometer über meinem »Bett«. Es zeigt zehn Grad und 90 % Luftfeuchtigkeit an. Ich suche mir Beschäftigung, um die Kälte nicht zu spüren, die sich wie ein unsichtbares Krebsgeschwür in mir ausbreitet.

Alle medizinischen Geräte ordne ich in die Regale ein: Lanzetten zur Blutentnahme aus den Fingerkuppen, Wattebäusche zum Kauen für die Speichelproben, kleine weiße Gefäße für den Urin. Elektroden für Gesicht, Herz, Atmung, Brust, eine Rektalsonde zum Messen der Körpertemperatur; eine Armmanschette für den Blutdruck; sie ist mit einem kleinen Apparat verbunden, der bei jeder Messung Kompressorgeräusche von sich gibt (und mir dabei den Arm zusammenquetscht, als wolle er alles Blut herauspressen); Glasröhrchen für die Analyse und Plastikröhrchen zum Einfrieren. Äther, Alkohol, Behälter mit destilliertem Wasser, meterweise Mullbinden und Papierrollen, kurz, ein richtiges medizinisches und wissenschaftliches Labor.

Sogar eine elektrische Schreibmaschine habe ich herunterbringen lassen und mich sofort hingesetzt, um die ersten Augenblicke meines Lebenskampfes (noch nicht Überlebenskampfes) unter der Erde festzuhalten.

Sobald ich nicht mehr tippe, höre ich die Tropfen beharrlich und unablässig tönen. Da! Mir scheint, das Geräusch ist jetzt lauter als vorhin. Ich spitze die Ohren. Ja, man könnte fast meinen, es falle mehr Wasser. Das elektrische Licht, das von der Oberfläche gespeist wird, flackert. Da oben muß ein schreckliches Gewitter toben. Und wenn es zuviel regnet? Werden dann womöglich die kleinen Rinnsale zu Bächen, zu Flüssen und die ganze Höhle überschwemmen? Bei dieser Vorstellung von einer Katastrophe muß ich grinsen, doch dann gefriert mir das Blut in den Adern. Und wenn so etwas tatsächlich passieren würde? Plötzlich bekomme ich Angst vor den Elementen, Angst vor der Grotte und ihren Geheimnissen, Angst vor dem Unbekannten. Ich halte es nicht mehr aus in meinem Zelt, ich muß mir die Wasserkaskaden, die ich höre, aus der Nähe anschauen. Ich schalte die Schreibmaschine aus, deren unregelmäßiges Klappern mich gleichzeitig nervös macht und beruhigt, ziehe meine Stiefel an, schlüpfe in meine Daunenjacke und dringe in die Dunkelheit ein ...

Zuerst gehe ich zu den nächstgelegenen Becken, doch ich kann die Augen noch so weit aufsperren, sie wirken weder größer als zuvor, noch scheint es stärker zu tropfen.

Die Wasserader! Dort muß ich nachsehen. Unter unangenehmen Tropfgeräuschen renne ich zum Ende der Grotte und wäre beinahe der Länge nach mitten in eine Lehmpfütze gefallen. Mit meiner Lampe beleuchte ich prüfend den Wasserstand: Nichts regt sich, nicht die kleinste Erschütterung auf der glänzenden Oberfläche des Sees. Alles Einbildung! Ein Streich meiner überreizten Nerven. Es tropft weder mehr noch weniger als in all den Jahrtausenden, die die Höhle bereits existiert. Und ich bilde mir ein, daß die Elemente ihren Lauf ändern, nur weil ich für drei Monate hierhergekommen bin. Genauso schnell, wie ich aus der Fassung geraten bin, beruhige ich mich wieder und gehe etwas zermürbt zum Zelt zurück.

Ich räume ein paar Sachen auf, schlinge ein Fertiggericht hinunter, befestige meine Gesichtselektroden, gebe eine Nachricht nach oben und schlafe in eine lange Zeitreise hinüber.

1. ZYKLUS

13.–14. August 1988
Erster Tag im Zeit-Jenseits

29 h 51 – davon 17 h 30 Wachphase, 12 h 21 Schlaf

Jetzt ist es soweit. Ich bin endgültig jenseits der Zeit! In meinem Schlafsack ist es mollig warm, und ich gedenke so lange wie möglich liegenzubleiben. Endlich einmal stundenlang faulenzen! Ich sehne mich schon jetzt nach Liebe, und Francis' Umarmungen fehlen mir. Doch was soll's, solche Gedanken bringen mich nur durcheinander, und ich verursache bestimmt extreme Ausschläge auf dem kleinen walkmanähnlichen Gerät, das meine Gehirnströme und meinen Herzschlag aufzeichnet.

Neben mir liegt Baptistin, ein riesiges Plüschtier mit dicken Backen, einer großen Schnauze, großen Füßen, einem dicken Bauch und kleinen Hörnern. Seine Rundungen tun mir gut. Ich habe mich auf den ersten Blick in dieses Spielzeug verliebt ...

Jetzt stehe ich auf in meiner ganzen Montur. Obwohl ich gut geschlafen habe, bin ich noch nicht richtig wach. Die Elektroden lasse ich noch dran für die Hauttests und den Konzentrationstest. Ich wasche mir das Gesicht, trage eine Creme auf und ziehe mich um.

Ich frühstücke auf der Terrasse, vor der stummen Versammlung von Säulenheiligen (den Stalagmiten), die sich eigentlich durch meine leidenschaftlichen Ansprachen erweichen lassen müßten. Denn ich führe Selbstgespräche. Schon früher habe ich mich dabei überrascht, aber jetzt nimmt es gespenstische Ausmaße an. Ich stelle Fragen, beantworte sie, erörtere, kommentiere, schreie, singe, rufe, forsche nach, schweife aus, philosophiere, denke nach (geht das überhaupt), staune und stelle fest; kurz, man könnte glauben, ich sei in Gesellschaft einer Versammlung redseliger Menschen.

Mein erster richtiger Tag im Zeit-Jenseits hat angefangen. Eigentlich kann ich noch keinen Unterschied zu den vergangenen Tagen feststellen. Es kommt mir vor, als sei ich bei mir zu Hause. Die Selbstverständlichkeit, mit der ich mich hier eingerichtet habe, verwirrt mich selbst. Jedes Ding hat seinen Platz gefunden, und mir habe ich mitten im Zelt zwischen Bücherregal und Schreibtisch ein Daunennest gebaut, als könnte es nirgendwo anders als hier sein.

Diese Grotte war für mich bestimmt, und tief in meinem Innern habe ich darauf gewartet, wieder zur Mutter Erde zurückzukehren, mit ihr eine Zeitlang zu leben. Mir ist weder beklommen noch ängstlich zumute. Ich trauere dem Leben da oben nicht nach, es ist zu hektisch, zu wild, zu gewalttätig. Ich bin ruhig, zu ruhig fast. Ich habe diese gewisse Klarsichtigkeit, wie man sie vor (oder eher nach?) einer verheerenden Katastrophe empfindet. Ich nehme mich zwar wahr, aber ich kann kein tiefes Gefühl dabei empfinden, und daß ich jetzt mehr als drei Monate in völliger Einsamkeit leben muß, beunruhigt mich noch nicht.

Ich sehe zum Heulen aus: fettige, strähnige Haare, der Kopf rasiert für die Elektroden und überall Ausschlag. Außerdem erhöhen die Meßgeräte, die unter meinem Overall befestigt sind, meinen Taillenumfang um einiges. Wenn ich mich von der Seite im Spiegel anschaue, komme ich mir vor wie im sechsten Monat schwanger.

Der Geschmack des Essens wird schnell fad, der Kaffee verliert sein Aroma, nur das Salz behält seine Schärfe, und das Olivenöl erinnert mich noch immer an den Sommer.

Hitze- und Kälteschauer überlaufen mich. Wenn ich merke, daß mir kalt wird, ist es meist schon zu spät, und ich muß mich eine Zeitlang bewegen, um ein paar Kalorien zu mobilisieren. Ich lese »Le Coup de lune«, einen Roman von Simenon, der in Gabun spielt und mir den Schweiß auf die Stirn treibt, und die Wärme in meinem Bett schläfert mich ein.

Wach- und Schlafphasen (oder besser gesagt, Phasen des Schlafbedürfnisses) wechseln, und noch weiß ich nicht so recht, wie ich damit umgehen soll. Gehe ich schlafen, muß ich vorher alle Tests absolvieren und die Elektroden anschließen, gehe ich nicht, habe ich aber auch nicht die Energie, etwas zu unternehmen. Ich lese weiter und schwitze im Regenwald am Äquator. Zeitweise bin ich so in die Erzählung versunken, daß ich ganz überrascht in meiner Höhle wieder auftauche und einige Sekunden brauche, um mir darüber klarzuwerden, wo ich bin.

2. ZYKLUS

14.–15. August 1988

19 h 52 – davon 11 h 52 Wachphase und 7 h 37 Schlaf

Ich habe den Tag mit einem riesigen Frühstück begonnen: Rinderhack, Kekse, Quark, Müsli und Kaffee. Vor dem Schlafengehen hatte ich nämlich bloß eine Gemüsesuppe gegessen, und ohne die Unterbrechung durch eine »normale« Mahlzeit hatte ich das Gefühl, nur einen halben Tag hinter mir zu haben. Aber ich habe ja die Erschöpfung gespürt und weiß, das es geraume Zeit gedauert haben muß, meine Behausung herzurichten. Ich habe zwar versucht, gegen die Müdigkeit anzukämpfen, aber ich hatte nicht mehr die Kraft zu lesen. Nur ein Gefühl der Leere. Mein Kopf dröhnt wie eine alte Kuckucksuhr. Ich konzentriere mich auf alltägliche Dinge, aber es erscheint mir immer schwieriger, zwei Vorstellungen, zwei Gedanken miteinander zu verknüpfen. Ich verliere meinen Gesprächsfaden, und auch die schweigsame Versammlung der bleichen Säulenheiligen entfacht meine Streitlust nicht mehr. Liegt es an der Tageszeit, am Ort oder am Zeitsprung? Alles entgleitet mir. Selbst das Lesen scheint über meine Kräfte zu gehen, und ich kann nicht einmal mehr träumen, bleibe an fixen Ideen haften und kann mich von diesen Obsessionen nicht mehr lösen.

Um meine Laune ist es nicht zum besten bestellt, ich bin schweigsam; habe keine Lust zu reden, keine Lust zu singen. Und schon jetzt frage ich mich, wie es mich nur hierher verschlagen hat. Nie hätte ich mir träumen lassen, daß es in meinem Leben einmal ein Loch von fast vier Monaten geben würde.

Als Tochter kleiner Geschäftsleute verbrachte ich meine Jugend zwischen Erbsendosen und Schokoladentafeln. Am schulfreien Donnerstag trug ich Prospekte aus, um die Leistungen des familieneigenen Lebensmittelgeschäfts anzupreisen, oder zeichnete mit meinem Bruder Jacques die neuen Waren aus.

Dann studierte ich Literaturwissenschaft und Politik, beendete allerdings das Studium nicht, sondern sprang ins kalte

Wasser des Arbeitslebens, denn der Laden meiner Eltern streckte die Waffen vor den Supermärkten von Saint-Maur-des-Fosses, und mein Vater erkrankte an multipler Sklerose.

Ich wurde Chefsekretärin beim Staatlichen Milcherzeugerverband, wo ich eines Tages am Telefon diese umwerfende Stimme hörte. Es traf mich wie ein Blitz, ich verliebte mich in Francis. Dieser junge stellvertretende Geschäftsstellenleiter war damals bereits ein erfahrener Höhlentaucher. Statt mir seine Briefmarkensammlung zu zeigen, erzählte er von seinen Expeditionen, den Gefahren, seinen wunderbaren Erlebnissen und der ungeheuren Freude, etwas Neues zu entdecken. Und noch am selben Abend lud ich ihn ein, seine Zahnbürste mitzubringen; das geht nun bereits zehn Jahre ...

So kam ich auf dem Weg der Liebe in die verborgene Welt der Höhlen, des Tauchens, der Wochenendtouren quer durch ganz Frankreich. Oft kehrten wir erst am Montag morgen, eine knappe Stunde vor Bürobeginn, von diesen Ausflügen zurück, übermüdet, erschöpft, aber glücklich.

Dann verzichteten wir auf den Genuß einer Existenz zwischen Arbeiten, Essen, Schlafen und entschieden uns für ein Leben voller Abenteuer, das von Forscherdrang und Reiselust bestimmt wird.

Unseren Lebensunterhalt bestreiten wir mit Francis' unvergleichlichen Photoreportagen, bei denen ich ihm helfe, so gut ich kann.

Michel Siffre und ich haben uns schon vor langer Zeit kennengelernt und sind Freunde geworden. Ich erinnere mich noch sehr gut an meine staunend-interessierte Reaktion, als Michel vor einigen Monaten Andeutungen darüber machte, daß er eine Frau suche, die eine Zeit unter der Erde leben solle: »Ich würde ja wirklich gern wissen, wie man es über drei Monate unter der Erde aushalten kann!«

Jetzt bin ich dabei, es zu erfahren.

3. ZYKLUS

15.–16. August 1988

28 h 37 – davon 19 h 12 Wachphase, 9 h 25 Schlaf

In mein Heft trage ich ein: »Montag, 15. August 1988«, aber ich glaube, daß eigentlich Dienstag vormittag ist – nach der Zeit über Tage natürlich – (*in Wirklichkeit bin ich aufgewacht am 15.8., 15 Uhr 33*).

Wohl oder übel stellt sich eine gewisse Routine ein. Die Verbindung zur Außenwelt wird durch ein Telefon mit Kopfhörern gewährleistet. Wenn ich einen Knopf drücke, werden die Posten über Tage durch drei zarte Töne alarmiert, denen jedesmal unmittelbar die Anweisung folgt: »Die Herren wissenschaftlichen Beobachter vom Valat-Nègre werden gebeten, unverzüglich ans Mikrophon zu kommen …«

Doch Zeus setzt seinen Kopf durch, und ein Gewitter tobt. Einige Meter neben dem Zelt hat der Blitz eingeschlagen, den Computern stehen die Haare zu Berge, und das Telefon spielt verrückt. Es ist gestört und läutet an beiden Leitungsenden ununterbrochen, doch ein »coitus telephonus interruptus« beendet die Angelegenheit mit einem durchdringenden »Squiiiik«. Jetzt kann ich die medizinischen Daten aus meinem grotesken Hort der Ruhe nach oben in den tosenden Sturm durchgeben. Die Sintflut rauscht noch immer auf das Labor nieder, als ich am Ende der Leitung eine leise Stimme höre, die beruhigend klingen will: »Äh, es ist alles in Ordnung … Äh. Wir werden die Tests ein bißchen später machen …«

In diesem Moment fällt die Hauptsicherung aus und läßt mich im Dunkeln … aber immerhin im Trockenen zurück. Über der Erde gießt es, während ich in meiner hermetisch abgeschlossenen Steinblase die Leinen losmache und, weit weg von den Meinen, weit weg von allem, in die Tiefen der Zeit eintauche …

Mehrmals hintereinander sitze ich unter Verdunkelung. Und so mache ich es mir mit Tierzeitschriften in meinem Bett gemütlich. Mit meiner Lampe am Kopf, in Zeitschriften blätternd und in meinen Schlafsack gekuschelt, fühle ich mich wie ein Schulmädchen, das Ferien hat.

Dann wasche ich mir die Haare und trockne sie mir mit dem

Föhn. Wie mir die Wärme guttut! Ich verwandle mich langsam, schminke mich und decke die wunden Stellen, die die Elektroden hinterlassen, mit einer hautfarbenen Creme ab. Dann mache ich mit der Polaroid-Kamera eine Serie »Glamour-Photos« und schreibe anschließend einen Brief an Francis (den ich ihm erst in drei Monaten geben werde ...), um ihm zu sagen, daß er mein großer Teddybär ist ...

Ich verbringe viel Zeit »draußen«, paradox ausgedrückt, das heißt auf der Plattform vor dem Zelt. Ich merke, wie sich allmählich gewisse Verrichtungen wiederholen: Wasser holen, Mülleimer ausleeren, aufräumen, denn obwohl ich allein bin, richte ich Chaos und Unordnung an. In gewisser Hinsicht ist das ganz gut, denn so bin ich wenigstens beschäftigt; andererseits wird mir dadurch auch die Sinnlosigkeit dieser Arbeiten bewußt.

Ich habe eigentlich keine Angst vor der Einsamkeit, eher davor, daß ich nichts mehr zu tun habe. Ich weiß ja, daß sie sich da oben um mein Wohlergehen sorgen. Ich weiß, daß mich jemand am Ende der 100 Tage erwartet, weiß, daß meine Freunde an mich denken, daß Francis sich nach mir sehnt. Ich weiß, daß ich vielen Menschen wichtig bin. Man kann im Grunde nicht von Einsamkeit sprechen, denn meine Isolation ist nur äußerlich, und sie ist vor allem freiwillig. Das ist überhaupt nicht zu vergleichen mit der Einsamkeit alter Leute, die niemanden mehr haben, der sie erwartet.

Untätig sein bedeutet, mit geistiger Leere konfrontiert zu sein, und das ist das Schlimmste. Im Moment kann ich dieser extremen Situation entgehen, denn ich beschäftige mich ohne Unterlaß mit Schreiben. Aber ich weiß auch, daß meine Phantasie Grenzen hat.

Ich lese den Roman »L'Ombre chinoise« von Simenon zu Ende. Der Text hat eine derart suggestive Kraft, daß ich ganz erstaunt bin, als ich mich in meinem Bett wiederfinde. Ich war in dem heruntergekommenen Haus der Helden des Buches und lebte mit ihnen in einer Wohnung, deren Mittelmäßigkeit nur der Öde in ihrem Leben entsprach.

Um meinen Kopf tanzen Sterne wie in einem Comic, zeigen mir den mühsamen Übergang von einer Welt in die andere, und nicht die Atmosphäre des Romans kommt mir unwirklich vor, sondern meine Anwesenheit in dieser Grotte.

Zum Abendessen habe ich Spiegeleier und Spinat (aus der Dose) mit Crème fraîche gegessen. Michel hat Wachdienst; er wirkt immer, als käme er vom Mars, wenn ich anrufe. Er muß wahnsinnig müde sein. Wacheschieben ist halt nicht so einfach. Er läßt mich warten und wiederholen, etwas, das ich im normalen Leben schon hasse. Und dann erst unter der Erde! Im Grunde möchte ich sowenig wie möglich mit »oben« in Verbindung stehen. Die Oberfläche ist für mich eine kompakte Einheit, die nicht mehr aus den individuellen Persönlichkeiten meiner Freunde besteht. Sie ist nur eine namenlose Stimme, ein Informationssammelbecken. Ich möchte dem Stimmenklang kein Gesicht mehr zuordnen, möchte mich nicht mehr nach oben gezerrt fühlen. Ich möchte gänzlich ein Teil dieser unterirdischen Welt werden, möchte mich so vollständig wie möglich im Untergrund abkapseln. Außerdem will ich das Gefühl haben, daß ich diejenige bin, die die Angaben weitergibt, daß ich allein entscheide, was ich aus meiner Grabesruhe nach oben dringen lassen will. Ich will, wenn auch nur andeutungsweise, das Gefühl haben, daß ich mein Leben noch selbst bestimme.

Im Moment lese ich aus Michels Stimme (er muß große Sorgen haben) wie aus einem Notenblatt die seelische Verfassung der Truppe da oben heraus. Und ich weigere mich, mich für die Probleme der Mannschaft da oben zu interessieren. Ich muß meinen eigenen Takt bestimmen, die geringste Rhythmusveränderung kann mein empfindliches seelisches Gleichgewicht stören.

Als ich gerade die Elektroden anschließen will, um schlafen zu gehen, bittet mich André, das kaputte Telefon und das Mikrophon zur Luke zu bringen. Da André kein Nachtmensch ist, muß es früh am Morgen sein! Später will mich Michel um jeden Preis eines Besseren belehren.

4. ZYKLUS

16.–18. August 1988

44 h 33 – davon 26 h 36 Wachphase, 17 h 57 Schlaf

Ich bin überzeugt, daß Mittwoch, der 17. August ist *(in Wirklichkeit 16.8., 19 Uhr 50)*. Einen wohligen Augenblick lang bleibe ich noch träumerisch in meinem warmen Daunenbett liegen. Allmählich entwickle ich einen Rhythmus für das Morgenritual: Urinprobe – Anruf – Hauttests – Anruf – verschiedene Auskünfte über meine Stimmung – Anruf. Endlich entferne ich die Elektroden, wasche und frisiere mich.

Heute will ich mich schminken und probiere eine neue Kontaktsalbe für die Elektroden aus. Sie scheint weniger ätzend zu sein als die erste, die mir buchstäblich die Haut zerfressen hat. Außerdem ist sie rosa, was viel anziehender wirkt als die graue Farbe, und das ist sehr wichtig. Ich mache mein Bett, räume mein »Zimmer« auf und gehe auf die Terrasse, um zu frühstücken. Ich mache Milch heiß und bereite mir ein richtiges kleines Breakfast vor. Aber halt! Vor dem ersten Bissen muß ich nach oben melden, wieviel ich esse, so wird jede Mahlzeit, jeder Tropfen und selbst die winzigste Nascherei haargenau nach Menge und Gewicht geprüft, alles wird einer strengen Kontrolle unterzogen und über Telefon festgehalten. Ich komme mir vor wie eine Ameise unter der Lupe eines Wissenschaftlerteams: »Sieh mal an. Sie hat Kuchen gegessen!« (Meine einzige Sünde!) »Oh, sie hat nur so viel getrunken! Beachten Sie doch ihre Gewichtsentwicklung.« Die Kontrolle des Körpergewichts (und zwar viermal pro Zyklus) gehört ebenfalls zum Experiment. Das ist besser als die Weight Watchers, und ich habe auch schon ein Kilo abgenommen.

Erst nach dem Essen werde ich so richtig wach und stoße kleine Schreie aus. Meine Gedanken werden wieder klar (falls das überhaupt möglich sein sollte), und mich packt die Lust zu schreiben.

Ich schreibe, streife durch die Grotte, mache mir etwas zu essen. Schellfisch mit Kohl. Dieses Gericht habe ich bestimmt nicht bestellt bei den Dummköpfen, die uns im Supermarkt bedient haben. Sie hatten wohl keine »Lotte à l'américaine«

mehr. Ich verfluche ihre Unfähigkeit – und verspeise den Fisch, dann das Gemüse. Man muß halt mit dem Schlechtesten anfangen und sich die besseren Sachen bis zum Schluß aufheben.

Nach dem Mittagessen gerät alles ins Wanken. Michel ist am Ende der Leitung. Mit einemmal gerate ich völlig aus der Fassung und habe furchtbar schlechte Laune, denn Michel erläutert mir, daß der Ablauf des Experiments noch perfektioniert werden soll, damit ich nicht mehr vom Tonfall der wachhabenden Posten auf die Zeit schließen kann, und das ärgert mich gewaltig. Ich fühle, wie die Anspannung in mir steigt, nicht zuletzt, weil ich einen riesigen Becher Kaffee getrunken habe, was bestimmt eine Rolle spielt, und weil ich ein paar Tage vor meiner Periode immer unausstehlich bin. Ich bin außer mir – aber eigentlich ganz ohne Grund. Ich könnte im Moment selbst nicht sagen, warum ich mich so über Michel aufrege, daß ich mich auf keine Arbeit konzentrieren kann, weder aufs Lesen noch aufs Spazierengehen in der Grotte oder aufs Herumräumen.

Ich wollte anfangen Aquarelle zu malen, doch unglücklicherweise habe ich nur Ölfarben, die wasserunlöslich sind.

Ich habe entsetzliche Angstgefühle, die sich körperlich äußern. Mein Magen krampft sich zusammen, meine Kehle ist wie zugeschnürt, und ich habe das heftige Bedürfnis zu weinen, was sich durch eine ganz unangemessene Aggressivität fortsetzt. Ich möchte meine Wut an jemandem auslassen …

Abgesehen davon nervt mich das Stimmungsmeßmikro. Denn trotz Michels Zusage (»Wir benutzen es nur im Gefahrenfall, dafür sorge ich …«) bin ich dahintergekommen, daß das Mikro ohne mein Wissen eingeschaltet war. Einmal hat genügt; jetzt habe ich kein Vertrauen mehr, sondern gehe davon aus, daß das Mikro immer eingeschaltet ist und ständig jemand mithört. Das würde mich im Grunde gar nicht stören, wenn es von Anfang an so abgemacht gewesen wäre. Aber sie haben mir versichert, das Mikro ganz umsichtig einzusetzen; und jetzt ist es ein Spion und kein Helfer mehr.

Den Zeitpunkt für die »Nachmittags«-Tests schiebe ich so lange wie möglich hinaus. Ich würde zwar gern etwas trinken, aber aus Trotz und weil ich wirklich keine Lust mehr habe, die da oben zu hören, nehme ich nichts zu mir und rufe nicht an. Anders gesagt, ich verweigere mich völlig. Es war ein Fehler von Michel, zu erklären, was oben vor sich geht. Ich möchte endlich ganz mit dem Leben in der Grotte anfangen. Was sich über mir abspielt, will ich absolut nicht wissen. Zumindest im Moment nicht. Meine Ohren dröhnen, und mir wird schwer ums Herz. Meine Güte! Wird sich das nicht endlich ein bißchen legen?

Ich habe ein Räucherstäbchen angezündet. Das tut gut. Dann hole ich mir ein paar Bücher, doch ich kann mich nicht überwinden, sie aufzuschlagen. Ich setze mich aufs Bett und warte, daß dieser Anfall vorbeigeht. Diese Angstzustände kenne ich sehr gut. Meine Stimmung: drei von zehn Punkten. Michel ist erstaunt und fragt nach den Gründen, doch ich fertige ihn schnell ab. Ich habe wirklich keine Lust, jetzt zu reden. Kein Kommentar! Meine Kehle ist sowieso wie zugeschnürt.

Nach den Tests fragt Michel, was ich seit dem letzten Anruf gemacht habe, und das bringt das Faß zum Überlaufen. Gerade habe ich ihm lang und breit erklärt, daß ich meine Zeit nicht am Telefon zubringen will, und jetzt verlangt er Erklärungen über das, was ich tue. Ich lege auf, gehe an den Rand der Plattform und brülle, wie ich noch nie im Leben gebrüllt habe. Nein!

Dann trinke ich einen halben Liter Milch, um mich zu beruhigen. Der Kaffee (ein richtiges Gift) und die Tage vor meiner Periode bilden ein explosives Gemisch, und ich sitze vor dem Spiegel und zerfleische mir das Gesicht in einem Akt der Selbstzerstörung.

Da oben werden sich die Kommentare überschlagen. »Rabiat … mieser Charakter … Biest …« Und recht haben sie. Ich habe Kopfweh, und mein Gehirn hallt noch wider von dem Schrei, den ich ausgestoßen habe. Außerdem habe ich mir an der Milch die Zunge verbrannt. Also wirklich, es gibt Tage, da sollte man besser im Bett bleiben.

Und überhaupt, was habe ich hier eigentlich zu suchen, Hm? Was hat mich bloß dazu getrieben, mich in diesem verdammten Loch einzugraben? Ein Tritt in den Hintern, so lautet die einfache Antwort. Und trifft es doch nicht ganz. In Wirklichkeit war es zuerst einmal Neugier, was ja Frauen oft als schlimmer Charakterfehler nachgesagt wird. Zu erfahren, ob man fähig ist, etwas in die Tat umzusetzen, vor dem man zunächst zurückschreckt. Zu erfahren, wie man damit fertig wird, was aus einem wird, wie man sich körperlich und seelisch verändert. Durch die eigene tägliche Existenz hindurch auf außergewöhnliche Dinge zu stoßen. Und dann kann man so auch lernen, sich selbst richtig einzuschätzen, auf den Grund seiner Seele zu schauen, sich ohne Mogelei auszuloten. Kurz gesagt: Dieses Experiment stellt für mich eine Herausforderung dar. Außerdem ist das Leben viel zu kurz, um die Gelegenheit, Ausnahmesituationen (extrem schlimme ebenso wie extrem gute) zu durchleben, die dem ganzen weiteren Leben eine besondere Kontur geben, einfach verstreichen zu lassen.

Außerdem geht es bei dem Experiment um eine menschliche (wenn ich durchhalte, wer weiß) wie auch um eine wissenschaftliche Leistung.

Doch im Moment ist mir das alles vollkommen gleichgültig, ich stehe noch immer unter dem Eindruck von Wut und Beklommenheit. Gleichzeitig ballt sich etwas in mir zusammen; in meinem Kopf tobt es, und ich setze mich an die Schreibmaschine, um wieder klar zu werden.

Und dann fließen die Worte.

Ich habe einen langen Spaziergang in meinem neuen steinernen Reich gemacht. Es ist ein richtiges Schloß, befestigt durch … Leere. Zugänglich ist es nur über einen Schacht. Von dort fällt ein breiter Erdwall von 25 Metern Durchmesser sanft zum ebenen Grund ab. Hier hat man den schönsten Blick auf den riesigen Saal des Valat-Nègre. Auf der rechten Seite öffnet sich ein Tropfsteinwald. Hier kann man in aller Ruhe spazierengehen und fröhlich plaudern; allerdings nur leise, denn die Kalksträucher sind zerbrechlich und empfindlich gegen Erschütterungen. Das schönste Exemplar überragt mit seiner Spitze die anderen um sieben Meter. Wenn man geradeaus weitergeht auf der schönen, aus Lehm festgestampften Allee, die von ein paar steinernen Hortensien gesäumt wird, kommt man zu einem freien Platz, auf dem die Plattform errichtet ist: der Königsplatz. Hier liegt das Zentrum des Gewölbes. Auf der anderen Seite meiner Behausung aus Holz und Tuch liegen das Spielgelände und der Park mit den Brunnen, der von schönen Alabasterstatuen bewacht wird. Der Boden ist allerdings sehr feucht und bildet einen Sumpf. Ja, die Gegend ist wirklich reizvoll, und fröhlich lasse ich mich hier zu einer hunderttägigen Sommerfrische nieder. Ein Ort, ganz wie das Dornröschenschloß. Was sich von selbst versteht bei einem Experiment über den Schlaf …

Ich verspüre das Bedürfnis, jemanden in den Arm zu nehmen, und lege meinen Kopf auf Babtistins dicken Bauch. Im Bett baue ich mir ein kleines Nest, und der Duft des Räucherstäbchens versetzt mich in eine andere Welt. Ich rolle mich zusammen. Dann spiele ich eine erste Partie gegen den sprechenden Schachcomputer (ja, er spricht wirklich!) und verschlinge ein paar Novellen von Guy de Maupassant. Auf dem Rückendeckel steht: »Bei Maupassant bringt das Schweigen Ungeheuer hervor.« Wenn es nur in Valat-Nègre nicht genauso ist.

Ich versuche mich zu erinnern, was ich »gestern« der Reihe nach getan habe. Das fällt mir schwer. Man hat mir zwar vorher gesagt, ich würde mein Kurzzeitgedächtnis teilweise verlieren, aber vielleicht redet man sich das auch nur ein. Ich muß mich doch einfach erinnern können. Ah ja, ich hab's.

Ich rufe an wegen der »Nachmittags«-Tests. Dann streife ich wieder durch den Steinwald. Ich habe das Gefühl, es ist bereits ein ganzer Nachmittag vergangen, und überlege, ob ich Hunger habe. Eigentlich nicht. Aber andererseits habe ich Angst, daß mich die Müdigkeit überrascht und ich wieder üble Laune bekomme. So beschließe ich, etwas zu essen, und mache mir einen Salat aus Palmherzen, Artischockenherzen, Mais und Thunfisch. Ich wollte noch Spargel dazutun, aber der aufgeblähte Deckel der Dose und das Datum (1987) haben mich etwas eingeschüchtert. Ich habe die Dose geöffnet und daran gerochen. Also, eigentlich fällt nichts Ungewöhnliches auf. Doch auf der Innenseite des Deckels ist eine schwarze Schicht, wie Ruß, die man mit dem Finger wegwischen kann. Und so habe ich darauf verzichtet. Ich finde, ich werde überängstlich. Noch vor ein paar Tagen hätte es mir überhaupt nichts ausgemacht, Spargel zu essen, dessen Verfallsdatum schon abgelaufen ist, aber jetzt, wo ich hier zur wichtigsten Sache der Welt geworden bin, achte ich auf alles und habe Angst vor allem. Nach diesem kleinen Imbiß bin ich immer noch nicht müde und versuche die Zeit totzuschlagen. Ich fange mit Rémy de Gourmont an; teilnahmslos nehme ich mir das Buch vor, sitze »draußen« auf dem Arbeitstisch, als wollte ich es mir nicht mit meiner Lektüre im warmen Schlafsack gemütlich machen. Denn in dem behaglich weichen Bett würden mir die Augen zufallen; ich würde einschlafen, und dann wäre es um so schwieriger, zu den Tests vor dem Schlafengehen wieder aufzustehen.

Wieder streife ich umher, nehme einen Topf weißer Farbe, und das Brett mit den Zielscheiben wird makellos. Es ist Wasserfarbe, und ich bezweifle, daß sie bei der hohen Luftfeuchtigkeit jemals trocken wird.

Ich vertiefe mich in einen Thriller, »Le Train vert« von Liebermann. Es geht um den Konflikt zwischen den USA und der UdSSR, das bewährte Rezept. Das liest sich schnell, und ich lege mich ins Bett. Doch nach 20 Seiten fallen mir die Augen zu. Bin ich vielleicht schläfrig? Aber sobald ich auf bin, habe ich keine Lust mehr, mich wieder hinzulegen. Meine Hände sind eiskalt, und ich schaffe es nicht, mich aufzuwärmen. Ich mache die Hauttests, messe den Feuchtigkeitsgehalt und die Verdunstung. Aber kaum habe ich mit den Messungen angefangen, schweifen meine Gedanken nach oben, ich tobe mit Francis herum und fühle auf einmal den unwiderstehlichen Drang, mit jemandem zu schlafen. Mit unverhülltem Vergnügen mache ich es mir in meinem Schlafsack bequem und befriedige mich, ohne einen Laut von mir zu geben – falls das Mikrophon eingeschaltet ist. Denn diesmal will ich nicht, daß sofort jemand erfährt, was hier vor sich geht. Nein, es geht mir nicht darum, etwas zu verheimlichen, aber ich möchte den Eindruck haben, daß ich darüber bestimme, was ich von meinem Leben nach oben weitergebe. Sonst fühle ich mich zu sehr wie eine Laborratte.

Ich mache die »abendlichen« Hauttests zu Ende, bin jedoch immer noch nicht schläfrig und lese weiter. Ich habe schon wieder Hunger und esse Palmherzen, roh, ohne Marinade, dann den Mais, ebenfalls roh, und zum Schluß den Rest vom Thunfisch.

Dann lese ich weiter, doch die Augen fallen mir zu. Ich denke noch über die Probleme mit dem Pinkeln nach, denn einer meiner häufigsten Aufgaben ist das Sammeln von Urinproben. Anscheinend können die Wissenschaftler tatsächlich etwas aus den goldfarbenen Rückständen herauslesen. Was sie darin sehen, weiß ich nicht, aber man hat mir erklärt, daß im Urin äußerst wichtige Informationen über unseren Körper enthalten sind. Zugegeben, es erfordert gewisse Handgriffe. Das stille Örtchen ist draußen, links vom Zelt. Im entscheidenden Moment zögere ich jedesmal. Muß ich wirklich? Kann ich nicht noch ein bißchen warten? Aber schließlich gewinnt mein Pflichtgefühl die Oberhand. Regelmäßig urinieren für die Wissenschaft ist gefordert. Das bedeutet, daß ich mich fast vollständig ausziehen muß. Natürlich könnte ich Hose und Pullover einzeln tragen, aber ich liebe die Behaglichkeit und bevorzuge deshalb einteilige Kombinationen, die schön warm sind. Der Trick besteht nun darin, ein Meßröhrchen mit Urin zu füllen, und zwar in möglichst kurzer Zeit, um zu verhindern, daß Testperson oder Urinprobe auskühlen; wobei man die Meßgeräte und Anschlüsse festhalten muß, ohne die Ärmel des Overalls am Boden schleifen zu lassen oder sich die Hände naß zu machen. Man begreift die Schwierigkeit des Ablaufs, wenn man sich das Röhrchen aufmerksam anschaut ... das mehr hoch als breit ist.

Doch ich muß zugeben, daß ich die Angelegenheit mit einem gewissen technischen Geschick bewältigte. Die Temperatur der bernsteinfarbenen Flüssigkeit muß, wenn ich so schreiben darf, an der Quelle gemessen werden, und jede Verzögerung des Vorgangs bedeutet den Verlust wertvoller Grade. Sobald Zusammensetzung, Menge und ph-Wert gemessen sind, renne ich halb angezogen los, um die glückliche Neuigkeit am Telefon zu verkünden. Dann richte ich das Ergebnis meiner Bemühungen zum Einfrieren her. 2000 kleine weiße 100-ml-Gefäße schauen mir mit ihren Stöpseln aus einem riesigen Koffer entgegen. Drei davon nehme ich heraus und fülle sie. Beim Öffnen klingen sie wie Sektflaschen.

Ich esse noch etwas und krieche ganz tief in meinen Schlafsack, der sich so weich anfühlt. Ist es diesmal wirklich soweit, bin ich müde? Oh, ja. Ich teile denen da oben die Erkenntnis mit, klatsche mir kraftvoll die bescheuerten Elektroden ins Gesicht und mache das Licht aus.

5. ZYKLUS

18.–21. August 1988

74 h 03 – davon 40 h 05 Wachphase, 33 h 58 Schlaf

Ich glaube, wir haben Freitagmorgen, den 19. August. Früh am Morgen ... Was für ein Blödsinn, das zu schreiben, wo ich doch die Uhrzeit nicht weiß, aber immerhin beschreibt es ganz gut den Moment des Aufwachens. Kurz, ich bin nach einer langen Traumserie aufgewacht, die mir im Gedächtnis geblieben ist.

Ich suche meine Brille, dieses Accessoire für Sehbehinderte, ohne das die Welt für mich nur wie ein impressionistisches Bild aussieht, das man durch eine stumpfe Glasscheibe anschaut. Ich taste überall herum. Meine Güte, sie kann ja nicht weit sein. Doch meine Hände fühlen bloß Bücher, Stifte, das Telefon und leere Keksschachteln. Pech. Ich stehe auf und nehme, immer noch in Nebelschwaden, die Ersatzbrille, die ich vorsorglich in Reichweite liegen habe und die vor Kälte ganz beschlagen ist. Doch ich bringe nicht die Energie auf, sie abzuwischen, und erfülle unter möglichst geringem Bewegungsaufwand die so alltägliche und wohltuende Körperfunktion, das Entleeren der Blase, denn ich will nicht ganz wach werden; je mehr ich nämlich schlafe, desto weniger qualvoll vergeht die Zeit, nicht wahr? Dann lege ich mich wieder hin, irgendwie verärgert. Wo ist bloß diese Brille hingekommen? Bin ich vielleicht damit eingeschlafen? Aber dann müßte sie ja im Schlafsack sein. Im Halbdämmerzustand wühle ich neben mir herum, um mich zu vergewissern ... Und stelle mir vor, daß ich nicht allein in der Grotte bin.

Im Halbschlaf versuche ich mich einigermaßen zur Vernunft zu bringen. Ach was, du bist allein, es ist niemand sonst hier. Aber ich komme nicht dagegen an und spitze die Ohren, um auf die Geräusche in der Grotte zu horchen und aus dem allgemeinen Geplätscher ein Lachen oder einen Seufzer herauszuhören. Doch ich habe nicht mehr die Kraft zu horchen und beruhige mich, indem ich mir sage, wenn hier jemand sein sollte, dann muß es ein Freund sein, der mir nichts Böses will. Und überhaupt muß ich erst einmal sehen, ob die Brille wirklich verschwunden ist. Wozu sollte jemand eine Brille stehlen? Wenn hier jemand etwas wegnimmt, dann doch zuerst die Essensvorräte. Mit diesen Gedanken drehe ich mich um und treibe in einen neuen Traum hinein, an den ich mich nicht mehr erinnern kann.

Was mit der Brille ist? Sie lag am Kopfende des Bettes.

Beim Aufstehen bin ich immer noch trübsinnig, es ist schrecklich. Nicht ansprechbar! Zum Glück hat hier niemand vor, mich anzusprechen. Ich mag mich nicht selbst anmeckern, denn es fällt mir schon jetzt wahnsinnig schwer, meine eigene Gesellschaft zu ertragen, also ... schmolle ich weiter. Nach dem Frühstück wird sich das legen. In mir brodelt es wie in einem Lavasee, von dem Blasen aufsteigen, die an der Oberfläche zerplatzen. Und das Aufwallen dieser unerklärlichen Wut braucht immer jemandes Gegenwart, um sich zu entladen. Genau deshalb darf ich sowenig wie möglich ans Telefon. Denn sonst werde ich wieder wütend und aggressiv, und die armen Wachposten da oben brauchen das nicht auszubaden. Sie haben es sowieso schon wahnsinnig schwer mit den Schichtdiensten und bei dem Personalmangel.

Ich absolviere die »Morgen«-Tests. Bei den Schießübungen stelle ich etwas fest: In dem Moment, wo ich das Gewehr anlege, *weiß* ich, ob ich ins Schwarze treffen werde oder nicht. Warum lasse ich also das Gewehr nicht sinken, wenn ich das Gefühl habe, daß es nichts wird? Ich finde nicht sofort eine Antwort darauf – vielleicht ist es Fatalismus.

Nach dem Aufräumen gibt es Frühstück, dann lege ich die Elektroden in destilliertes Wasser und schreibe von Hand mein Tagebuch weiter. Ich rede hier andauernd in der ersten Person, mein ganzes Universum besteht nur aus mir, und da kommt mir plötzlich die große Frage in den Sinn, was denn gerade auf der Welt passiert. Dabei merke ich, daß meine armseligen Träume, meine erbärmlichen Hirngespinste und mein banales Alltagsleben dagegen vollkommen nebensächlich sind.

Jetzt hätte ich Lust, Zeitung zu lesen. Das ist bestimmt das erste, was ich tue, wenn ich aus diesem Rattenloch herauskomme!

Doch jetzt muß ich die Fläschchen füllen. Dabei sortiere ich auch gleich diejenigen aus, die bereits gefroren sind, und bemerke plötzlich einen Irrtum in der Beschriftung. Das sät Zweifel in meinem Kopf, denn normalerweise bin ich sehr systematisch und ordentlich, und so etwas passiert mir nie. Fängt der Abbau meiner Fähigkeiten etwa schon an? Ich zittere am ganzen Körper und weiß nicht warum. Deshalb werde ich mir einen starken Kaffee machen; der wird mich beruhigen. Den Göttertrank schlürfe ich immer genüßlich auf der Terrasse, mit Blick auf das Stalagmitenwäldchen. Schön bequem in einen Campingstuhl gelehnt, die Beine auf einem Schemel, bewundere ich die Landschaft und träume vor mich hin. Das Felsgestein um mich herum scheint für die Ewigkeit gemeißelt, und dennoch sehe ich, wie es sich verändert. Die steingewordenen Kaskaden aus weißem Kalk nehmen zuweilen die lebendige Gestalt biblischer Statuen an, wie man sie in einer Krypta, an einem geheiligten Ort aufstellt. Schönheit und Klarheit erfüllen dann das Gewölbe, und ich versinke lange Zeit in Träumerei von der sich wandelnden Szenerie aus steinernen Bildern.

Doch dann verdüstert sich alles, die Wände bevölkern sich mit Dämonen von obszönem Aussehen. Das unterirdische Raunen wird stärker, ich höre Weinen und durchdringendes Gelächter. Die Deckenverwerfungen schwanken und richten ihre bedrohlichen Säbel auf mich, wie Damoklesschwerter, die nie zu fallen aufhören. Dann wirkt die Höhle wie ein Kerker; mein einziger Horizont ist die Dunkelheit und mein Himmel die Leere. Ich bin lebendig eingemauert in einer unmenschlichen Welt. Die Kalkverzierungen werden zu Gitterstäben. Sagt man nicht STALAG-miten, STALAK-titen? Ich bin eingesperrt in einem Lager, weit weg von der Welt, in einem Gefängnis ohne Stacheldraht. Ich rüttle mich auf, spreche ganz laut, schreie, um diese lebendig werdenden Halluzinationen, den beginnenden Wahnsinn abzuwenden. Ich setze Kaffeewasser auf und finde endlich die kalte Gleichgültigkeit, das ferne Plätschern des Wassers und die Geräusche einer ganz gewöhnlichen Höhle wieder.

Nach meiner zweiten Tasse Kaffee bringen gräßliche Hitze- und Kälteschauer meine Zähne zum Klappern. Sieh mal an! Mein Gebiß macht sich also selbständig. Ich setze mich wieder hin zum Schreiben, doch ich zittere so sehr, daß ich den Stift wie einen Meißel halte und ein Krampf meinen Arm lähmt. Gut, dann feile ich eben nur noch ein paar Zeilen aus meinem Privatleben und bringe ein paar Sachen zur Luke.

Zeitschätzung. Bei Meldung Nummer 13 in diesem Zyklus

vermute ich, daß Freitag ist, etwa gegen zehn Uhr morgens (*in Wirklichkeit: Freitag, 19.8., 0 Uhr 26)*. Ist tatsächlich schon eine Woche vergangen? Nein. Natürlich habe ich das Gefühl, schon lange hier unten zu sein, aber sobald ich versuche, über diese Vermutung einen festen Zeitraster zu stülpen, entgleitet mir alles, und ich habe den Eindruck, die Zeit zu überschätzen. Nein, ich bin erst viel weniger als eine Woche hier. Doch wenn ich jeden Zyklus als einen Tag rechne, dann komme ich fast auf eine Woche. Oje, oje!

Ich schreibe meiner Mutter einen Brief, den ich ihr erst in ... na sagen wir in einigen Tagen geben werde, und gehe zur Luke.

Dann tippe ich mein »Traumbuch«, die Schilderung meiner richtigen Träume, von denen ich wach werde oder die mir Unbehagen verursachen. Ich habe den Eindruck, viel Zeit mit Schreiben zu verbringen, aber das macht mir Spaß, denn mein Kopf ist dann nicht leer und untätig.

Kleiner Imbiß mit Wurst, Brot, Butter und Gürkchen. Dann zünde ich zwei Räucherstäbchen an und lese. Tatsächlich jedoch träume ich vor mich hin in schweren orientalischen Nebelschwaden, denke an das, was war, bevor ich hier herunter gekommen bin, doch kann allmählich keinen vernünftigen Gedanken mehr fassen. Wieder einmal habe ich Angst vor meiner Periode und warte gleichzeitig darauf. Seit ich wegen des Experiments die Pille vor etwa fünf Monaten abgesetzt habe, fürchte ich immer, daß meine Regel nicht kommt. Und wenn ich schwanger wäre? Es kann alles vorkommen. Ein kaputtes Kondom, ein Rechenfehler beim Zyklus ... Das Warten auf das kleine erlösende Zeichen, besonders die Kreuzschmerzen, zermürbt mich langsam.

Ich rechne schnell nach; dabei weiß ich doch genau, daß bei mir alles verkehrt läuft seit fünf Monaten und der Hormonzyklus macht, was er will. Ich brauche Gewißheit und hecke raffinierte Pläne aus, um mir einen Schwangerschaftstest schicken zu lassen, ohne daß Michel es erfährt. Ich finde sogar, eine Schwangerschaft wäre ein Glücksfall für das Experiment, und ich würde bis zum Schluß bleiben.

Ich beobachte mich. Keine Übelkeit, keine Blasenschwäche, keine unerklärlichen Hungergefühle oder plötzlichen seltsamen Gelüste. Warum sollte ich mich also aufregen? Aber jetzt ist schon der Wurm drin, und ich habe erst Ruhe, wenn ich das Blut fließen fühle. Dann gibt es ein großes Fest. Denn diese

Warterei ist für eine Frau unerträglich, und ich segne den Erfinder der Pille.

Gar nicht zu reden davon, daß ich hier im Zeit-Jenseits möglicherweise lange auf die verdammte Periode warten kann. Ich gehe wieder an meine Lektüre, doch diese Unsicherheit plagt mich. Ich muß unbedingt wieder ruhiger werden, doch ich kenne mich, daran werde ich noch mehrere Tage zu beißen haben.

Das erste, was ich lese, sind zwei Erzählungen von Maupassant: in »L'Enfant« bekommt eine Frau ein ungewolltes Kind von ihrem Gärtner und schneidet sich den Bauch auf; und in »La Solitude« wird die tiefe Hoffnungslosigkeit in jedem von uns geschildert. Ein Zufall, der mich erschauern läßt. Also komm, sei bloß nicht so abergläubisch!

Ich schiele zum Bett hinüber. Es zieht mich nicht hin, denn dort wartet die Welt der Alpträume. Es ist mir zuwider. Je mehr ich lese und je weiter der Tag voranschreitet, desto mehr fühle ich, wie mein Kopf leer wird. Der Gedanke, wach zu bleiben, verfolgt mich. Ich kann nicht mehr herausfinden, was ich eigentlich genau empfinde. Jetzt habe ich den Kampf gegen die Zeit aufgenommen, sage mir nicht mehr, morgen wird es schon wieder bessergehen, sondern rede mir ein, wenn du so lange wie nur irgend möglich wach bleibst, kannst du immerhin zwei Tage in einem Zyklus hinter dich bringen. Außerdem habe ich Angst, zuviel zu schlafen, denn ich weiß, daß ich stundenlang wie im Winterschlaf bleiben kann.

Meine Sehschärfe ändert sich hier bisweilen ganz erheblich. Bei meinem Spaziergang erkannte ich jede Einzelheit in der Grotte ungewöhnlich klar und deutlich, und der Weg zur Luke schien richtig beleuchtet vom doch weitentfernten Schein meines Zeltlagers.

Ich singe – ausgesprochen falsch –, kurzum, ich tue alles, damit die da oben das Gefühl bekommen, es ist alles in bester Ordnung.

Und doch sind die Dinge für mich nicht mehr real. Das sind zwar meine Augen, mein Gehirn, mein Körper, doch bin das hier nicht mehr ich. Das sind nicht mehr meine Bewegungen. Ich bin nicht da. Trotzdem beobachte ich mich. Ich habe ständig unbestimmte Schuldgefühle und empfinde eine unerklärliche Angst. Ich habe nicht das Gefühl, einen konkreten Feind zu haben, sondern spüre das Böse um mich herum. Die Höhle hat keinen Sinn mehr, und meine Seele löst sich auf in der Feuchtigkeit, doch ich lasse es geschehen, komme nicht mehr dagegen an, lasse mich in die Unwirklichkeit hinübergleiten. Nichts ist mehr wirklich. Vergeblich rufe ich Francis herbei, ich habe so ungeheure Sehnsucht nach ihm. Ich habe das Gefühl, einem schrecklichen Übel ausgeliefert zu sein, dem Wahnsinn. Wenn man meinen Verstand nicht an der Leine hält, ihn nicht führt, entweicht er in sumpfige Regionen, und ich wate herum, weit weg von der Welt, von den Meinen, von meinem Mann, meinen Freunden, verzweifelt allein.

Um die Zeit totzuschlagen, lese ich weiter. Mein Kopf ist wie ein hohle Rassel, ich bin nicht mehr fähig, zu denken oder einen zusammenhängenden Satz zustande zu bringen. Ich will mich an die Schreibmaschine setzen. Zwecklos. Ich kann die Bilder aus dem Buch nur in mich aufnehmen, ohne sie jedoch wirklich umzusetzen. Dennoch bleibt mir eine gewisse Klarsichtigkeit, die es mir erlaubt, alle Fäden des Thrillers aufzudecken. Da sind die Guten und die Bösen, wobei unter den Bösen ein Guter ist, Liebe, eine Prise Gewalt, Prunk, Menschlichkeit, große Gefühle, ein Verrückter usw. Ein paar schöne Bilder. Und Ende gut, alles gut. Einen Toten gibt es allerdings, sonst würde es nicht glaubhaft wirken, und einer wird eingesperrt, aber der war sowieso nicht sympathisch, also …

Ein paar Seiten hebe ich mir fürs Schlafengehen auf.

Ich habe ein bißchen Hunger, entscheide mich für einen kleinen Löffel Maronencreme … und esse ohne mit der Wimper zu zucken den 450-Gramm-Topf leer, mit 200 Gramm Crème fraîche obendrauf. Das ist ein Zeichen von Angst und Übermüdung; ich habe mich nicht mehr in der Gewalt und esse bedenkenlos.

Dann mache ich die Hauttestreihe vor dem Schlafen. Mir ist alles egal, nur mein Körper agiert, nicht mein Geist.

Endlich lege ich mich schlafen. Ich bin in Gedanken woanders, meine Augen sind geöffnet, und ich weigere mich, mich in die Welt des Schlafs zu begeben. Ich lese das Buch zu Ende, bleibe dann noch eine Weile mit starrem Blick liegen. Das große Plüschtier bette ich auf den Schlafsack, mit dem Gesicht zu mir; so kann ich im Liegen mit meiner Nasenspitze seine Schnauze berühren. Ich fühle, daß mir die Gegenwart dieses Plüschtiers noch hilfreich sein wird.

Beim 65. Anruf dieses »Tages« mache ich endlich das Licht aus (*ich habe zwölf Stunden am Stück gelesen!*).

Kurz bevor ich mitten in der Nacht aufstehen muß, bleibt mir ein Traum im Gedächtnis. Mir ist irgendwie mulmig zumute, und ich lege mich wieder hin, doch der Alptraum geht weiter. Ich träume Dinge, die ein unbehagliches Gefühl hinterlassen. Ich weiß gar nicht, warum ich es nicht schaffe, sie mir zu merken. Mir bleibt nur dieser Zustand von Unbehagen, ungesunder Fremdheit und Kälte zurück. Ich habe das Gefühl, ich verbringe eine Ewigkeit damit, wach zu werden, um dann doch der Wärme und Weichheit meines Schlafsacks zu erliegen. Wieder drehe ich mich um und sehe Baptistins großes beruhigendes Maul. Zärtlich reibe ich meine Wange an ihm, aber er bringt mir nicht den erhofften Trost, und ich fürchte, ich falle in die Kindheit zurück.

Die kleinen roten und grünen Lämpchen an den Apparaten, die immer eingeschaltet sind, drängen die Finsternis zurück. Ich erkenne Schatten an der Zeltdecke und sehe die weitaufgerissenen Glasaugen meines Plüschtiers.

Ich habe das Gefühl, im Bett gefangen zu sein, in einem Schlaf, der mich erschöpft, und in einem Traum, der ein Alpdruck ist. Je fester ich die Augen schließe, desto weniger erhole ich mich. Doch ich will mich nicht zwingen, meinen Daunenkokon zu verlassen. Das Experiment scheint so weit weg von mir zu sein.

Ich denke an die Vergangenheit, die fern und doch unmittelbar ist, denke wieder und wieder an Francis. Wieder packt mich sexuelles Verlangen, und ich befriedige mich. Ganz still gebe ich mich dem Genuß hin, als hätte ich Angst, mich selbst zu hören oder die Grotte zu stören. Übrigens, so aufmerksam ich auch lausche, ich höre sie nicht mehr. Sie ist ganz Schweigen. Von Zeit zu Zeit nehme ich zwar einen kleinen Tropfen wahr, doch nichts sonst. Spielen mir meine Ohren etwa einen Streich, so wie meine Augen? Doch ich versuche nicht, der Sache näher auf den Grund zu gehen, und schließe wieder die Augen.

6. ZYKLUS

21.–24. August 1988

54 h 56 – davon: 37 h 11 Wachphase, 17 h 45 Schlaf

Donnerstag, 18. August 1988? Bestimmt nicht *(in Wirklichkeit: 21.8.)*.
Allmählich löst sich der Druck auf meinem Kopf. Ich schlage die Augen auf und tauche langsam aus einer unwirklichen Welt auf. Es fällt mir schwer, Ruhe und inneren Frieden zu finden, denn ein ständiges Angstgefühl bedrückt mich.

Ich rufe an: »Hallo, Anruf Nummer zwei, Aufstehen …« und mache Licht.

Ich bringe die Routinestationen eine nach der anderen hinter mich, die mich allmählich der Realität wieder näherbringen. Urinprobe, Hauttests (davon werde ich nicht mehr sprechen, denn sonst wiederhole ich mich bei jedem Zyklus morgens und abends!). Und endlich die Elektroden abnehmen.

Dann räume ich mein Durcheinander auf, mache mein Bett und nehme mir vor, mich heute zu waschen, denn meine Haare sind so fettig, daß man glauben könnte, ich hätte in Brillantine geschlafen. Und dieses Loch auf der linken Seite, wo das Haar wegrasiert ist für die EEG-Elektrode, die die Hirnströme während meiner Traumphasen aufzeichnet, das ist eine kleine Wunde von der Kontaktsalbe, die mir langsam das Fell zerfrißt. Widerlich!

Dann Frühstück: Kaffee und Grießbrei mit Mirabellen. Auch den Kaffee betrachte ich mittlerweile mit Skepsis, denn ich weiß, daß er an meinen Angstzuständen nicht unbeteiligt ist, doch im Moment sage ich nichts … und trinke im Dienste der Wissenschaft weiter. Denn auch der Kaffee ist natürlich ein Teil der Studie, weil er auf den Stoffwechsel wirkt wie ein Medikament. Statt mich mit Medikamenten vollstopfen zu lassen, halte ich mich an Kaffee, setze mir sozusagen einenSchuß mit der schwarzen Flüssigkeit, diesem Teufelsgebräu. Was das Ergebnis angeht, Haschisch dürfte besser sein.

Allmählich entwickle ich einen gewissen Körpergeruch. Schon! Ich hatte zwar damit gerechnet, allerdings nicht so schnell. Deshalb muß ich mir unbedingt eine »Sonntagsgarderobe« aufheben, eine, die frisch riecht und sauber ist, sonst ekle ich mich bald vor allem.

Ich gehe zum Seilzug und lasse vorsichtig das für mich bestimmte Päckchen herunter, öffne es voller Hoffnung, die jedoch enttäuscht wird. Trotz allem warte ich auf ein Zeichen von der Außenwelt, einen Freundschaftsbeweis, eine Zärtlichkeitsbezeugung, warte sehnlich darauf; dabei weiß ich, daß mir nur das unabdingbar notwendige medizinische und wissenschaftliche Material zukommen wird. Zum Teufel mit der Wissenschaft! Allerdings ist es ja abgemacht, daß wir uns auf die existentiell wichtigen Dinge beschränken. Ja, schon, aber trotzdem warte und hoffe ich ...

Und was ist mit dem Schwangerschaftstest? Das wäre ja zu schön. Heute morgen hatte ich eine leichte Blutung, die Frage ist also: Periode oder nicht? Ich habe noch Zweifel und warte darauf, daß sie richtig einsetzt, damit ich völlig sicher und ganz beruhigt sein kann. Heute nacht hatte ich zwar ein Ziehen im Kreuz, aber das reicht noch nicht. Ich will Blut, Blut und nochmals Blut!

Etwas widerwillig, doch ohne übermäßige Stockungen richte ich die Utensilien für die Blutentnahme her. Nein. Keine Riesennadel, wo das Blut hervorquillt, nur Miniguillotinen und Minireagenzgläser. Aber das entscheidende ist, daß man die Operation mindestens achtmal am Tag ausführen muß.

Zuerst ordne ich mit etwas gezwungenem Elan die Tatwaffen auf dem Tisch an, Lanzetten, Röhrchen, Alkohol und Wattebäusche. Dann suche ich mir einen Finger der linken Hand aus (ich bin nämlich Rechtshänderin) und desinfiziere ihn gründlich. Am liebsten mag ich den Ringfinger, der mich bis jetzt nie enttäuscht hat und wunderschöne rote Tropfen abgibt. Schließlich wähle ich die Stelle für den Schnitt aus, auf der Fingerkuppe, da, wo die Haut am zartesten ist und die Adern am ergiebigsten sind. Hier sind schon zehn Schnittstellen von den vorhergehenden Blutentnahmen. Ich setze die Miniguillotine an, atme einmal tief durch, dann noch einmal und ... traue mich nicht draufzudrücken. Ich fasse mich wieder, werfe meinem Spiegelbild einen strengen Blick zu und ... schreie laut auf. Es sticht ein bißchen, es ist nicht wirklich schmerzhaft, aber es ist einfach mittelalterlich! Ich drücke auf den Finger, damit die roten Perlen herauskommen, und beschaffe so der Wissenschaft sechs Milliliter meines Lebenssaftes. Heute habe ich

Glück; zwei Schnitte reichen schon für ein Röhrchen. Dann lasse ich die Blutproben durch die Zentrifuge, denn das Plasma muß von den Blutkörperchen getrennt werden.

Ich mache mir einen großen Becher Kaffee, setze mich in den Sessel auf der Terrasse, und wieder überfallen mich tiefer Weltschmerz und unüberwindliche Angst. Ich habe Angst, Francis zu verlieren, und so schreibe ich ihm einen langen Brief, daß ich ihn liebe und brauche, daß ich ihn Blödsinn reden hören will und wie er über die Horden in der U-Bahn schimpft; daß ich ihn lächeln sehen will (nur ein ganz kleines bißchen, ihn, den traurigen Clown, den Zyniker mit dem weichen Herzen). Ich will ihn spüren und habe Angst, daß ich ihm fremd geworden bin. Er hat mich ohnehin schon »so anders« gefunden und gesagt, er habe »seine Frau verloren«, als er bemerkte, daß sich nach zwei Monaten im Camp mein Verhalten verändert hatte. Ich fürchte, ich habe ihn schrecklich enttäuscht, bevor ich heruntergestiegen bin. Denn wissen Sie, er ist mein Mann. Er hat mich überhaupt erst soweit gebracht. Er hat mich geliebt und mir geholfen, mich zu entfalten. Er hat mich aus dem Alltagstrott herausgerissen und mir die schönsten Dinge auf der Welt beigebracht. Erst mit ihm hat mein Leben wirklich angefangen. Ich vermisse ihn schrecklich. Ich nehme den Füller zur Hand, um einen klaren Kopf zu bekommen und alle diese Details in meinem Heft festzuhalten. Dieses intime Tagebuch schreibe ich mit der Hand. So wirkt es dichter, weniger ausgefeilt, und außerdem befreit es mich von quälenden Gedanken, zumindest zeitweise, bis mich neue Dämonen anfallen. Kurz vor der Meldung Nummer 22 in diesem Zyklus mache ich eine Zeitschätzung. Ich glaube, es ist Sonntag, der 21. August, so gegen 17 Uhr (*in Wirklichkeit: Montag, 22.8., 3 Uhr 50).* Aber wenn ich wirklich meine Periode habe, müßte eigentlich etwa der 25. August sein. Allerdings ist sie für diese Art Berechnung nicht besonders zuverlässig.

Nach dem Essen schreibe ich, tippe Bemerkungen und überarbeite einzelne Textabschnitte. Das lenkt mich ab und verhindert, daß ich in völlige Verwirrung versinke. Die Wahnvorstellung, schwanger zu sein, verfolgt mich immer noch. Argwöhnisch achte ich auf mein Kreuz, sehne die Schmerzen herbei.

Nachdem ich mein »Traumbuch« von der vergangenen Nacht überarbeitet habe, suche ich mir zwei Bücher aus, mache mir einen Kaffee und lege mich ins Bett. Simenon wirkt sofort ungeheuer wohltuend. Ich kann die ersten Strahlen der aufgehenden Sonne am Quai sehen, lebe mit den Seeleuten mit, atme den Tabakduft im Bistro an der Ecke. Und allmählich fühle ich, wie Wohlbehagen in mir aufsteigt und eine gewisse Ruhe in mich zurückkehrt.

Dann muß ich aufs Klo. Ich habe genau gemerkt, wie es in meinem Kreuz arbeitet, doch habe nicht gewagt, es zu glauben. Meine Periode! Endlich fließt richtiges Blut! Das ist die beste Nachricht, die ich in den letzten Tagen bekommen habe. Ich fühle mich wie neugeboren und vollführe Freudensprünge. Ich erwache aus meiner Lethargie, aus diesem mühseligen Warten auf ein Urteil, das man nie kennt. Denn wer kann schon behaupten, er sei vor einem Fabrikationsfehler sicher. Niemand. So ein Gummi kann kaputtgehen!

Und jetzt kann ich daran gehen, die Küche sauberzumachen, das Geschirr zu spülen, das ich einfach sich selbst überlassen habe, und auch mich selbst einer kompletten Reinigung zu unterziehen, diese Verkrustung zu beseitigen, in die ich mich so krankhaft eingeigelt hatte. Die Welt ist wie neu! Ich habe Hunger und mache mir einen Imbiß, schreibe einen glücklichen Brief an Francis und ein paar Worte an Folko, der mir in den schwierigen Tagen vor dem Experiment als Freund beigestanden hat.

Ich gönne mir eine Zeit ungetrübten Genusses mit ein paar sorgfältig ausgewählten Büchern, nämlich den Geschichten über perfekte Verbrechen von Montheilet und den Erzählungen aus Tausendundeiner Nacht, blättere in den 2000 Seiten umfassenden orientalischen Märchen herum und … komme nicht mehr davon los, vergesse darüber die Tests.

Ich fahre mit den Söhnen gestürzter Könige mit und entdecke, daß die Idee mit den vergifteten Buchseiten nicht in »Der Name der Rose« erfunden wurde, sondern nur ein Plagiat ist, und empöre mich gegen das Postulat des Islam, in den Frauen liege der Ursprung allen Übels auf der Welt. Kurz, ich verbringe die Nacht damit, von 1000 Nächten zu lesen, und freue mich, daß ich zum Umfallen müde bin.

Heute abend ist es prima. Keine Elektroden im Gesicht. Ich kann noch so tun, als würde ich die Drähte und Haftknöpfe, die ich mir ins Gesicht klebe, nicht bemerken, sie sind mir trotzdem lästig. Übrigens frage ich mich wirklich, ob nicht diese Saugnäpfe am Kopf unbewußt erst die Träume und Alpträume verursachen, die mich bedrängen. Wie angenehm, das duftige, weiche Kissen an der Wange zu fühlen und den Kopf zwischen Baptistins dicken Plüschbeinen zu verbergen, ohne sich die Haut aufzureißen.

Ich stehe auf, um einen letzten Schluck zu trinken, und sehe im Spiegel, daß meine Augen gerötet sind. Dabei fühle ich mich nicht übermäßig müde, obwohl ich bestimmt über 20 Stunden auf war (*in Wirklichkeit: 31 h 52)*, und der Körper hat nun mal seine ... irdischen Gewohnheiten. Ich kann meinen Blick nicht mehr deuten. Auf den Polaroidphotos erkenne ich mich nicht wieder. Mein Kopf ist riesig, fast mongoloid, und meine Augen sehen verwaschen aus. Auf einigen Bildern lächle ich in die Kamera, doch irgend etwas fehlt. Die Brille etwa? Nein, das ist es nicht. Die Bräune? Auch nicht. Vielleicht ein gewisser Funke? In den Augen. Das kann aber auch am Photoapparat liegen, den ich nur am ausgestreckten Arm halten kann, weil er keinen Selbstauslöser hat.

Auf dem Weg zur Küche macht sich zuerst unwillkürlich mein Überlebensdrang bemerkbar: Ich will nicht sofort die besten Sachen essen, sondern hebe sie mir auf ... Doch dann rede ich mir ins Gewissen. Also komm, da ist eine Tonne Eßzeug, spiel bloß nicht Ameise. Und ich beschließe, zu essen, ohne aufzupassen oder es einzuteilen. So werde ich es halten, sagen wir, bis zum 35. Zyklus. Von da an mache ich eine Bestandsaufnahme, um eine Statistik zu erstellen über das, was noch zum Essen übrig ist, und über die Zeit, die ich hier voraussichtlich noch verbringen muß. Ich habe schon ein kleines Festessen vorgesehen; ich warte nur noch auf die Videokamera, um es zu filmen.

Dennoch merke ich allmählich, daß meine Lebensmittel begrenzt sind. Es ist ein Kuchensortiment da, aber schon jetzt sagt mir nichts mehr so recht zu. Gar nicht zu reden davon, daß sich der Schokoladeentzug bemerkbar macht und die Trockenfrüchte, die die Idioten vom Supermarkt zu liefern vergessen haben, grausam fehlen. Na, ich werde mich später rächen ...

Ich krieche ganz tief unter meine Decke mit Montheilets »perfekten Verbrechen«. Der ironische Erzählstil und die Unverblümtheit des Autors versetzen mich in beste Stimmung. Und nach einem letzten Anruf schlafe ich unter ausgesprochen erfreulichen Gedanken ein.

Jedesmal wenn ich die Augen schließe, habe ich das Gefühl, ich schreibe das Drehbuch zu »The Big Sleep« neu. Ich habe Angst, zuviel zu schlafen, und ich bin beim Aufwachen immer darauf gefaßt, daß man mir mitteilt: Es ist vorbei! Die 100 Tage sind um, du kannst rauskommen.

7. ZYKLUS

24.–26. August 1988

53 h 13 – davon 35 h 59 Wachphase, 17 h 14 Schlaf

Heute nacht bin ich aufgestanden, aber ohne daß ich geträumt hätte. Vielleicht ein Zeichen dafür, daß ich zu einer gewissen inneren Ruhe gefunden habe. Dann ein lakonischer Anruf, um ihnen klarzumachen, daß ich meine Ruhe haben will. Aber die habe ich ja sowieso. Wie schlecht ich gelaunt sein kann, wenn ich verschlafen bin; es ist erschreckend. Und ich lege mich zur zweiten Nachthälfte schlafen, wache immer wieder auf und recke mich behaglich. Ich habe das Bedürfnis nach Zärtlichkeit und würde gern meinen Mann neben mir spüren. So drehe ich mich zu Baptistin um und lege meinen Kopf auf sein orangefarbenes Plüschbein.

Heute stehe ich mit drei Zielen auf: schreiben, die Hausarbeit und meine Toilette erledigen.

Meine Periode ist sehr stark, und ich muß dauernd auf der Hut sein, aber dies eine Mal bin ich glücklich über das Druckgefühl im Kreuz und die Krämpfe im Bauch.

Ich wiege mich: Ich werde wieder dicker. Achtung! Auch hier, wo ich vor Blicken geschützt bin und obwohl ich weiß, daß noch drei Monate vor mir liegen, kann ich mich nicht so gehenlassen, daß ich wieder zunehme. Oben habe ich manchmal zugenommen, denn da war ich so angespannt und voller Ängste, daß ich nur ruhiger werden konnte, indem ich maßlos gefressen habe. Fünf Kilo habe ich zugenommen. Hier unten, allein mit mir, habe ich mich viel besser im Griff und kann mich leichter zusammennehmen. Das klingt fast paradox, nicht wahr? Und ich bin so gut wie sicher, daß ich ganz unmerklich wieder mein Idealgewicht von 60 Kilo erreichen werde.

Tatsächlich habe ich mich vom »Morgen« bis zum »Nachmittag« sehr gut unter Kontrolle, was die Esserei anbelangt, erst danach geht es schief mit Süßigkeiten und weil sich die Zeit unendlich dehnt und mich zu Naschereien hier und da verführt.

Als ich anrufe, um die Testergebnisse durchzugeben, höre ich Musik. Eine Oper! Pavarotti! Was für eine Stimme. Ich höre sie zwar nur von weitem, aber dennoch ganz deutlich. Wie gefühlvoll! Ich höre hingerissen zu, ohne auf irgend etwas anderes zu achten. Das fehlt mir hier so schrecklich. Denn ich habe keine Musik in dieser verdammten Höhle. Keine einzige Note. Aus Gründen, die ich eigentlich nicht recht erkennen, geschweige denn verstehen kann. Daß muß mir Michel noch genau erklären. Denn Mozart oder Beethoven in dieser majestätischen Höhle, das wäre schon eine schöne Sache gewesen. Und so fasse ich den Plan, eine ganze Musiknacht in meiner Höhle zu veranstalten, kurz bevor ich sie verlasse.

Ich werde Francis bitten, mir eines dieser Geräte zu bringen, mit denen gewisse »Randgruppen« der Gesellschaft ihre Lieblingsgruppen hören und den ganzen U-Bahn-Waggon teilhaben lassen. Und meine Lieblingsstars: Mozart, Beethoven, Rossini, Verdi, Nina Simone, Bach, Basia, George Benson, Parker ... und ein bißchen Michael Jackson und Madonna, damit es den Stalaktiten die Schuhe auszieht.

Vor dem Essen räume ich meine Sachen auf. Ich fange an, mich hier richtig zu Hause zu fühlen, und ich mag es auch, wie die Sachen geordnet sind, die rosarote Daunendecke mit Baptistin drauf, der die Arme ausgebreitet hat, als wolle er mich dauernd umarmen. Die Tische und die Regale aus rohem Holz. Ich müßte sie eigentlich noch fertigmachen und daran herumbasteln, habe Klebefolie für die Regale, aber es fehlt ein Stück, ein geeigneter Vorwand, gar nicht erst anzufangen. Und außerdem paßt es mir im Moment so.

Ich stürze einen riesigen Becher mit einem halben Liter Kaffee hinunter. Ich staune selbst, daß ich solche Mengen davon in mich hineinschütten kann. Er wärmt mich kaum. Ich weiß nicht wieso, doch meine Hände sind heute eiskalt.

Ich hüpfe auf der Stelle, schreie, singe, stoße kurze Kläfflaute aus und gebe laute Kommentare ab.

Dann gehe ich sofort an die Schreibmaschine, falte die beiden Kissen auf dem schwarzen Stuhl zusammen, damit ich beim Sitzen die richtige Höhe habe, und fange an zu tippen, doch meine Hände sind so klamm, daß ich mir Bewegung machen muß. Ich koche noch einen halben Liter Kaffee, schwarz, ohne Zucker. Die Tasse verbrennt mir die Finger, ohne sie wirklich zu wärmen. Ich merke, daß mir beim Schreiben nach und nach die Gedanken entgleiten. Mein Kopf wird leer. Dafür füllen sich die weißen Fläschchen – ohne kausalen Zusammenhang, hoffe ich!

Die Worte verlieren ihren Sinn, und ich finde an meinen Beschreibungen keinen Gefallen mehr. Es wird Zeit, daß ich mich mit etwas anderem beschäftige. Ich werde mir Blut abnehmen. Ich zittere am ganzen Körper. Das ist nicht das erste Mal. Bestimmt liegt es am Kaffee, und ich lasse fast das kostbare Reagenzglas mit der roten Flüssigkeit fallen. Dagegen muß ich etwas tun. Zuerst verleibe ich mir einen Imbiß ein, Hühnchen mit Fenchel, dann teile ich denen da oben mit, daß ich zur Luke gehe. Wie immer ohne die Grubenlampe einzuschalten. Ich warte einen Augenblick, bis sich meine Augen an das Halbdunkel gewöhnt haben, und klettere dann ganz leicht über die dunklen Konturen des Weges. Doch diesmal kann ich nicht das geringste erkennen, nicht einmal die helle Pyramide, die das elektrische Licht wirft, das oben am Schachteingang ständig brennt. Ich versinke regelrecht in der Dunkelheit. Ändert sich mein Augenlicht so sehr?

Unter der Luke angelangt, hole ich vorsichtig das Seil zu mir heran, denn die Sendung ist zerbrechlich. Geschmeidig gibt es bei jedem Zug nach. Das ist eine Abwechslung gegenüber der ungeheuren Anstrengung beim Hochhieven der Flaschen mit Schmutzwasser oder den tiefgefrorenen Urinproben. Eine große rote Tüte taucht langsam in meinem Gesichtsfeld auf. Sie hat 57 Meter zurückgelegt. Herzlich willkommen!

Auf dem Rückweg mache ich halt bei den Gefriertruhen. Die Packungen liegen immer noch durcheinander. Ich greife aufs Geratewohl hinein und hole »Kabeljau Pariser Art« heraus, der sich ausgezeichnet als Mittagessen eignen wird. Mir kommt der Gedanke, in dieser Ecke sauberzumachen, denn die Deckel der Truhen sind voller Dreck.

Bevor ich die Plattform betrete, auf deren Sauberkeit ich peinlich bedacht bin, ziehe ich andere Schuhe an. Ich glaube, ich entwickle langsam die Gewohnheiten einer alten Jungfer. Dann öffne ich die rote Tüte. Der Computer ist sorgfältig eingewickelt in eine völlig durchweichte Decke. Ich packe ihn vorsichtig aus, trage ihn zu meinem Schreibtisch und trockne ihn mit Taschentüchern, Küchenkrepp und sogar mit dem Föhn.

Dann rufe ich an, um ihn auszuprobieren. Denn dieser Computer wird mit einem Drucker im Labor am Höhleneingang verbunden. Michel hat Wachdienst, und er ist ganz offensichtlich allein. Ich fange an, daraus meine Schlüsse zu ziehen, aber ich merke plötzlich, daß es mir vollkommen egal ist, ob es da oben Tag ist oder Nacht. Das ist nicht mehr wichtig.

Meine Hände sind kalt, und ich habe einen steifen Hals. Zum Spaß schätze ich die Zeit. Ich glaube, es ist die Nacht von Montag, dem 22., auf Dienstag, den 23. August (*in Wirklichkeit: 24.8., 9 Uhr 52*).

Ich esse einen Happen und beschließe, die letzten großen Aufräumarbeiten in meinem Camp zu machen, um mich endgültig einzurichten. Vor dem Essen fange ich an, mich Richtung Klo vorzuarbeiten. Dazu ziehe ich mir »Arbeitskleidung« an, und zwar Thermounterwäsche, eine – zu enge – Hose, im Schritt beult sie sich obszön aus – es ist eine Männerhose –; ein abgewetztes, schäbiges Oberteil. Beides paßt ganz offensichtlich nicht zusammen, denn das eine ist beige, das andere dunkelblau. Ein Blick auf die ausgebeulten Knie nimmt mir meine letzten Hemmungen; damit kann ich mich dreckig machen und naß werden, mich bedenkenlos auf dem Boden wälzen. Unter Tage arbeiten und werkeln bedeutet sowieso das Todesurteil für die Klamotten, und da meine Garderobe beschränkt ist, passe ich von jetzt an ängstlich auf die Sachen auf, die warm halten. Zuletzt schlüpfe ich in meine Moonboots, die meine Füße zwar plump wirken lassen, aber sie – bis jetzt noch – gut gegen den Boden isolieren.

Ich mache die Müllsäcke, die voller Erde und Dreck sind, sauber und staple sie lose vor der Plattform. Dann packe ich das Analysematerial in eine Plastikkiste, gebe dem Haufen Flaschen und Flacons ein leicht nachlässiges, aber ästhetisches Aussehen, prüfe die Wirkung, trete einen Schritt zurück und gehe mit zufriedener Miene weg. Meinem strengen Sauberkeits- und Ordnungssinn ist Genüge getan.

Allerdings tropft es genau dort auf den Boden, und das stört mich, weil der Linoleumboden (der wie Parkett aussieht) immer feucht ist und ich das Wasser bis ins Zelt hineinziehe.

Ich fühle mich schon jetzt erschöpft. Also wirklich, ich werde so schwach wie ein schwindsüchtiger Vogel.

Der Kabeljau brutzelt im Herd. Seltsam, über der Plattform hängt überhaupt kein Essensgeruch. Das frustriert mich, sonst hätte ich wenigstens das Gefühl gehabt, nicht alle meine Sinne zu verlieren. Aber dann wird mir klar, daß der heiße Duft sofort zur Gewölbedecke steigt, und ich hätte nur die Chance, den »Kabeljau Pariser Art« zu riechen, wenn ich schnell zur Luke rennen würde, denn der Luftstrom zieht Richtung Ausgang.

Ich melde, daß ich esse, und nehme das Essen aus dem Herd. Es war auch höchste Zeit, denn der Fond ist schon karamelisiert. So was! Nicht nur, daß ich keine Uhr habe, um die Garzeit einzustellen, ich kann mich auch nicht mehr auf meine Nase verlassen. Ich lecke die Kasserolle bis in die letzte Ritze aus, weniger aus Gefräßigkeit als wegen der kommenden Ernährungsanalyse (die Ausrede ist einfach zu schön!).

Tatsächlich teile ich meinen Tag in mehrere kleine Mahlzeiten ein, die nicht so schwer sind, wie ich oben normalerweise gegessen habe. »Mittagessen« oder »Abendessen« sind nur noch rein formale Bezeichnungen. Oft esse ich am »Nachmittag« eher üppig und beschränke mich am »Abend« auf eine Knabberei.

Dann fange ich mit dem Großreinemachen an und trage einen Eimer, eine Bürste und die Müllsäcke zum Brunnen. Denn am Fuß des Walls, 20 Meter vom Zelt entfernt, tropft ein Rinnsal und bildet auf dem Boden kleine schwarzbraune Tümpel. Diese Stelle wird ständig begossen und überspült. Dort haben die Clubmitglieder eine blaue Plastiktonne hingestellt, die 50 Liter faßt und die sich regelmäßig füllt. Dadurch habe ich billiges Quellwasser, das ich bedenkenlos verschwenden kann. Denn es hätte mir in der Seele weh getan, die Säcke mit dem Wasser aus den Eineinhalb-Liter-Flaschen sauberzumachen. Putzen ist ein Luxus.

Wie eine nächtliche Waschfrau mache ich mich ans Waschen, Bürsten, Reiben. Ich spüle und spritze herum. Da entdecke ich ganz unten in einem Sack ein kleines weißes Viereck aus Papier, das dort festklebt. Ärgerlich entferne ich es und ... sehe ein Gesicht, das mit strahlenden Augen in eine hoffnungsvolle Zukunft lächelt. Es ist ein Freund! Folko. Folko Dumas. Ich bin verblüfft und fassungslos und gerührt. In dieser Gesteinslandschaft, wo ich das einzige menschliche Wesen bin, ein Gesicht zu sehen, bewegt mich tief. Dabei habe ich gar nicht den Eindruck, seit Jahrzehnten hier zu sein, und dennoch habe ich bereits die Züge meiner Freunde und meiner Umgebung vergessen. Dieses Lächeln war mir da oben sehr vertraut. Mir wird warm ums Herz, ihn hier bei mir zu sehen. Im Schein meiner Grubenlampe kann ich ihn nur undeutlich erkennen. Unverzüglich gehe ich zum Zelt hinüber, um das Bild trocknen zu lassen. Noch einmal bleibe ich stehen, um das Photo anzuschauen, und sehe alle meine Freunde wieder vor mir. Ich hätte auch ein Bild von Francis mitnehmen sollen, sage ich mir. Obwohl ich doch keineswegs ein Fetischist bin und nie irgendein Photo in meinem Geldbeutel hatte, nicht einmal von den mir am nächsten stehenden Menschen. Ich bewahre sie lieber im Gedächtnis und rufe mir Augenblicke mit ihnen wieder in Erinnerung, als sie auf einem Stück Glanzpapier mit im Blitzlicht erstarrtem Gesichtsausdruck zu sehen. Es erstaunt mich selbst, wie mich dieses Portrait aufwühlt. Sie fehlen mir schon so sehr, die, die ich da oben zurückgelassen habe. Und ich erinnere mich lächelnd an fröhliche Erlebnisse in ihrer Gesellschaft, mit Folko, der mich jetzt anschaut, ohne mich zu sehen. Und an schwierige Situationen. Ich denke zurück, an Thierry, Maurice, Edith, Louis, Valerie ... und natürlich Francis. Was machen sie gerade? In welcher Umgebung? An welchem Ort?

Eine Zeitlang halte ich mich bei diesen wehmütigen Gedanken auf, dann wende ich mich wieder meinen Säcken zu. Ich plansche nach Herzenslust im Wasser herum. Ich habe das Gefühl, meine Moonboots sind nicht mehr wasserdicht, aber das kümmert mich im Moment wenig, da ich an meine Freunde denke. Ich arbeite auf der Erde, krümme und bücke mich, wische und schufte unter lautstarken feuchten Geräuschen. Dabei singe und pfeife ich, versuche, die richtigen Töne zu treffen. Umsonst! Unermüdlich wiederhole ich dieselbe Melodie, die erste, die mir in den Sinn kommt, ohne daß ich suche.

Die Säcke müssen zum Abtropfen aufgehängt werden, und dazu eignet sich nichts so gut wie ... die Stalagmiten. Dann mache ich mich an das Geschirr. Spülmittel benutze ich nie; es schäumt zu stark, und man braucht eine Menge Wasser zum Nachspülen. Außerdem ist es hier überflüssig, denn ich vermeide es, fett zu kochen. Eine Kleinigkeit muß ich noch erwähnen: Das schmutzige Abwaschwasser mit den Essensresten schütte ich in dafür vorgesehene Kanister. Wenn ich es in der Höhle wegschütten würde, wäre alles innerhalb kürzester Zeit von einem üppigen Bart überwuchert, der auf dem so gedüngten Boden unaufhörlich weiterwachsen würde: Schimmel. Ich entdecke eine Kasserolle, in der seit zwei »Zyklen« das Wasser steht. Wasser voller grüner und weißer Teilchen, von denen ein impertinenter Gestank ausgeht. Ich leere es in den Kanister. Das ist ja unerträglich. Daß vergammeltes Essen nur so widerlich riechen kann! Ich bin erstaunt, denn eigentlich müßte in diesem natürlichen Kühlschrank der Verfall langsamer fortschreiten. Meiner, zum Beispiel …

Als ich vom Brunnen zurückkomme, hat meine Begeisterung, ums Zelt herum sauberzumachen, schon erheblich nachgelassen. Also schone ich mich und erledige nur das absolut Dringendste.

Dann verordne ich mir eine wohlverdiente Ruhepause, mache mir einen Kaffee und setze mich auf die Terrasse. Ich bin wirklich zum Umfallen müde. Doch ich muß mich noch mal waschen, schiebe es allerdings hinaus, ziehe mich aber wenigstens um und lege mich ins Bett. Mein Kreuz tut mir weh, ich bin buchstäblich wie erschlagen. Was habe ich denn schon gemacht? Werde ich so zerbrechlich? Ich nehme mir etwas zum Schreiben und strecke mich aus. Merkwürdig, wie klar ich im Kopf bin und wie dumpf vor Müdigkeit dagegen mein Körper ist. Ich habe das Gefühl, ich bin bleischwer; mein Körper hält nicht mehr mit, er gibt als erster auf. Die Muskelschmerzen siegen über meine Lebensgeister. Ich habe keine Zeitvorstellung mehr, und ich merke, daß ich vielleicht sechs oder sieben Stunden am Stück wie eine Verrückte gearbeitet habe *(in Wirklichkeit drei Stunden).* Langsam erhole ich mich, schließe die Augen, ohne jedoch zu schlafen. Das ist verboten! Denn die Schläfchen zwischendurch bringen Verwirrung in das Schlafexperiment; sie sind nicht katalogisierbar. Wenn ich ruhe, geht mein Gedächtnis auf die Reise, und ich versuche mich zu erinnern, was ich seit dem Aufstehen getan habe – doch seltsam. Alles scheint schon so weit weg zu sein. Auch das Waschen der Säcke reicht zurück … bis gestern. Ja, so ist es, ich habe den Eindruck, daß das, was vor der Ruhephase liegt, am vorhergehenden Tag war.

Schließlich stehe ich auf.

Ich stinke. Unglaublich, wie ich stinke. Überall, wo ich hingehe, begleitet mich dieser modrige Geruch nach Lehm und Schweiß, dieser ganz spezifische Moschusgeruch, der in Höhlen herrscht, wo einem die geringste Anstrengung in die Nase sticht, wo der kleinste Schweißtropfen noch schärfer wird und wo jede Geste sich negativ in Form eines Geruchs in die übersättigte Luft einprägt. Aber das war vorherzusehen. Deshalb habe ich mir auch eine Arbeitsgarderobe reserviert, einen unterirdischen Blaumann für »Schwarzarbeit« gewissermaßen.

Doch bevor ich in saubere, nach Lavendel duftende Kleider schlüpfe, will ich mich frisch machen, ein verdienstvolles Unterfangen, das eine viel größere Willenskraft von mir verlangt als alle sonstigen Tätigkeiten hier. Denn es ist kalt, und immer ist irgendein Körperteil unwiderruflich eisig, die Hände, die Füße oder die Nasenspitze, und ich denke an nichts anderes als daran, mich noch dicker einzumummen, mich aufzuwärmen – mit einem Kaffee oder indem ich herumgehe, mich bewege, mich ins Bett lege. Alles habe ich versucht. Sich unter diesen Umständen auszuziehen, dafür müßte man in die Ehrenlegion aufgenommen werden!

Trotzdem wähle ich das kleinere Übel, denn momentan wasche ich mich lieber, als daß ich mich rieche. Vielleicht ist das ein weiser Entschluß am Anfang meines Aufenthalts; wer weiß, ob ich in ein paar Wochen noch ein verwestes Kaninchenfell von einem Tropfen Chanel No. 5 unterscheiden kann.

Natürlich könnte ich nackt in einem der klaren Wasserbecken zwischen funkelnden Kristallen baden und meinen Körper dann mit Fledermausmilch einreiben ... um schließlich im Bett zu landen mit einem Eisbeutel auf dem Kopf und dem Fieberthermometer zwischen den klappernden Zähnen. Nein danke, das ist nichts für mich!

Nachdem ich die Oberflächenmannschaft informiert habe, daß ich aus Hygienegründen eine gewisse Anzahl Elektroden abnehme, setze ich Wasser zum Kochen auf, krame in meinen Kosmetiksachen und richte mir sorgsam eine ganze Pflegepalette her: Seife, Waschlappen, Zahnpasta, Haarshampoo (das Haarewaschen ist das Schlimmste!), Handtuch und zwei Schüsseln, denn auch das Waschwasser wird aufgefangen. Keine Rede von erotischem Prickeln, wenn einem das Wasser über die Hüften streichelt, keine endlosen heißen Bäder, kein verspieltes Kitzeln mit einem weichen und schön trockenen Handtuch, nichts dergleichen, sondern Katzenwäsche. Wenn ich eine Uhr hätte, könnte ich schwören, daß ich höchstens eine Minute für den Körper und zwei für die Haare brauche. Meine Gesten sind präzise, energisch und geübt. Mit drei Bewegungen bin ich gewaschen, gespült, getrocknet (oder wenigstens fast, denn die Handtücher haben die Feuchtigkeit der Umgebung wie ein Schwamm aufgesogen!) und frisch angezogen, inklusive Elektroden, Handschuhen und Mütze.

Heute allerdings will ich diese Szene im Bild verewigen.

Meine weiblichen Formen habe ich unter fachgerecht drapierten Handtüchern verborgen: Zwei Photoapparate habe ich hier, und die Konzentration, die ich zum Einstellen brauche, läßt mich die Kälte nicht so schnell spüren. Aber mit nackten Füßen auf dem Boden, das ist eine Qual. Das Shampoo lasse ich auf dem Kopf, solange das Polaroidbild noch nicht entwickelt ist, um zuerst zu sehen, ob es etwas geworden ist. Doch irgendwann sind meine Füße so eisig kalt, daß ich sie in den Eimer mit lauwarmem Wasser tauchen muß. Ich trockne mir die Haare und schminke mich sorgfältig. Für die Photos und weil ich mich wohl fühle. Ich erkenne mich nicht so recht wieder auf den Bildern; mal finde ich mich aufgedunsen, mal sehe ich kränklich aus. Überrascht stelle ich fest, daß meine Haut sich gut hält; ich füge ihr alle möglichen Verletzungen zu, doch ein paar Stunden später sieht man nichts mehr! Innerhalb von einem Zyklus kann ich die großen Pusteln oder die wunden Stellen, die von den Elektroden herrühren, verschwinden sehen. Das würde heißen, daß ... Aber nein. Unmöglich. Die Haut heilt einfach schneller ohne Sonne, nicht weil ich zweimal solange wach bleibe wie über der Erde. Ich posiere vor dem Spiegel, mit dem Gewehr, auf dem Bett, photographiere mich in verschiedenen Situationen, stelle Entfernung und Helligkeit ein. Die Automatikkamera bringt es auf 36 Aufnahmen. Als ich den Film zurückspulen will, merke ich mit Entsetzen, daß die Spule nicht aufgerollt war. Also alles noch mal machen! Ich fange praktisch von vorn an, bis auf die Waschszene. Das hebe ich mir für die nächste große Sauberkeitssaison im Valat-Nègre auf. Doch die Bilder sind nichts geworden. Aller guten Dinge sind drei, nicht wahr? Ich bin froh, daß Francis weit weg ist, denn er als Profiphotograph hätte einigen Grund sich aufzuregen.

Ich muß gestehen, daß ich mich mit diesen Apparaten etwas ungeschickt anstelle. Dabei habe ich den besten Lehrer der Welt. Photographieren bringt mich auf die Palme. Auch wenn ich leidenschaftlich gern die Photos von Francis anschaue und sie mit ihm zusammen entwickle, habe ich einen regelrechten Horror davor, selbst welche zu machen.

Um spektakulär zu wirken, ritze ich mir die Finger vor dem Kameraauge auf. Ich mache eine Aufnahme, um gleich die Wirkung zu testen. Nichts! Erbärmlich! Der Blutstropfen, den ich mühsam herauspresse, ist nur ein winziges rotes Pünktchen und auf der hellen Handfläche kaum zu erkennen.

Dann schiebe ich eine »Lasagne mit Meeresfrüchten« in den Ofen und photographiere, wie das Essen aus der einen Röhre kommt und in die andere (meinen Mund) wandert. Was ich – leider – nicht photographieren kann, ist das furchtbare Sodbrennen, das ich von dieser tükischen Lasagne bekomme.

Der Sofortbild- und Diawahn ist ausgebrochen. Der zügellose Ich-Kult. »Man« möchte wissen, was ich denn so mache, womit ich mir die Zeit vertreibe. Also bitte. »Man« wird bedient. Ich stelle einen Photoroman aus 46 Farbphotos und 108 Dias über einen ganzen Zyklus zusammen; mit Erläuterungen und Bildunterschriften.

Als ich um die Plattform streife, schlägt mir Lasagneduft entgegen. Ich hatte die Lasagne nicht gerochen, während sie im Ofen war, doch wie ich jetzt die Luft durcheinanderwirble, kommt das Essen wieder zurück, kaum wahrnehmbar, aber mein Geruchssinn, der in dieser übersättigten Luft zuwenig beansprucht wird, wird beim kleinsten Reiz wach und setzt, ganz ohne daß man es will, eine phantastische Fülle von Informationen und Emotionen frei.

In meinem Photographierwahn nehme ich sogar auf, wie ich aufs Klo gehe, allerdings dezent und rücksichtsvoll. Ich tue so, als würde ich mich im Dienste der Wissenschaft abplagen, doch ein Pappendeckel zwischen mir und dem Apparat mit Riesenbuchstaben drauf verhüllt den Vorgang: ZENSIERT.

Die Abzüge breite ich auf dem Tisch aus und stelle mit großem Vergnügen einen Fortsetzungsroman zusammen. Auf manchen Bildern erkenne ich mich kaum wieder, so kraß sind die Veränderungen. Hier etwa, auf diesem Photo, das ich heute morgen gemacht habe – vor dem Waschen, zugegeben –, sehe ich aus wie eine Megäre: die Haare auf Halbmast, fettig, rote Flecken im Gesicht, ein Dreifachkinn, glanzlose Augen, hängende Lippen. Wogegen ich auf dem Bild da wie eine Puppe wirke. Die Haare glänzen jetzt, und die Lippen prangen purpurrot. Ich kann die beiden nicht in Einklang bringen. Auf beiden bin ich abgebildet, und doch finde ich mich auf keinem davon wieder.

Für mich naht der Abend, die Zeit, wo, auch weil ich müde bin, die Grotte zum Leben erwacht. Ich höre Stimmen, und das leiseste Geräusch schreckt mich auf. Unwillkürlich spitze ich die Ohren und nehme Rufe und Gezischel wahr. Als diskutierten Höhlenforscher im Schacht. Das ist unmöglich! Ich reiße mich zusammen, schiebe es auf meine Erschöpfung. Aber dennoch horche ich – das Wassergeräusch ist lauter. Hinter dem Zelt mache ich dumpfe Töne aus, Wimmern und Jaulen. Das Zelt beginnt zu ächzen und sich zu bewegen. Es ist zwar nicht wirklich zu erkennen, doch ich spüre, daß es lebt. Ich weiß, daß ich in diesem Augenblick an einem seidenen Faden hänge; mein Verstand ruft mich zwar zur Vernunft, aber meine Ohren ...

Tropfen fallen auf die blaue Plane, die hoch über dem Zelt gespannt ist, und klatschen mit einem spröden Geräusch auf. Ich sage mir zwar, daß sie den ganzen Tag gleichmäßig niederfallen, aber trotzdem ...

Ich brenne vor Ungeduld, die Photoabzüge von meinem Tag hinaufzuschaffen. Es macht mich glücklich, meinen Freunden da oben etwas zu schenken, und ich male mir ihre Überraschung, ihr Gelächter und ihre Bemerkungen über diesen kleinen Bildband aus und rufe an, daß ich zur Luke gehe. Mein Herz klopft. Wieder gehe ich an der Gefriertruhe und an dem schrecklichen Höhlenmenschen vorbei, einem Kalkgebilde, das von Meisterhand geformt scheint. Das Portrait eines bärtigen Greises, eines alterslosen Mannes von furchterregendem Aussehen. Aber da ich die schreckliche Höhlenfrau bin, passen wir zusammen.

Dort liegt auch ein Baumstrunk, schwarz wie Ebenholz und überzogen mit scheußlichen Keimen, schwarzen Schößlingen mit weißen Spitzen. Als ich ihn das erstemal sah, hat er mir Angst eingejagt. Doch dann habe ich mir gesagt, das sind unscheinbare Dinger, die im Dunkeln leben. Wir sind also in der gleichen Lage.

Als ich zurückkomme, fühle ich mich ein bißchen ratlos. Ziemlich erschöpft, sonst nichts. Ich weiß nicht mehr so recht, was ich tun soll. Die Photographiererei, die Hausarbeit, die Toilette und die Schreibarbeit, da kommt schon eine Menge Arbeit zusammen. Und dabei hatte ich noch nicht einmal Zeit zum Lesen. Ich denke, daß ich nie genug Zeit haben werde, um zu tun, was ich möchte, selbst in den drei Monaten hier, weitab von der Welt, nicht (*tatsächlich bin ich 31 Stunden auf*).

Ich horche in mich hinein. Habe ich Hunger? Mir stößt immer noch ein ganz übler Geschmack auf, und ich bedaure zutiefst, daß ich weder Kaugummi noch Pfefferminzbonbons habe. Noch so eine Vergeßlichkeit dieser Idioten da oben. Ich sehe es noch genau vor mir, wie ich ihnen bei der Bestellung eingeschärft habe »mit Pfefferminzgeschmack« und sie dringend darum gebeten habe: »Schreibt mir auf, was ihr nicht beschaffen könnt.« Von wegen! Dumpfhirne! Halt, Moment. Das wird dafür sorgen, daß mir nicht mehr alles sauer aufstößt. Und ich stürze ein Glas puren Zitronensaft hinunter.

Ich weiß nicht so recht weiter. Mit einer Packung Waffeln lege ich mich ins Bett. Mir ist heiß, dann kalt und wieder heiß. Langsam vertiefe ich mich in Montheilets »perfekte Verbrechen«. Ich mache mir noch ein paar Notizen über das, was ich tagsüber gemacht habe, und wieder habe ich das merkwürdige Gefühl, daß alles, was »vor der Meeresfrüchtelasagne« lag (die kulinarischen Bezugspunkte wenigstens entkommen einem nicht), gestern war und daß meine »Tage« so lang sind wie zwei normale.

Ich fühle die Müdigkeit wie eine drückende Last, und es wird Zeit für die Plackerei mit den Tests. Ich nehme mir Blut ab, spucke, untersuche meine Haut, messe meinen Hautfettanteil (ach, dieses schreckliche Gerät!), schieße, wiege mich, teste, wieviel Kraft ich in den Armen habe, messe meinen Puls, notiere die Werte für Laune (auf der Zehn-Punkte-Skala) und körperliche Verfassung (ich trage sechs Punkte ein) und messe Temperatur und Feuchtigkeitsgehalt im Zelt und in der Höhle. Dann lege ich mich mit zwei Schachteln Keksen wieder ins Bett. Das ist zwar nicht genau das, wonach mich gelüstet, dennoch esse ich alles auf.

Dann lösche ich das Licht, drehe mich um und schlafe schnell ein, nachdem ich mich wieder in Gedanken in Francis' Arme geträumt habe. Francis, mein Bär, ich brauche deine Liebe und deine Lust, deine Schulterrundungen, deinen zarten Duft, dein breites, gutmütiges Gesicht, deine kalten Füße, deine kräftigen Waden, einfach alles. Ach, du fehlst mir so!

8. ZYKLUS

26. August 1988

13 h 04 – davon 10 h 02 Wachphase, 3 h 02 Schlaf

Diesmal habe ich nicht das Gefühl, eine Ewigkeit geschlafen zu haben, und wache ziemlich frisch auf. Ich habe nichts geträumt und mußte nachts nicht aufstehen. Ich nehme an, ich habe ungefähr zehn Stunden geschlafen (*in Wirklichkeit aber 17 h 14*).

Als ich endlich das Licht einschalte zum Auftakt eines neuen »Tages«, fühle ich mich erholt und streichle Baptistins weiche Schnauze.

Michel nimmt ab, und ich sage, Anruf Nummer zwei, ich stehe auf. Für mich ist das klar und deutlich, und morgens empfiehlt es sich, den Aufwand minimal zu halten …

Michel fängt an nachzufragen, Moment mal, soll das heißen, du machst Licht? Ich antworte, na ja, ich stehe halt auf. Aber wenn du sagst, du wachst auf? …

Das reicht, ich verliere die Fassung, ich kann nicht anders. Wenn ich die ersten drei Klingelzeichen gebe, präzisiere ich, bedeutet das, daß ich das erstemal aufwache. Dann schlafe ich mehr oder weniger wieder weiter, bis ich aufstehe. Ach so. Ich wollte es bloß wissen …

Es wäre an der Zeit, die Zeichen zu kennen.

Insgeheim predige ich mir, du könntest ein bißchen netter sein; sie sind müde da oben … Aber morgens, man kennt das ja, schlecht gelaunt und ungenießbar!

Ich würdige die Ordnung, die ich gestern gemacht habe. Die Plattform, die ich aufgeräumt habe, wirkt beruhigend auf mich. Alles in allem fühle ich mich wohl in meiner Einsamkeit.

Nach den Tests ziehe ich mich, einer neuen Gewohnheit folgend, um, schlüpfe wieder in den dunkelbraunen Overall, der jetzt wirklich zu stinken anfängt, und ich frage mich, welche perverse Lust einen bloß dazu treibt, lieber ein dreckiges und schlecht riechendes Kleidungsstück statt frischer Sachen anzuziehen. Aber wenn man nur einen begrenzten Kleidervorrat für eine so lange Zeit hat, ist es unerläßlich, saubere Sonntagssachen aufzuheben. Es wird Momente geben, wo mir das einen

Ausweg aus der Verzweiflung weist, denn die seelische Verfassung hängt auch mit dem Äußeren zusammen. Außerdem muß man erfahren, welchen Grad an Verkommenheit man aushalten kann, beim Geruch zum Beispiel. Tagsüber vertreibt man ihn, wenn man sich bewegt, doch nachts, wenn man still daliegt, verdichtet er sich wieder und schlägt mir dann morgens entgegen.

Ich merke, wie ich gewisse Gewohnheiten entwickle und ganz ein Teil dieser Welt werde. Proust drückt es (viel gewählter natürlich) ungefähr so aus: Gewohnheiten sind ein Schutzschild im Leben und eine Stütze für das Bewußtsein. Das stimmt. Ich habe jetzt Fixpunkte, die meinem Leben allmählich einen Rhythmus geben, und meine Existenz hier nimmt feste Formen an. Ich versinke in der Routine.

Michel hat am Telefon gesagt, wir leiden hier an Schlafmangel. Das bedeutet, daß sie da oben immer weniger werden und daß sich die Wacheinteilung schwierig gestaltet. Ich habe barsch erwidert, daß ich das nicht wissen will, schließlich geht es darum, daß ich psychisch durchhalte. Bloß, jetzt muß ich ständig daran denken, es quält mich, zu wissen, daß sie so erschöpft sind. Andererseits schließe ich daraus, daß Folko schon abgereist ist, und ich begleite ihn ein Stück auf seiner Fahrt nach Marseille und beim Schulanfang ...

Es bereitet mir Unbehagen, daß sie Schwierigkeiten haben da oben, und ich empfinde meine Isolation nur um so stärker. Echte Einsamkeit gäbe es nur, wenn dort oben niemand mehr wäre.

Instinktiv nehme ich mir vor, seltener anzurufen.

Mir ist kalt, wie immer nach den Morgentests. Meine Hände sind wie Eisklötze, und ich bin wie in unsichtbarem Schnee erstarrt. Ich mache mir ein Frühstück aus Grießbrei mit Erdbeeren und dem ewigen halben Liter Kaffee, den ich am Schluß immer ekelhaft finde. Dann mache ich mich an mein Schreibheft, doch ich bekomme Bauchweh und gehe aufs Klo.

Da erschrecke ich vor jemandem. Ich bin also tatsächlich nicht allein in der Höhle. Ein kleiner Salamander! Léonard, der erste Name, der mir in den Sinn kommt, und schon ist er getauft. Wir sehen uns an. Seine Haut glänzt nicht sehr intensiv, und er bewegt sich kaum, als ich mit meiner Hand näher komme. Ich frage mich, ob er wohl überleben wird, denn er ist sicher nicht hier zur Welt gekommen. Er ist noch voller Erde und Sand und kann mich wohl nur undeutlich erkennen. Ich beschließe, ihn kurz mitzunehmen und dann wieder freizulassen, setze ihn auf eine kleine Schachtel, wo er grotesk herumwankt. Doch mir ist nicht daran gelegen, ihn zu erschrecken, und so setze ich ihn in ein quadratisches weißes Becken, gebe einen Deckel mit Wasser hinein und streue Brotkrümel aus. Das Ganze stelle ich auf meinen Tisch, genau unter die Lampe. Da wird ihm wärmer. Aus dem totalen Dunkel kommt er in blendendhelles Weiß; das dürfte einen schönen Technicoloreffekt ergeben. Ich lasse ihn dort stehen, fange zu schreiben an und vergesse darüber ganz, was ich zuvor eigentlich neben dem Zelt wollte.

Bald höre ich ein leises Schaben im Becken. Das Wasser ist voll Sand. Aha, Monsieur hat gebadet. Als ich meinen Finger nach ihm ausstrecke, ist er schon viel lebhafter, und er versucht vergeblich, auf seinen Schwanz gestützt, auf den Beckenrand zu klettern. Doch die Wände sind verräterisch glatt. Er krault, strengt sich noch mehr an. Wenigstens ist er recht lebendig. Ich mache ein Polaroidphoto, um unsere Begegnung zu verewigen, und nehme mir vor, ihn in der Küche auszusetzen, wo ich dann immer ein paar Krümel herumliegen lassen werde.

Ich werde jetzt jeden Abend in meinem Schlafsack nachschauen, ob sich dort nicht jemand tummelt.

In der Ruhe des Schreibens höre ich die leisen Geräusche der verschiedenen Apparate. Das Telefon furzt ab und zu diskret, die Zentrifuge schnarcht, und der Hautmesser hat Schluckauf. Komisch, wie Gesten und Tätigkeiten, die im Alltag geradezu erschütternd banal sind, hier auffallen. Jedes Ding, jeder Gedanke (sie sind keineswegs originell, denn ich führe ein ganz »normales« Leben) bekommt hier einen ungewohnt hohen Stellenwert. Das liegt zweifellos am Ort. Und ich gebe mir Mühe, alles festzuhalten, alles aufzuschreiben, denn andere wollen erfahren, wie man lebt und denkt unter der Erde während einer so langen Zeit – nämlich genau wie oben auch, mit gewissen Einschränkungen, das ist alles.

Ich ziehe meine Schuhe an, die ich »draußen « trage, die Moonboots. Sie sind innen durchgeweicht, und ich streife Plastiktüten über meine Füße. Das sieht vielleicht schick aus! Aber so bleiben sie wenigstens trocken, und Trockenheit ist hier heilig. Wenn ein Kleidungsstück, ein Handtuch oder ein Socken einmal naß ist, ist es aus, dann sind die Sachen für den Rest des

Aufenthalts nicht mehr zu gebrauchen. Und ich stehe erst am Anfang ... Also Vorsicht ...

Dann kehre ich vor meiner Tür. Auf dem Boden liegt ein bißchen Dreck herum, aber mit dem Stahlbesen mache ich schön sauber. Er kratzt feine Furchen in die schwarze Erde. Ich komme mir vor, als würde ich eine Schloßauffahrt rechen. Allmählich dreht mein Magen durch, wie Léonard in seinem Becken. Also tauche ich in die Gefriertruhe hinein, die langsam überquillt von Urinfläschchen, und angle einen ziemlich verheißungsvollen Fischsavarin heraus. Die Zubereitung ist minutiös auf die Minute angegeben. Zehn Minuten kochen, weitere zehn Minuten in der Soße ziehen lassen und die letzten fünf Minuten die Krebsscheren daruntermischen. Schön und gut, aber wie soll ich das anstellen? In der Küche kocht bereits das Wasser, und ich will die Sachen hineingeben. Ach, so ein Mist! Vor dem Essen muß ich ja noch die Tests machen.

Ein paar Freiheiten kann ich mir in meiner Einsamkeit herausnehmen, geräuschvoll niesen, ohne mich zu entschuldigen. Rülpsen – ohne vorwurfsvolle Blicke des Nachbarn oder der Nachbarin zu ernten. Ganz laut reden, ohne für verrückt erklärt zu werden. Stundenlang falsch singen, ohne daß ein unglückseliger Begleiter aufseufzt. Furzen, ohne jemand anderen als sich selbst zu belästigen. Allerdings ist das nur ein matter Trost, wenn man bedenkt, daß meine Freunde weder sich noch mir dieses Vergnügen versagen.

Der Savarin war ausgezeichnet, und es war ein komisches Gefühl, an einem schwarzen Strand – aus Erde – Krebsscheren zu knacken. Meeresgeschmack aus der Vergangenheit.

Wieder fange ich an, zu singen und laute Schreie auszustoßen, die musikalisch klingen sollen. Mein Repertoire reicht von »Diebische Elster« bis »Porgy und Bess«. Michael Jackson und die Dire Straits lasse ich aus, mangels Melodie.

Ohne ersichtlichen Grund befällt mich eine ungeheure Müdigkeit, doch ich will trotzdem noch nicht schlafen.

Makabere Gedanken gehen mir im Kopf herum. Ich sehe wieder Francis' verstohlene Tränen bei unserer Trennung. Als ob er sicher wäre, daß wir uns nicht mehr wiedersehen, daß er beim Tauchen ums Leben kommen wird. Ich wage kaum, mir dieses Bild auszumalen, aus Aberglauben. Mühsam verjage ich es, denn es zwingt sich mir auf. Eine Zeitlang bleibe ich stumpfsinnig stehen, vor der Leere, vor den Statuen aus unerdenklichen Zeiten.

Ich habe Parfüm benutzt, und der raffinierte, stechende Geruch verfolgt mich überallhin. Es ist ekelhaft. Ich kann all diese »angenehmen« künstlichen Düfte nicht gut ertragen.

Eine Arbeit muß ich noch schnell zu Ende bringen, nämlich mein Tagebuch tippen. Freudig, aber auch bange warte ich auf den Zeitpunkt, wo ich mich wirklich zu nichts mehr verpflichtet fühle, den Augenblick, wo ich frei bin und wo die Langeweile in Windeseile über mich hereinbrechen kann. Wo ich nichts mehr zu tun habe und mich frage, so, was soll ich jetzt machen? Da fängt der eigentliche Kampf gegen die Zeit an.

Mir wird bewußt, daß ich weder Geld noch Scheckheft oder Scheckkarte habe. Keinen Pfennig! Das ist das reine rauhe Pennerleben.

Ich verspüre eine unerklärliche Müdigkeit und habe schon meinen dritten Kaffee getrunken. Jetzt bin ich bei 15 Gramm Pulver angelangt, das entspricht sieben normalen Tassen. Aber statt mich wacher zu machen, betäubt er mich.

Ich lege mich schlafen, den Kopf in Baptistins Plüscharmen. Ich pfeife auf alles, denn ich bin müde. Ich mache es mir im Schlafsack bequem, lasse aber das Licht an und behalte meine Brille auf, denn ich will noch nicht »Nacht« haben. Die Grotte wird zu einem fremden und feindseligen Ort, und ich wickle mich fester ein, lasse nur die Nasenspitze in diese abweisende Kälte hinausragen, um nicht zu ersticken, doch auch das ist noch zuviel.

Irgendwann wache ich auf, ich weiß nicht, wieviel später (*nach drei Stunden*), und komme langsam zu mir.

Ich habe Hunger, weiß jedoch nicht, was ich essen soll. Allmählich habe ich nur noch eine begrenzte Auswahl an Fressalien, und ich entscheide mich für Müsli.

Léonard rutscht immer noch in seinem Becken herum. Es tut mir weh, ihn so zu sehen, und ich kippe das Gefäß um und beobachte ihn weiter. Ruckartig tappend steuert er über den Tisch. Erkennt er den Abgrund am Tischrand? Nein, er macht einen Schritt zur Seite und geht auf Tauchstation. Ich beuge mich hinunter und will ihn aufheben. Doch nichts! Niemand! Er ist verschwunden. Hat sich in Luft aufgelöst. Wir werden uns wiedersehen, Léonard...

Ich bin in einer Höhle, wo die Zeiträume verschwinden. Zeit

hat keinen Sinn mehr, weil sie keine Grenzen hat. Ich habe meine Jahre draußen gelassen wie ein paar Schuhe auf dem Treppenabsatz und werde sie unversehrt wiederfinden.

Ich bin in ein steinernes Unterseeboot (Untererdboot müßte ich eigentlich sagen) gekommen, um das verschwommene Niemandsland der Zeitlosigkeit zu erforschen.

9. ZYKLUS

26.–29. August 1988

55 h 50 – davon 22 h 41 Wachphase, 33 h 09 Schlaf

Schließlich bin ich doch eingeschlafen im 8. Zyklus – ich hasse das Wort »Zyklus«; es hat so einen bitteren klinischen Beiklang. Ohne daß ich es wollte, aber ich kam nicht dagegen an. Michel ist verwirrt, als ich aufwache. Wie sollen wir diese Siesta verbuchen? Als kompletten Schlaf? Als Nacht? Oder einfach als Zyklusunterbrechung?

Wir entscheiden uns für den richtigen Schlaf und fangen einen neuen Zyklus an.

Ich fühle mich erheblich besser. Aus zwei Sätzen entnehme ich, daß ich dringendst mein Tagebuch hochschaffen soll. Na gut. Dann widme ich dieser Tätigkeit also meinem restlichen »Tag«.

Zunächst tippe ich 37 Seiten auf einen Sitz. Ich erzähle alles, unzensiert. Ich bin für völlige Offenheit und kümmere mich nicht darum, wie die Leute darauf reagieren. Dazu ist Zeit, wenn ich hier herauskomme. Eigentlich kann ich das, was ich hier tue, nicht so recht beurteilen. Hier lebe ich allein, denke allein, und alle meine Empfindungen kommen mir ganz natürlich vor. Aber wenn ich mir vorzustellen versuche, wie Herr XY oder selbst meine Freunde dieses Heft entschlüsseln, komme ich ein bißchen aus dem Gleichgewicht. Was werden sie bloß von mir denken? Werden sie mich denn verstehen? Oh, das dauert nicht sehr lange, doch die Gewißheit, daß Hunderte von Augenpaaren meine getippten Zeilen durchlesen, beeindruckt mich ungeheuer. Denn ich habe wirklich nicht das Gefühl, außergewöhnliche Dinge zu beschreiben, noch nicht einmal besonders schöne … Das einzige Verdienst dieses Hefts ist, daß es authentisch ist …

Ich lasse nicht eher locker, als bis ich alles bisher Geschriebene fertiggetippt habe. Manche Passagen sind besser ausgearbeitet. Ich würde gerne noch daran feilen, doch ich lasse es bleiben, denn Müdigkeit befällt mich, und ich vergesse darüber die Tests. Ich höre nur die Schreibmaschine, wechsle das Farbband und tippe und tippe und tippe …

Ich sehe, wie sich die Seiten stapeln. Der Gedanke daran, daß Francis diese Zeilen liest, setzt sich in mir fest. Vergeblich versuche ich mir vorzustellen, wie er darauf reagiert. Verärgert oder stolz? Erfreut oder traurig? An seinem Urteil ist mir nämlich am meisten gelegen. Ich hätte so gerne, daß er stolz auf mich ist.

Ich bin nicht mehr in der Grotte, sondern in einem Wörterzirkus. Meine Hände sind mal geschmeidig, und die Finger huschen behende und geschickt über die Tasten, auf die ich gar nicht schaue; dann wieder erstarrt, steif und linkisch.

Ich werde schnell die ersten 37 Seiten hinaufschaffen; ich muß schließlich auch mal etwas essen.

Dann setze ich mich wieder auf meine zwei schön flachgedrückten Kissen vor die Schreibmaschine und haue in die Tasten. Fast bedaure ich es schon, all diese Empfindungen schwarz auf weiß niedergeschrieben zu haben. Die Schreibmaschine rattert; man könnte meinen, es sei ein Maschinengewehr. Das erinnert mich an die Firma, in der ich vor sechs Jahren gearbeitet habe und der übrigens diese Maschine gehört.

Ja, dieser Kasten hat schon einiges mitgemacht, und es ist ein Segen, daß ich ihn hier habe. Was für ein befriedigendes Gefühl, das, was man geschrieben hat, gleich in lesbarer Form, schön paginiert und gedruckt vor sich zu haben! Es hätte übrigens nicht viel gefehlt, und die Maschine wäre nicht heruntergebracht worden. Meine Freunde haben sie unter tausend Vorsichtsmaßnahmen in einer Schachtel, die gut und gerne dreimal so groß war wie die Maschine, nach Millau transportiert. Aber eine Schreibmaschine ist halt nun mal zum Schreiben gedacht, nicht zum Reisen! Dabei hat sie ihren Kugelkopf eingebüßt, und sein Alphabet bestand nur noch aus den ersten vier Buchstaben – was manchen Leuten genügen mag, zugegeben. Also schickte man sie auf dem schnellsten Weg nach Montpellier, von wo sie geistig gesund, jedoch mit einer neuen Macke zurückkam: Sie weigert sich, den Zeilensprung zu machen. Glücklicherweise kenne ich da einen Trick und sehe darüber hinweg …

Ich mache weiter damit, den nächsten vierunddreißig Seiten eine offizielle Form zu geben (von der Handschriftenära ins elektrische Zeitalter). Der Text hat wirklich große Schwachstellen; doch die Verbesserung behalte ich mir für später vor. Wichtig ist, daß es spontan aus dem Leben gegriffen ist. Doch im Moment bin ich etwas angegriffen, ich werde müde …

Ich werde eine Auswahl treffen müssen. Das kann nicht alles interessant sein für andere. Es wird narzißtisch und wahnsinnig egozentrisch. Und es gibt so viele wichtigere Dinge als mein Leben.

Ich bin einigermaßen geschafft. Mein linkes Auge ist ganz rot und brennt unter dem Lid. Dabei sind 71 Seiten doch nicht die Welt. Entweder kann ich meine Kräfte nicht mehr einteilen, oder ich werde ausgesprochen schwach. Ich glaube, einen Berg Arbeit bewältigen zu können, und dann bringe ich nur die Hälfte fertig. Wo liegt die Mitte, das Gleichgewicht zwischen den beiden Möglichkeiten?

Ich weiß – oder fühle es zumindest –, daß ich mehr als 20 Stunden auf bin *(in Wirklichkeit habe ich über 21 Stunden geschrieben).* Jetzt muß ich mich schlafen legen, doch wegen der Hürde aus Tests, die ich noch hinter mich bringen muß, trödle ich weiter herum.

Meine Augen können nicht mehr, doch zufrieden betrachte ich den Blätterberg.

Ich habe gar nicht richtig mitbekommen, wie der Tag vergangen ist; nichts habe ich gemacht von dem Pensum, das ich mir gesetzt hatte. Ich habe nicht einmal gelesen. Wahrhaftig, ich habe nicht genug Zeit! Ich komme gar nicht dazu, der Langeweile gegenüberzutreten. Was ich erwarte und … fürchte.

Ich knabbere Kekse. Wieder einmal. Am Abend verliere ich immer die Kontrolle. Und die Grotte wird zur Feindin. Es wird Zeit zu schlafen. Ich spüre genau den Einfluß der Müdigkeit, denn ich habe nicht mehr die Kraft, den Ansturm der dunklen Höhle zurückzudrängen, die zum Leben erwacht, mir sogar bis in *mein* Reich hinein trotzt und mich immer tiefer ins Zelt treibt. Beim kleinsten Tropfgeräusch fahre ich hoch und sehe verdächtige Schatten. Mein Universum schrumpft zusammen, seine Grenzen enden am Bett. Alles übrige ist bereits Feindesland. Ich muß die Augen schließen, muß meine Lider wie eine Wand zwischen sie und mich schieben. Sie, die Grotte, meine Gegnerin. Dabei sage ich mir, diese Grotte rührt sich nicht. Du bist diejenige, die durchdreht. Aber ich kann es noch so sehr einsehen …

Ich lese ein bißchen in Tausendundeiner Nacht und verschlinge eine Packung Mürbekekse, obwohl sie mir nicht einmal schmecken. Als ich das Licht ausmache, weiß ich, daß ich eine lange Nacht vor mir habe …

Ich stehe ein erstes Mal auf *(nach zehn Stunden)* und verliere ein Kilo ... Flüssigkeit. Von da an döse ich nur, kann nicht mehr schlafen. In diesem Zustand fühle ich mich ausgesprochen wohl, wenn meine Lider schwer, doch mein Verstand ganz wach ist. Ich lasse mich in Erinnerungen treiben, kuschle mich in die Vergangenheit ein, schwimme in gelebten Träumen.

Dann stehe ich zum zweiten Mal auf *(nach ungefähr zwölf Stunden)* und verliere wieder ein Kilo. Ich rechne herum. Um einen Liter Urin zu produzieren, dürfte ich ungefähr zehn Stunden brauchen. Für zwei brauche ich demnach ... Aber was soll's!

Ich liebe es, die »Nacht« so in die Länge zu ziehen, und gehe wieder ins Bett, drücke meine Wange gegen Baptistin, der seine großen Kulleraugen aufschlägt, die zu keiner Bosheit fähig sind. Und wieder fliehe ich aus der Realität. Ich liege schon so lange, daß ich in Hüften und Po ein unerträgliches Ziehen bekomme. Wie ein Hühnchen am Spieß drehe ich mich ununterbrochen im Bett herum, wobei ich vage auf die Drähte und den Temperaturmesser achte, den ich um die Taille trage, denn das Kabel der Rektalsonde ist zu kurz, als daß ich den Apparat neben mir ablegen könnte.

Manchmal habe ich die Augen weit aufgerissen, doch ich sehe nur in mich selbst hinein und lasse – zigmal hintereinander – Erinnerungen aufleben, in denen Francis natürlich die Hauptrolle spielt. Ich treibe im tropischen Meer bei den Malediven, vorbei an den Rochen, diesen anmutigen Ungeheuern, streiche über giftige, vielfarbige Korallen. Ich sehe uns unter dem Baldachin eines »Adhoni«, einem für diese Region typischen Boot aus Palmstämmen, wie erschlagen bei 50 Grad im Schatten. Ich fühle die tiefe Fleischwunde von einem Schwertfisch und sehe mein Blut in das von Haien wimmelnde Wasser fließen. Mein Arm ist bis zum Knochen aufgeschlitzt und muß genäht werden. Doch ich empfinde keinen Schmerz, nur eine dumpfe Verwunderung. Francis und Corinne, denen es den Magen umdreht, so daß sie sich übergeben müssen, halten abwechselnd die Lampe, bei deren Schein Didier die Wunde ohne Betäubung näht. Auf meiner Haut bleibt nur ein blauroter Streifen zurück. Ich schwimme im lauwarmen Meer, es ist schön, und es ist heiß ...

Doch an dieser Stelle schiebt sich ein komischer Traum dazwischen.

Ich befinde mich in der Valat-Nègre-Höhle. In meinem Zelt. Ich erkenne die unterirdische Landschaft, in der ich zur Zeit lebe. Seltsamerweise kommen zwei Besucher zu mir, Thierry und ein Mädchen, das ich nicht erkennen kann. Francis ist schon bei mir. Mir ist unbehaglich zumute, denn ihre Gegenwart bedeutet einen Bruch. In der Ferne tauchen drei kleine Jungen auf, und einer feuert einen Schuß auf die Höhlendecke ab. Es gibt ein sprödes Klatschgeräusch. Wir schauen hoch und erkennen einen Riß, der das Deckengewölbe der Länge nach entzweiteilt. Wir suchen im Zelt Zuflucht, und ich schiebe meine Freunde unter den Stoffbaldachin, damit wir besser sehen, wo die Felsbrocken hinfallen, die mit entsetzlichem Getöse herunterstürzen. Plötzlich stehen wir wohlbehalten im strahlenden Sonnenschein. Das »unterirdische« Camp liegt im hellen Tageslicht. Mir wird klar, daß mein Aufenthalt damit zu Ende ist, und diese drei Früchtchen sind schuld. Noch bin ich nicht schockiert. Eine Nacht vergeht. Am nächsten Tag gehen wir zur Grotte zurück, und dabei kommen wir an einem riesigen Markt vorbei, wo man uns Gemüse und Obst anpreist. Ich kaufe einen großen Pilz, der einen Durchmesser von 50 Zentimetern haben dürfte, und fange an ihn zu schälen, während ich weiter Richtung Höhle gehe, die jetzt eine in zwei Teile geschnittene Riesentomate ist. Jetzt überkommt mich eine ungeheure Angst, denn mir wird bewußt, daß das Experiment ein Fehlschlag wird …

Da wache ich auf.

Erleichtert stelle ich fest, daß ich doch in der Grotte bin, daß sie keine Riesentomate ist und daß es wirklich dunkel ist.

Meine Augen schmerzen, und ich habe das Gefühl, ich habe zwei Veilchen.

Ich streichle Baptistin; sein Plüschfell ist so angenehm. Ich mag die Atmosphäre, die jetzt herrscht, die kleinen Geräusche und das Zwielicht im Zelt.

Ich frage mich wirklich, wann ich mich endlich entschließe, aufzustehen, warte aber noch, bis ich endgültig wieder mit der Grotte auf Tuchfühlung bin, denn solange ich sie nicht im Griff habe, stecke ich meine Nase auf keinen Fall hinaus. Oder vielmehr hinein.

Ich bin im Warmen, und da bleibe ich auch. Außerdem schlafe ich schon wieder ein, und ich lasse es geschehen, ohne mit der Wimper zu zucken.

10. ZYKLUS

29.–30. August 1988

21 h 04 – davon 10 h 39 Wachphase, 1 h 30 Schlaf

Jetzt hätten wir die erste runde Zahl. Kann ich davon ausgehen, daß ich jetzt ein Zehntel meiner Zeit hinter mir habe? Ja, aber hier höre ich auf. Nicht schon wieder detaillierte Berechnungen, Hypothesen, Vermutungen. Erst ab dem 40. oder 50. Zyklus gestatte ich mir solche Rechenoperationen, denn wenn man ungeduldig auf etwas wartet, kommt einem die Zeit zehnmal so lang vor.

Dann stehe ich doch auf ... mit einem gehörigen Muskelkater. Im Nacken, in den Hüften, im Rücken und sogar im Po. Also so was! Schlafen ist schon anstrengend. Es ist ein Fehler, auf seinen Körper zu hören, wenn er einem sagt, ich will liegenbleiben. Man muß es übergehen. Aber das ist schwer, wenn einen keine spannende Beschäftigung nach »draußen« ruft.

Ich will noch ein paar Arbeiten im Haushalt erledigen und ziehe meinen »Kampfanzug« an. Zuerst muß ich eine Ecke für den Müll einrichten. Es ist nämlich beschlossen worden, daß ich den Abfall nicht mehr hinaufschaffen, sondern alles hier lagern soll. Gut verpackt und verschnürt. Sonst, herzlich willkommen, Mülldeponie! Bei den Gefriertruhen scheint mir der geeignete Platz zu sein. Die Stelle ist trocken und liegt nicht allzuweit von dem Förderband entfernt, wo die Clubleute arbeiten werden, denn sie müssen später meinen Müll hinaufschaffen, und ich schäme mich deswegen ein bißchen. Also muß alles einwandfrei sein.

Beim Schmutzwasser (aus Urin, Spülwasser, Toilettenwasser, der Flüssigkeit aus Konservendosen ...) muß man umsichtiger vorgehen. Zuerst sammle ich es in Zehn-Liter-Kanistern, von denen ich eine begrenzte Anzahl zur Verfügung habe. Wenn dann Mineralwasserflaschen leer werden, schütte ich das Wasser aus den Kanistern in die Plastikflaschen um. Das mache ich neben dem Brunnen, wo der Boden immer überspült wird – denn es geht natürlich nicht, ohne daß etwas überläuft. Und so bleiben die Gerüche fern, die bei dem Vorgang entweichen. Entsetzlich! Die Plastikflaschen schraube ich fest zu, spüle sie sauber ab und schichte sie auf wie Flaschen mit altem Wein. Die Leute vom Höhlenforscher-Club werden gut daran tun, sachte damit umzugehen. Wenn ihnen eine Flasche kaputtgeht, fallen sie alle tot um … gelähmt durch die lebensgefährlichen Gase, die sich beim Austreten bilden.

Dann Großwäsche der Putzlappen, und ich mache den 50-Liter-Kanister leer. Ich halte einen Augenblick inne und betrachte ihn aus einem anderen Blickwinkel. Da habe ich ja eine Uhr. Noch besser als eine Sanduhr, denn es dauert länger. Mal sehen. Angenommen, alle 15 Sekunden fallen 6 Milliliter Wasser, in welcher Zeit füllt sich dann ein 50-Liter-Faß (nein, sagen wir 45 Liter, denn der Hals ist abgeschnitten worden)? Ich runzle die Stirn und zerbreche mir den Kopf. Da sitze ich nun wieder auf einer Holzbank in der Volksschule und strecke meinem Schreibheft die Zunge heraus (ach, diese überlaufenden Badewannen und aufeinandertreffenden Züge!). In meinem Schädel geht alles durcheinander. Ich denke so angestrengt nach, mit starrem Blick, einen Finger im Mund, daß ich erst nicht merke, wie mir das Wasser aus dem Rinnsal in den Nacken unter den Kragen meines blauen Polohemds tropft … Also gut … Äh … Für 6000 Milliliter – das sind 6 Liter – bräuchte es tausendmal mehr Sekunden, also 1500, geteilt durch 60, das macht, Moment, äh, 250 Minuten, noch mal durch 60, ergibt 4 Stunden und 10 Minuten. Mehr nicht. Doch halt, das gilt für 6 Liter. Für 45 Liter wären das demnach – ein wunderschöner Dreisatz – 31 Stunden und 15 Minuten. Vielleicht. Aber in Wirklichkeit bin ich mir nicht sicher, weder was die Wassermenge (es können 3 oder 8 Milliliter sein) noch was die Zeitdauer betrifft. Also … Ach, so ein Mist!

Ich statte die Küche mit Wasser aus und erkundige mich oben, ob ich ein paar Urinsorbets hinaufschicken soll. Ja. Sie warten. Sehr gut.

Ich fülle einen Müllsack und marschiere mit forschem Blick zur Luke. Entweder ist der Sack zu schwer, oder ich baue ab … Am Seilzug ziehe ich das richtige Ende zu mir heran, damit mir der Sack nicht noch mal zwischen den überhängenden Felsen hängenbleibt, befestige das Paket und hole das andere Seilende her. Der Sack pendelt ein bißchen herum, dreht sich mehrmals am Haken, ruckelt und rüttelt. Ich muß mich beeilen, sonst schmilzt alles. Ich ziehe und ziehe … und sehe eine Menge kleiner Sterne. Mein Bauch tut weh, und mein Kopf dröhnt. Ich verausgabe mich. Ich traue meinen Augen nicht und nicht meinem Körper, ich bin schon erschöpft und muß mich fast übergeben. Ich bin gezwungen, lange Pausen einzulegen, weil mir das Herz bis zum Hals schlägt. Mir wird fast schwindlig, als hätte ich zwei Tage nichts mehr gegessen, und ich schwitze wie ein Schwein. Doch ich muß es schaffen. Die letzten Armzüge am Seil verlangen mir am meisten ab. Dann hetze ich von der Luke weg, um Meldung nach oben zu machen. Am abschüssigen Teil rutsche ich zweimal auf den Steinen aus; meine Knie schlottern. Ich kann es einfach nicht glauben. Daß ich nach einer so langen Nacht in einem solchen Zustand bin, verblüfft mich.

Im Vorbeigehen nehme ich zwei Tüten Apfelsaft mit und stürze sie hinunter, ohne Luft zu holen. Genau, ich habe Unterzucker.

Dann rufe ich oben an. Alles klar. Ich werde mich schnell waschen, bevor ich frische Sachen anziehe, denn jetzt habe ich das Geruchslimit erreicht.

Dieser neue Anzug ist eine Spezialanfertigung für Höhlenforscher, mit einem Reißverschluß quer über die Hüften, der es einem gestattet, die einfachsten Körperfunktionen zu verrichten, ohne daß der ganze Rest auskühlt; mit dem ersten Overall habe ich es mir wirklich schwergemacht. Außerdem kann man den vorderen Reißverschluß von beiden Seiten aufmachen, so daß man die Elektrodendrähte auf Bauchhöhe durchschieben kann und nicht alles in den Anzug hineinstopfen oder ihn gar an den Seiten auftrennen muß. Allerdings hat er keine angenähten Füße, und meine Socken finde ich zu dünn ... Ruck, zuck nehme ich die Schere und schneide die Füße meines ersten Overalls ab, ziehe das Ganze über und fühle mich jetzt vollkommen wohl.

Zum Schluß ziehe ich eine weite Wollweste darüber – ein Werk von Francis' Mutter – und sehe jetzt wie eine kleine (na ja, sagen wir lieber, große) Lappin aus.

Um einem leichten Hunger vorzubeugen, kreiere ich ein neues Gericht: in ein Bett aus Spinat zwei Kuhlen graben, mit Sauerrahm und Eiern füllen, salzen, pfeffern und geriebenen Käse darüberstreuen.

Meine Nase läßt mich im Stich, denn als ich das Gratin aus dem Ofen hole – es ist genau richtig durch –, ist keinerlei Geruch dabei. Von mir aus. Aber als ich dann zu essen anfange, seltsam, rieche ich nicht nur nichts, auch der Geschmack dringt nur ganz vage zu mir durch. Kein volles Aroma, kein würziger Geschmack, der einem auf der Zunge bleibt. Es ist, als ob die Feuchtigkeit alles in einen Wasserschleier einhüllen würde. Ich habe den Eindruck, daß alles fade wird. Nur ein schwacher, flüchtiger Hauch von geschmolzenem Käse oder gebackenem Eigelb bleibt zurück. Außerdem habe ich mir auch noch die Zunge verbrannt.

Genauso ist es mit dem eingelegten Obst. Ich bemerke zwar, daß die Fruchtstücke erfrischend sind und der Sirup süß ist, aber alles verliert seine Intensität und geschmackliche Note.

Danach setze ich mich an mein großes Schreibheft. Ich dachte, daß ich nach allem, was ich »gestern« getippt habe, jetzt weniger zu erzählen hätte, aber nein, ich schreibe noch einmal acht Seiten voll. Und dabei ist es erst mitten am Vormittag. Das Gratin betrachte ich nur als Imbiß, nicht als Mittagessen.

Meine Haare fangen an, mich im Nacken zu kitzeln, und ich mache mir ein winziges Pferdeschwänzchen.

Ich fühle, wie die Zeit verfliegt. Mein Auge macht mir zu schaffen, und ich bin sicher, daß eine Ader geplatzt ist. Es fühlt sich an, als ob die ganze Zeit ein Staubkorn drin wäre.

Um meinen Tag ausgewogen zu gestalten, muß ich das Mittagessen als Eckpfeiler setzen. Doch zuerst noch die Testreihe mit Michel.

Ich gehe in die Küche. Im Grunde weiß ich gar nicht, was ich eigentlich essen will. Etwas Salziges? Nein. Etwas Süßes? Auch nicht. Ein Menü? Igitt. Aus Trotz und um mich einzuschränken, mache ich einen großen Kaffee. Nehme reinen Zucker, lasse fünf Zuckerstücke zu goldbraunem Karamel zergehen und auf mit Butter bestrichene Knäckebrote fließen.

Ich streife herum, bin ein bißchen unschlüssig. Doch dann kehre ich an die Schreibmaschine zurück, denn ich habe noch einiges zu sagen …

Wieder lebt die Erinnerung auf. Ich sehe die Spuren all derer, die gearbeitet haben, um mein unterirdisches Heim aufzubauen.

Ich sehe die erste große Aktion der Leute vom Höhlenforscher-Club Causse, um die 300 Liter fassende Gefriertruhe in die Höhle hinunterzuschaffen mit viel »Hau ruck«, »Achtung« und »Nicht auf meine Füße, Trampel«.

Ich höre wieder den Preßlufthammer knattern, wie ein großes Höhleninsekt, das geräuschvoll sein Loch gräbt.

Bis spät in die Nacht und nur am Wochenende – denn die andere, eigentliche Arbeit blockiert sie alle während der Woche – wird gegraben, geschuftet, behauen, eingeebnet, werden Bohlen und Balken angebracht. Und die Grotte hallt wider von schweren Hammerschlägen, Zurufen, fröhlichem Gepfeife, von einem nächtlichen Radau, den bestimmt keine Nachbarn anzeigen.

Ich verstehe nicht, warum ich mich so erschöpft fühle, und mache mir Karamel, der sehr schnell fest wird (dank der Temperatur) und nicht weniger schnell wieder zerläuft (danke, Feuchtigkeit!), suche mir ein paar Bücher aus, zögere, habe auf nichts Lust.

Ich lege mich hin und schließe in einem unwiderstehlichen Drang die Augen. Das darf ich nicht. Eine Zeitlang kämpfe ich dagegen an. Das Licht im Zelt blendet. Doch ich hüte mich, es auszuschalten, denn ich betrachte meinen Tag noch nicht als beendet, aber es erleichtert mich zu sehr, mich gehenzulassen. Ich rufe an und teile Thierry mit, daß ich einzuschlafen drohe, was ich auch tue, sobald ich aufgelegt habe. Ich fühle, daß ich mit geballten Fäusten schlafe; einen düsteren, traumlosen Schlaf. Ich weiß nicht, wie lange. Sobald ich die Augen aufschlagen kann, zwinge ich mich zum Aufstehen. Ich würde zwar gerne noch liegenbleiben, doch am »hellichten Tag« zu schlafen, das bringt mich durcheinander, zerstört meinen Rhythmus.

Meine Augen sind schon wieder gerötet. Und ich habe schrecklichen Hunger. Ich stürze in die Küche, schneide Schinken ab, brate Bohnen an und schlinge alles, was mir in die Finger kommt, so fieberhaft in mich hinein, als hätte ich eine dreiwöchige Fastenkur hinter mir.

Auf Kaffee verzichte ich. Pech. Meinen Stoffwechsel rege ich dann später an, denn ich schreibe meine Erschöpfung diesem schwarzen Getränk zu.

Das große Problem ist jetzt, wie wir protokollieren sollen, und wir vereinbaren, daß wir einen neuen Zyklus anfangen, wenn ich aufgewacht bin.

11. ZYKLUS

30.–31. August 1988

32 h 42 – davon 17 h 12 Wachphase, 15 h 30 Schlaf

Ich habe keinen sehr klaren Kopf und fühle mich nicht fit zum Lesen. So setze ich mich wieder an mein Schreibheft und trage unverblümt, ohne es auszuarbeiten oder mich um den Stil zu bemühen, alles ein, was sich hier und in meinen Gedanken abspielt. Bis ins kleinste Detail schreibe ich alles nieder; das macht mich noch verrückt.

Mein Blick fällt auf das Gewehr, und ich versuche zu schießen, um meine Zielgenauigkeit zu verbessern, doch es gelingt mir nicht, das Gewehr ruhig zu halten.

Trotz meiner guten Vorsätze mache ich mir einen Kaffee, denn ich bin den schwarzen Körnchen total verfallen, und beschließe dann, meine Englischkenntnisse aufzubessern, indem ich ein bißchen auf die Reise gehe. Aufs Geratewohl ziehe ich ein Exemplar des »National Geographic« aus dem Stapel und schlage, schön bequem gegen meine Kissen gelehnt, feierlich die erste Seite auf. Die Bilder ziehen mich sofort in ihren Bann.

Hier hatte ich ja Zeit, meinen Kopf von der Bilderflut freizumachen, die täglich über Presse, Fernsehen, Kino, Werbung, Geschäfte oder ganz einfach von der Straße an uns herangetragen wird, und ich kann selbst auf der unscheinbarsten Photographie das kleinste Detail des Hintergrunds ausmachen, selbst wenn er verschwommen ist. Die Zeitschrift mit dem gelben Cover führt mich bis nach Australien. Ich erkenne die gewaltigen Wellen von Surfer's Paradise, dem Strand, von dem die ganze Welt träumt, erinnere mich an die Wellenbrecher, die gegen die Korallenfelsen donnern, an denen man sich schneiden kann, als wäre man aus Papier. Ich fühle wieder die Sonne eines langen Tages am Strand, rieche die frischen Langusten und sehe die lange, von Eukalyptusbäumen gesäumte Küstenstraße vor mir.

Einige Seiten weiter – wie klein doch die Welt ist – die Schildkröten aus dem Rainbow River in Florida. Auch sie habe ich schon im kristallklaren Wasser angefaßt, geärgert und gekitzelt. Ich fühle mich jetzt erheblich besser als nach der Siesta, wo ich buchstäblich krank vor Erschöpfung war.

Dann mache ich einen Sprung in die Schweiz und komme zur Bisonjagd bei den Indianern.

Was für eine Weltreise in ein paar Stunden. Ich fühle mich wieder munter.

Solange ich noch in Form bin, werde ich die dermatologischen Tests machen, die nur ein paarmal während des Experiments vorkommen.

Ich bringe gleich im Anschluß die restlichen Abendtests hinter mich, um mir vor dem Schlafen eine längere Lesephase zu reservieren.

Ich habe Bauchweh, und meine Verdauung ist ziemlich schlecht. Trotzdem plagt mich eine unbestimmte Eßlust. Ein Apfelkuchen mit mehr Äpfeln als Teig, das wäre super. Aber ich habe ja kein Obst, und so behelfe ich mir mit Apfelsaft und einer Schachtel Keksen mit Feigenmark und lege mich mit einigen Büchern ins Bett.

Zuerst etwas Leichtes. Science-fiction. Ich komme nur schwer in den Text hinein, denn ich bin mit den Gedanken woanders, doch allmählich fesselt mich die Sprache. Danach fange ich mit »Non Sens« von Montheilet an. Es ist die fiktive Geschichte über den Prozeß gegen einen Nazi. Aus der Geschichte geht hervor, daß die wirklichen Verantwortlichen für die Massaker Herr XY, die Intellektuellen, die Gläubigen sind (die vor dem, was geschieht, die Augen verschließen), die schweigende Masse und das Volk, nicht die paar Anführer, die Lageroffiziere, die selbst als Glieder am Ende der Kette nur das ausgeführt haben, was einmütige Zustimmung gefunden hatte.

Ich bin noch nicht besonders schläfrig, habe aber nicht mehr allzu große Energie zum Lesen. Oder doch. Ich fange noch mal einen Band mit Science-fiction-Erzählungen an. Ich höre die Grotte, höre die Tropfen auf die umgestürzten Säcke fallen. Es gibt einen dumpfen Laut. Doch das läßt mich völlig unberührt. Denn in dieser Erzählung geht es um einen Typen, in dessen Körper sich ein Wurm eingenistet hat. Ziemlich eklig und … enttäuschend: kein Knalleffekt, keine Pointe. Trotzdem. Die Vorstellung von diesem Wurm, der langsam im Körper des Mannes herumwandert und den er spürt … igitt … das jagt einem Schauer über den Rücken.

So, diesmal entschließe ich mich: Ich mache das Licht aus …

und versetze mich ins Land des Eros, wo ich mit Francis schwelge. Bis ich ein erstes Mal aufstehen muß, um Pinkeln zu gehen, schlafe ich ziemlich gut. In der zweiten Nachthälfte wechseln immer Wachphasen, Halbschlafphantasien und kurze Schlafphasen.

12. ZYKLUS

31. August – 2. September 1988

47 h 43 – davon 33 h 19 Wachphase, 14 h 23 Schlaf

Eine Zeitlang schon strample ich und werfe mich im Bett herum. Undeutlich spüre ich durch die Daunendecke hindurch Feuchtigkeit auf meinem Rücken. Wie unangenehm. Ich wühle kräftig herum und sage mir, daß ich die Schlafsäcke aufschütteln und lüften muß, damit sich die Daunenfüllung gleichmäßig verteilt.

Ich schmuse mit Baptistin und döse, den Kopf auf seinem gelben Nacken, weiter. Szenen aus meinem Leben ziehen an mir vorbei.

Ich habe die Augen offen, finde es aber unnötig, Licht zu machen. Ich habe das Gefühl, ich könnte stundenlang so daliegen, wenn da nicht diese wachsenden Schmerzen in den Hüften wären. Ich spanne meinen Po und meinen Bauch an; jetzt ist es erträglicher, doch dadurch bekomme ich sofort neue Krämpfe. Ich komme mir vor, als würde ich zu einem pflanzlichen Wesen. Und dennoch weiß ich, daß ich nicht den Willen aufbringe, Gymnastik zu machen, was heilsam wäre. Doch ich habe Angst, daß ich jetzt sehr schnell müde werde. (Warum eigentlich? Ich kann mich doch hinlegen, wann immer ich will. Aber in Wirklichkeit will ich mich nicht betäuben.) Letztlich ist es nur Faulheit.

Ich denke darüber nach, daß ich schon längst hätte aufstehen können, wenn ich Interesse daran hätte, was draußen passiert … Aber so …

Heute morgen, schrecklich, hat meine Leistung am Kraftmesser nachgelassen. Von 80 Kilo Druck mit dem rechten Arm auf 60. Ich baue zusehends ab. Doch damit habe ich ja gerechnet. Dann das gräßliche Adipometer, das den Fettanteil im Körper mißt und einem Hinweise folgender Art gibt: Empfohlenes Körpergewicht – drei Kilo weniger. Schon jetzt zeigt es bei der Messung am Bizeps (wo man normalerweise am wenigsten Fett hat) einen Prozentsatz von 26 Punkten an. Dieses entsetzliche Gerät. Wenn ich jetzt auch noch meine Muskeln verliere, ist es aus. Dann bin ich nur noch ein Fettklumpen.

Heute früh fühle ich mich zum erstenmal nicht gehetzt. Tatsächlich gibt es nichts, was drängen würde, und ich koste ein bißchen diese Ferienstimmung aus, wo man nicht so genau weiß, was man zuerst tun soll, weil einem alle Möglichkeiten offenstehen.

Wenn man nach links auf die Plattform hinaustritt, sieht man ein Tauende im Lichtschein hängen, und der Wassertropfen, der dort perlt, funkelt wie ein Diamant.

Ich singe eine herzzerreißende Melodie und gehe zur Gefriertruhe, um den Stand meiner Tiefkühlvorräte zu ermitteln. Da ist einiges geboten. Lachs (geräucherter und frischer), Lotte, Jakobsmuscheln, lauter Sachen, die ein schönes kleines Festessen abgeben. Im Moment tun es Tintenfischringe mit Reis, die ich aufs Geratewohl aus dem Stapel fische. Außerdem lege ich noch ein Stück Gruyère zum Auftauen beiseite.

Die große Truhe schließt nicht richtig, denn die durchziehende Luft hat einen Ring aus Eis gebildet, den ich mit dem Hammer wegschlage. Ich trage zwar Gummihandschuhe, aber meine Fingerspitzen sind schon abgestorben. Ich halte einen Moment inne. Außerdem fällt mir der Deckel dauernd zu. Ich hole einen unbenutzten Zeltpflock und halte den Deckel damit auf, während ich mich an den Eisblöcken austobe.

Dann inspiziere ich die Wassertonne. Das Faß ist noch nicht voll. Dabei kommt es mir vor, als stehe es dort seit ... einer Ewigkeit.

Und da wird mir klar: Auch wenn ich ziemlich rasch vergesse, was ich getan habe, heißt das nicht, daß die Zeit schnell vergeht.

Vielleicht kommt es mir im Gegenteil nur so vor, als würde ich zwei Tage durchleben, während nicht einmal ein einziger vergangen ist.

In diesem Fall wäre ich nicht zwölf Tage hier (was grob gerechnet zwölf Zyklen entsprechen würde), sondern erst sechs, was mir aber doch unwahrscheinlich vorkommt.

Gestern zum Beispiel. Ich gehe ins Bett. Aber zwischen dem Zubettgehen und dem Löschen des Lichts habe ich zwei Bücher ausgelesen, dann einen Teil von Tausendundeiner Nacht und eine Erzählung. Das schafft man schließlich nicht in einer Stunde, auch nicht in zwei ...

Nichtsdestotrotz leere ich das Faß regelmäßig in einen Eimer, den ich zur Toilettenecke trage. Vor kurzem habe ich unter dem Material, das hinter dem Zelt herumliegt, einen Kanister mit einem kleinen Wasserhahn gefunden und aufgestellt, um mir die Illusion zu verschaffen, ich hätte fließendes Wasser.

Ich spaziere herum und betrachte die Grotte, untersuche die Stalaktiten, fasse sie an und streichle sie. Der Kalk ist rauh, genau wie die Haut eines Hais. Man könnte meinen, es sei Schmirgelpapier. Sie sind ein bißchen dreckig von dem Lehm, der von der Decke rieselt. Nahe bei der Plattform ist einer, der aussieht wie Charles de Gaulle. Von der Seite, mit seiner Schirmmütze. Ich fülle ein Becken mit Wasser, nehme eine Bürste und mache mich daran, ihn abzuwaschen. Und der Dreck geht ab. Ich möchte nicht behaupten, daß er makellos wird, denn die Farbe dieses Felsens ist rohweiß, aber er wirkt freundlicher.

Schon dieses bißchen Anstrengung zermartert mir den Rücken, und ich habe Verspannungen in den Schultern; so lasse ich es dabei bewenden und setze meinen Streifzug hinter dem Zelt fort. Ich suche nach einem hübschen versteckten Plätzchen, wo ich etwas einritzen kann, eine Inschrift, die nur für Francis bestimmt ist. Er soll sie dann suchen, wie Ostereier im Garten, heiß, lauwarm, ganz kalt. Ein kleines Spiel. Um meine Liebe einzugravieren … für die Ewigkeit.

Dann hole ich ein kleines Nagelset und maniküre mir die Hände. Ich bedaure wirklich, daß ich keine Elfenhände habe. Meine Hände sind ziemlich derb mit eher kurzen Fingern und kleinen runden Nägeln. Kräftige, vertrauenerweckende Hände, doch leider keine schmalen weißen Hände, die Schmuck und Nagellack zur Geltung bringen. Ich creme sie ausgiebig ein mit einer Creme gegen das Altern. Man will partout nicht die Zeit ihr Werk verrichten lassen. Die Creme duftet betörend, und der Kaffee, den ich anschließend trinke, schmeckt nach Parfüm.

Ich will mein »Traumbuch« zu Papier bringen. Wie schwierig es doch ist, die Einzelheiten all dieser nächtlichen Visionen zu beschreiben. Denn ich träume in Technicolor, und jede Nuance ist wichtig, weil in einem Traum nichts selbstverständlich oder vorhersehbar ist wie im Leben. Das ist Surrealismus in Reinkultur. Und die einfachste Sache wird so komplex. Zum Beispiel das Gestein der Felswand aus dem Traum »Die Anthrazitkathedrale«. Es ist feucht und hat Adern wie aus flüssigem Rost. Es ist düster, grauschwarz und glänzt ganz leicht, wie Fleischstreifen mit dünnen scharfen Gräten. Wenn ich Material, Größe, Farbe, Geruch, Aussehen und die Gefühle, die ein einzelnes Traumelement wachruft, genau umreißen wollte, würde ich Seiten über Seiten brauchen.

Ich verspeise den Imbiß. Die Tintenfischringe sind zart. Ich werde wieder darauf zurückgreifen.

Ich muß noch ein bißchen tippen und bekomme schon wieder Hunger. Ein Kartoffelgratin. Genau, das ist das richtige. Also los.

Vor dem Essen nimmt Thierry die Tests ab, besonders den Test zur »Zeitproduktion«. Heute bittet er mich, 100 Sekunden zu »produzieren«. Das ist schwer, denn ich zähle nicht mit. Ich muß die Leere zwischen zwei »Tops«, die ich selbst ansage, schätzen, soll das Nichts zu einem Wert gerinnen lassen, der meiner Meinung nach einer Minute und 40 Sekunden entspricht. Denn ich mache nichts, mein Kopf ist hohl, oder wenigstens nahezu. Wenn ich anfange zu träumen, verliere ich den ohnehin schon so dünnen Zeitfaden vollständig. Also schweige ich eine ... endlose Zeit lang, die dort, am Ende der Leitung, gemessen wird. Ich versuche, mit meinem geistigen Auge einem Sekundenzeiger zu folgen, doch dann lasse ich es wieder. Denn ebensogut kann bei fünf schon zehn sein, oder vielleicht ist bei zehn noch nicht einmal fünf erreicht. Dann kommt ein Moment, wo ich tatsächlich »Top« sagen muß, um die richtige Sekundenmessung oben anzuhalten. Vielleicht jetzt? Nein. Es kommt mir nicht vor, als sei schon eine Minute vergangen. Obwohl ... Ich warte noch ein bißchen. Also los, jetzt! Sicher? Ich weiß es nicht. Aufs Geratewohl sage ich »Top«, aber ich würde ganz bestimmt nicht darauf schwören, daß ich die erforderliche Sekundenzahl durchlaufen habe. Ich weiß, daß es mehr sind, aber vielleicht täusche ich mich auch in diesem Punkt ...

Dann trinke ich einen – leichten – Kaffee. Seit heute morgen habe ich die Dosis verringert. Ich war schon so weit, daß ich ihn schüsselweise getrunken habe. Jetzt nehme ich nur mehr 300 Milliliter auf einmal.

Dann beziehe ich wieder Stellung vor der Schreibmaschine, und heraus kommen, ordnungsgemäß schwarz auf weiß, 30 neue Seiten über mein bescheidenes Leben als Erforscherin der Abgründe und der Zeit ... In Wirklichkeit erlebe ich das

Experiment zweimal. Ein erstes Mal spontan, quasi in der Urfassung, und ein zweites Mal in geschriebener Form. Aber es ist eine komische Sache, die Zeit kommt mir nur halb so lang vor. Das verstehe mal einer.

Während ich in die Tasten des Alphabets haue, bäckt ein Blech mit Brötchen im Ofen. Und weil ich mich kenne, habe ich in riesigen Lettern auf ein Blatt geschrieben »BRÖTCHEN IM OFEN« und es vor mich hingelegt. Aber nichts zu machen, ich vergesse die Ladung ... und hole sie heraus, rund und braun wie Kastanien. Als ich in eines hineinbeißen will, prallen meine Zähne ab wie von einem Trampolin. Ich behelfe mir mit Kuchen.

Als ich die letzte Seite tippe, fange ich an, wie Espenlaub zu zittern und mit den Zähnen zu klappern. Ich bin nur noch ein einziger Eisblock. Aber die Freude über meine »Schöpfung« ist stärker, ich muß lesen, was ich geschrieben habe, ich nehme die Blätter und lege mich auf mein Bett. Meine Hände zucken so heftig, daß ich eine Pause machen muß, ich gehe auf die Terrasse, rudere mit den Armen und mache Bewegungen, die mich aufwärmen sollen.

Ich setze eine Fertigsuppe zum Kochen auf. Ich habe das Gefühl, ich könnte pures Feuer verschlingen.

Endlich kann ich meine Seiten lesen, wobei ich die Tomatensuppe in kleinen Schlucken trinke, was mir wahnsinnig guttut. Ich habe ein bißchen Hunger, und die Suppe sättigt mich vorübergehend. Übrigens ist sie ekelhaft, diese Suppe. Solche Fertiggerichte sind praktisch, aber auch enttäuschend. Die Suppe ist dick, zu sämig und fett. Aber trotzdem ist es ein Glück, daß es sie gibt.

Ich rufe an. Michel ist am Apparat, und ich kündige ihm an, daß ich in Kürze zur Luke gehe, um den Text hinaufzuschaffen. Er scheint froh zu sein, daß weitere Seiten fertig sind. Sie haben es also eilig da oben, zu erfahren, was in meinem armen Kopf vor sich geht. Aber diese Ungeduld freut mich, sie schmeichelt meinem Ego.

Ich mache das kleine Päckchen transportfertig, setze meine Grubenlampe auf, schlüpfe in meine Moonboots, ziehe mich jedoch nicht um. Dabei hatte ich mir doch geschworen, die Plattform nicht zu verlassen, ohne mir andere Sachen anzuziehen, die Aschenputtelgarderobe, schon gar nicht, wenn ich zur Luke gehe. Na ja, ich sage mir, daß ich so durchgefroren bin, daß ich nicht schwitzen werde. Ich werde langsam gehen.

Ich spaziere äußerst vorsichtig auf dem Wall, denn der geringste Fehltritt, und ich rutsche aus, falle hin, und aus ist es mit dem Experiment. Ein verstauchter Knöchel oder ein gebrochener Arm würde das Ende bedeuten. Dann müßte ich die Höhle verlassen, und der Himmel würde mir dann noch düsterer vorkommen als das steinerne Grottengewölbe.

Ich warte, bis meine Augen sich an das Halbdunkel gewöhnt haben, und gehe mit langsamen, aber sicheren Schritten vorwärts. Die dunklen Umrisse des ansteigenden Weges sind mir schon sehr vertraut. Auf halbem Weg bleibe ich stehen und hebe den Kopf. Die Glühbirne, die da oben, 60 Meter über mir, ständig brennt, breitet ihre Helligkeit aus, die wie eine Pyramide zum Wall herunterfällt. Ich sehe den riesigen Lichtkegel zwar, denn meine Augen sind empfindlich geworden, aber er macht nicht hell. Es ist, als ob die Schwärze an dieser Stelle etwas verwaschen wäre, als ob ein Schleier über den ebenholzschwarzen Schacht fiele.

Da oben sind sie. Gleich auf der anderen Seite der Holzluke, deren Bohlen ich nicht erkennen kann. 60 Meter bin ich entfernt vom Leben, von der Sonne und von meinen Freunden. Ich bleibe eine Weile regungslos stehen, hebe jedoch den Kopf nicht mehr. Denn seit ein paar Tagen habe ich einen steifen Hals; außerdem sehne ich mich nicht verzweifelt danach, wieder ins Freie zu kommen. Noch nicht …

Sachte hantiere ich mit den Seilen. Die Taue triefen vor Nässe und sind ganz lehmig. Der Sack schwebt nach oben.

Zurück im Zelt, fühle ich mich etwas durcheinander, weiß nicht, was ich anfangen soll, denn ich würde gern noch ein paar Dinge erledigen, bevor ich lese, mein sehnlich erwartetes Vergnügen.

Und ich habe Hunger. Ich schiebe ein Hackfleischgericht aus der Tiefkühltruhe in den Ofen. Doch damit bin ich noch nicht zufrieden. Bauernsalat mit Thunfisch. Super. Ich mache die Dose auf, eine von diesen Dosen, von denen man den Deckel mit dem Finger abziehen kann, wobei ich sorgsam darauf achte, die Bewegung sachte und in der richtigen Richtung auszuführen, um mir eine Gesichtsmaske zu ersparen, und setze mich an den Terrassentisch. Natürlich ist das Salatöl etwas fest geworden, aber ein hungriger Bauch …

Plötzlich läßt mich ein schrecklicher Lärm vor Schreck erstarren. Es ist hinter mir. Mit einem Ruck drehe ich mich um und springe auf. Die Küchenkrepp- und Klopapierrollen, die schlecht zwischen den Tempopackungen eingekeilt waren, sind auf den Koffer mit den weißen Fläschchen heruntergestürzt. Um mich von meinem Schrecken zu erholen, schimpfe ich auf sie ein und bringe das Ganze wieder einigermaßen in Ordnung.

Meine Ohren sind gespitzt, aber nein ... Es ist nur die Grotte, die ihren Rhythmus wieder aufnimmt. Plötzlich, noch ein Geräusch. Ein herumrollendes Fläschchen, könnte man meinen. Wieder hinter mir. Als hätte jemand einen großen, vollen Sack bewegt. Ich kann nicht sagen, wo. Und wenn hier jemand ist? Oder wenn jemand kommt? Vielleicht gibt es ja einen zweiten Höhleneingang. Da hinten, am Ende, haben sie nie richtig nachgeschaut. Ich male mir aus, wie jemand durch den unterirdischen Fluß zu mir kommt, und fühle schon das Entsetzen, das mich packen würde, wenn hier eine andere Person auftauchen würde. Ich nehme mich zusammen. Solchen Phantasien darf man nicht nachgeben.

Ich bekomme mich wieder in die Gewalt und esse diesen unglückseligen Bauernsalat auf, ohne mich zu setzen, damit ich die Grotte im Auge behalten kann. Ich esse für vier und habe immer noch Hunger. Sicher die Aufregung ...

Zum Schluß esse ich eine ganze Schachtel Kekse, die ich in einen schönen heißen Kaffee tunke.

Soll ich noch ein bißchen lesen vor den Abendtests oder lieber ...? Ach was. Ich bin nicht mehr so wahnsinnig fit. Vielleicht ist es besser, wenn ich es mir gemütlich mache.

Doch zuerst die Tests. Christian ist am Telefon. Ich kenne ihn noch nicht, habe ihn nie zuvor gesehen. Es wird eine Überraschung, wenn ich ihn beim Verlassen der Höhle treffen werde. Er kann mich immerhin schon auf Photos sehen, ich dagegen ... Ich werde ihm allmählich ein Gesicht formen, nur nach seiner Stimme. Das erinnert mich an Francis, meinen Mann. Den habe ich zuerst auch nur am Telefon gehört. Ich sehe mich noch gut, wie ich den Hörer aufgelegt und zu meiner verdutzten Kollegin gesagt habe, ich glaube, das ist der Mann meines Lebens. Ziemlich riskant, so etwas zu verkünden, ohne das Exemplar gesehen zu haben. Doch das Leben hat mir recht gegeben. Das ist übrigens das einzige, wofür ich der Post Anerkennung zolle.

Nach den Tests steht es mir frei, mich ins Bett zu legen.

Ich weiß, daß ich es nicht schaffen werde, lange zu lesen.

Wann habe ich bloß endlich Zeit vor mir? Ich komme zu dem Schluß, daß ich viel zu beschäftigt bin. Wann kommt die Langeweile, die ich standhaft erwarte, dieses Gefühl der Überdrüssigkeit, gegen das ich kämpfen will? Heute bin ich der Zeit hinterhergelaufen; ich wollte lesen, das war mein einziges Ziel, und habe doch nicht eine Zeile überflogen. Ziemlich paradox, nicht wahr?

Ich lege mich ins Bett, schlage »Le Lac« von Kawabata auf, und schon bin ich in Japan, im Winter. Dort friert es Stein und Bein. Hier auch. Unmöglich, warm zu werden. Die Erzählung ist ein bißchen traurig. Trotzdem mag ich diese japanischen Geschichten, wo selbst das Häßliche etwas Veredeltes und Zartes hat. Bei diesen Menschen am Ende der Welt hat das alltägliche Leben eine geistige Dimension, die mich immer aufwühlt.

Ich bin nur noch ein Eisblock, und ich gebe auf, lösche das Licht und rolle mich zusammen.

Wie immer wache ich mitten in der Nacht auf, um Wasser zu lassen, und wie immer sehe ich vor mir, was ich soeben geträumt habe. Diesmal ist es nichts Trauriges. Es ist ein erotischer Traum, der in sonnenbeschienener Natur spielt. Junge Mädchen, unter denen ich bin, in Begleitung junger Männer, unter denen Francis ist. Wenn letztere auch nur leicht bekleidet sind, so sind sie doch nicht schlecht bestückt. Alle wollen einander nur Gutes tun, und sie zeigen es sich. Es regt sich etwas, und auch ich ruhe nicht. Und nachdem ich mich wieder ins Bett gelegt habe, setze ich den Traum in die Tat um …

Inzwischen weiß ich, daß ich nach dem Aufwachen nie mehr richtig einschlafe. Aber das ist nicht die unangenehmste Zeit, ganz im Gegenteil. Ich spüre die Wärme des Bettes, streiche die Unterseite meiner Daunendecke glatt, um ihre seidige Weichheit, ihre verheißungsvolle Wölbung zu fühlen. Die Federn schützen mich vor der dunklen, kalten Außenwelt. Ich bewege mich sacht, drehe mich um, genieße dieses samtene Etui, in dem ich mühelos auf Reisen gehen kann …

Von Zeit zu Zeit schlage ich die Augen auf, doch die linke Elektrode stört und reißt mir ein paar Wimpern aus. Nur meine Nasenspitze schaut heraus, und ich reibe sie – wie es die Eskimos tun – gegen die Nüstern meines Plüschtiers. Ich entwickle eine ziemliche Hitze und strecke einen Arm hinaus, ziehe ihn jedoch sofort wieder zurück, denn die Decke ist an der Oberseite ganz feucht, wie taubedeckt; ich bemerke das heute zum ersten Mal. Und krieche noch ein bißchen tiefer in meinen wolligen Panzer. Und horche. Hat es da oben vielleicht einen Kälteeinbruch gegeben, so daß die Kondensation auf meinem Bett stärker geworden ist? Ändert sich die Jahreszeit? Es fällt mir schwer, mir die Welt, das Wetter, die Farben und Gerüche vorzustellen.

Ich fühle mich wohl. Allmählich denke ich, daß die Rückkehr in die »Zivilisation« schwierig wird. Ich versuche, im Geiste in meine Pariser Wohnung zurückzukehren und mein Leben weiterzuführen wie vorher. Und es gibt mir einen Stich. Ich habe mich so intensiv in die Zukunft hineinversetzt, daß ich dieser Zeit hier nachtrauere, die so intensiv und voller Emotionen ist, diesem einsamen Aufenthalt, wo ich letztlich doch frei bin ...

Ich sehe meine Freunde vor mir, wie ich sie lange danach wieder treffe und wehmütig sage, weißt du noch ...?

Hinter der Zeltplane war ein ganz leises Geräusch, doch ich habe keine Angst, ich fühle mich zu Hause. Ich würde beinahe gerne neue Geräusche hören, würde gerne Léonard, den kleinen Salamander, scharren hören. Ach ja, wo ist denn der eigentlich hin? Lebt er noch? Hat er den Instinkt, einen Ausgang zu finden?

Das Wasser fällt. Bei der Wasserader plätschert es; es klingt genau wie eine Dusche in einem Waschraum. Außer daß sich niemand wäscht. Doch wer weiß? Es muß hier Leben geben. Übrigens bin ich beim Aufstehen mitten im Zelt – beinahe wäre ich draufgetreten – einer Schabe begegnet, mit einem schön blankpolierten Panzer, die zu einem dringlichen Geschäft trottete. Und dann eine blauschimmernde Fliege. Die ist ziemlich aufdringlich, mit ihrem dicken, metallisch glänzenden Bauch. Sie hat sogar einen freien Fall in meinen Ausschnitt unternommen. Doch wenn ich so ein Insekt auf der Erde auch eklig fände, hier duldet man sich.

13. ZYKLUS

2.–3. September 1988

19 h 17 – davon 14 h 27 Wachphase, 4 h 50 Schlaf

Ich fühle mich nicht völlig im Einklang mit der Grotte, doch beschließe trotzdem aufzustehen; wenn ich diese Elektrodenmaske abnehme, vielleicht …

Wieder reiße ich mir ein ganzes Büschel Haare aus, die sich mit dem Klebstoff, den Drähten und der Kontaktpaste verfilzt haben … Mein Kopf juckt. Verdammt noch mal, ich muß eine Milliarde Läuse haben.

Gleich nach den Morgentests fragt mich Thierry, was ich seit dem ersten Aufwachen gemacht habe, und weil ich gut aufgelegt bin, was zu so früher Stunde ungewöhnlich ist, erzähle ich ihm von meinen Träumen und Erinnerungen.

Nach dem »mittäglichen« Kaffee fühle ich mich etwas ratlos, und diesen Zustand mag ich ganz und gar nicht, wenn ich für nichts wirklich Interesse habe, wenn meine Augen nicht mehr mitmachen und ich daneben bin. Trotzdem nehme ich ein paar Bücher zur Hand, eine Nummer des »National Geographic« (nur um die Bilder anzuschauen) und lege mich hin. Doch das ist ein verhängnisvoller Fehler. Meine Füße sind kalt, und meine Augen brennen. Ich schlage die Zeitschrift auf, betrachte die Photos, doch ich kann die Augen nicht offenhalten, es sticht viel zu sehr. Ich schließe sie wieder, doch … ich schwöre es hoch und heilig – schlafe nicht ein. Noch nicht … Doch allmählich vergrabe ich mich unter meine Decke und fange an zu schnarchen …

Wie lange ich schlafe, weiß ich nicht. Ich öffne ein Auge. Die Lichter sind eingeschaltet und blenden mich. Ich habe nichts geträumt. Meine Füße sind immer noch kalt, und ich schlafe bewußt wieder ein.

Valat-Nègre, 10. August, 14 h 15; Abstieg in die Hölle mit Baptistin, meinem Begleiter im Unglück, und letzte Augenblicke des Glücks mit Francis.

Links: Auf der Erdoberfläche bereitet sich das Camp auf eine Wache rund um die Uhr vor.

Unten: Thierry, einer der Wachen, die mehr als eine schlaflose Nacht damit verbracht haben, meine Anrufe von unten zu registrieren.

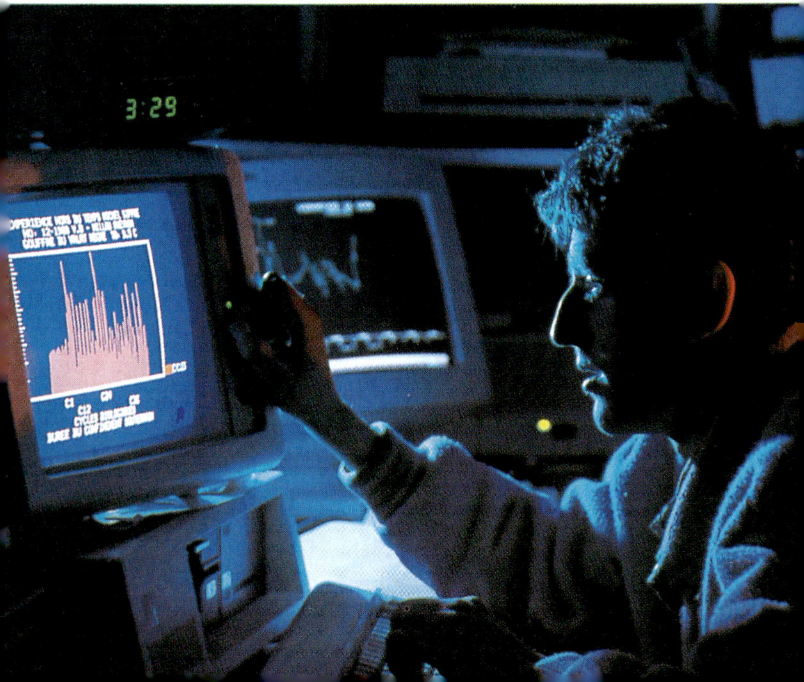

Vor der prächtigen Kulisse von Aven Armand versorgt mich Michel Siffre mit den Ratschlägen eines alten Hasen.
(Photo André Sergent).

Hinter meinem Zelt belauscht eine Versammlung schweigender Stalagmiten meine vertraulichen Geständnisse.

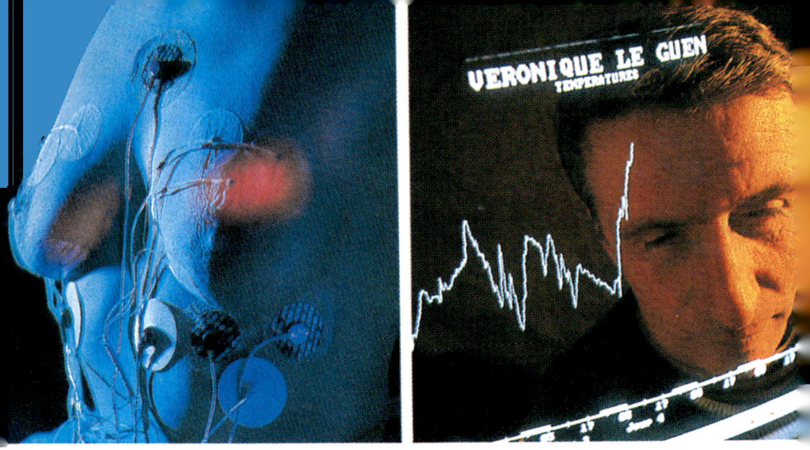

Unter den wachsamen Augen von Michel Siffre registriert der Computer meine Hauttemperatur.

Wissenschaftliche Aktivitäten in meinem unterirdischen Zelt.

Oben: Ein Hoch auf die kleinen Knöpfe, die mir Telefonanrufe ersparen! Unten: Weggetreten, ungefähr 40 Stunden lang.

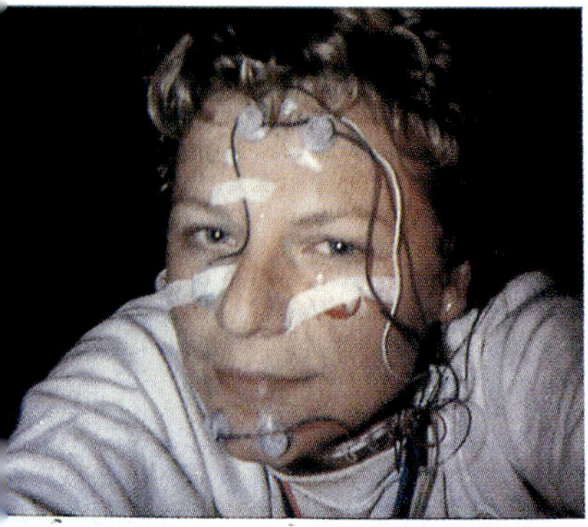

THE THING!
m d'horreur de John Carpenter

- Cendrillon...
la citrouille? Elle est sur m

'ai cassé mon jouet

G.24 - En avant pour la g
à l'Hôtel Drouot...

Von links oben nach rechts unten:

»Das Ding aus einer anderen Welt« (ein Horrorfilm von John Carpenter)

Die Erleuchtung beim Hausputz?

Ich habe mein Spielzeug zerbrochen.

Auf dem Weg zu künstlerischem Ruhm …

14. ZYKLUS

3.–4. September 1988

34 h 10 – davon 20 h 30 Wachphase, 13 h 50 Schlaf

Als ich aufwache, bin ich noch ein bißchen benebelt, fühle jedoch, daß es mir heute bessergeht, denn der Schlaf hat meinen Kopf entschlackt und meine Augen geklärt. Ich weiß jetzt, daß der restliche Tag angenehmer verlaufen wird; ich habe mein Gleichgewicht wieder gefunden. Ich habe ziemlichen Hunger und mache mir einen Pfannkuchen, schlage Milch, ein Ei, Mehl und Zucker mit der Gabel schaumig und gieße den Teig in die bereits schwarz gewordene Butter, die mein Werk gleich verbrennt. Ich drehe das Gas niedriger, warte und beobachte die Pfanne. Was sich da herausbildet, ist keine Crêpe Suzette, nein, das ist ein Kuhfladen. Ich picke Stückchen aus dem halb durchgebackenen Teig heraus (eins muß man wissen: meine Süßspeisen kommen nie als ganzes am Tisch an), versuche ihn umzudrehen, reiße ihn auseinander, schiebe ihn herum und zerstückle ihn dann endgültig. Aber was wesentlich ist, wie Mama immer sagt, er schmeckt.

Doch das reicht mir noch nicht. Ich leite über zu einem Becher Milchkaffee und Müsli. Nachdem ich mir endlich den Bauch vollgeschlagen habe, gehe ich ins »Boudoir«, um zu lesen. Doch mein Kopf ist leer. Ich denke nichts mehr. Ich komme mir vor wie ein Tier, das sich nur auf Essen, Trinken und Schlafen beschränkt … Ich blättere in einer Ausgabe des »National Geographic«, reise nach China, zum Roten Meer, nach Tansania, und die Felsenmalereien der Ureinwohner Afrikas inspirieren mich, zu den Wurzeln zurückzukehren, doch vergeblich durchwühle ich die Bücherregale nach dem Buch von Leaky über den Ursprung der Menschheit. Die Bücher müssen auch mal aufgeräumt werden …

Ich genehmige mir einen Kaffee auf der Terrasse. Ich bin nicht gerade expansiv, fange eher an mich zurückzuziehen. Was ich sehe, berührt mich nicht wirklich, bis auf … halt, da, an der Mauer, direkt gegenüber der Küche. Man könnte es für ein großes Auge halten, oder eher eine Augenhöhle, und daneben eine zweite. Mein Blick gleitet zwischen zwei dunklen Löchern nach unten und fängt an zu zeichnen, ja, die Nase, ohne Höcker, und noch weiter unten ein düsteres Dreieck ... Ein Totenkopf! Neben dem Zelt. Das läßt mich vor Schreck erstarren. Ich zügle meine Phantasie, schiebe meinen abergläubischen Vorstellungen einen Riegel vor, wende den Kopf ab, doch ich schiele von der Seite hin. Ich versuche meine Emotionen zu unterdrücken. Auf gar keinen Fall will ich diese Erscheinung mit Gefühlen befrachten. Ich will absolut nicht, daß sie zu einem Symbol wird. Das ist doch nur Fels, oder? Nichts weiter.

Ich gehe wieder zum Schlafsack zurück, um weiter zu lesen. Dann stehe ich wieder auf und bringe Urinfläschchen zur großen Gefriertruhe. Und, jawohl, beschließe, Gymnastik zu machen, um meinen Körper wieder aufzubauen. Ich werde laufen. Ich richte mich auf, Brust raus, und gehe durch die Grotte, da, wo man unbeschwert seinen Fuß hinsetzen kann. Von der Gefriertruhe bis zur Rückseite des Zelts, das dürften ungefähr 40 Meter sein. Und ich werde Bahnen hin und zurück laufen. Nach wenigen Minuten allerdings komme ich nicht mehr dagegen an: Ich brauche ein festes Zeitlimit, dann kann ich durchhalten. Aber ohne Uhr ... Ach ja, die Zentrifuge. Die läuft immer in gleich langen Phasen. Ich glaube, das dürfte einer Viertelstunde oder 20 Minuten entsprechen. Das reicht für den Anfang, denn zuviel sportlicher Eifer schadet nur!

Ich lasse eine Speichelprobe zentrifugieren, ziehe andere Schuhe an, befestige die Grubenlampe an meinem Kopf und ... laufe los. Ich lege einen schnellen Schritt vor und durchmesse geräuschvoll meine Bahn, schnaufend wie ein Walroß. Ich zwinge mich, den Bauch einzuziehen und aufrecht zu bleiben und ... denke doch nur daran, daß es endlich vorbei sein soll.

Im Vorbeigehen habe ich wieder eine Totenkopfvision. Genau so groß wie die erste, aber weiter oben. Ganz bestimmt ... Ich finde mich damit ab und versuche, meine Phantasie in eine etwas weniger makabere Bahn zu lenken. Ich vollführe ein paar Gymnastikübungen, solche, die angeblich einen schönen Busen machen (von wegen!). Ellenbogen hoch und hinter die Schulterblätter führen. Ich horche auf die Zentrifuge und hoffe, sie hört bald auf ...

Auf der Rückseite des Zelts sind Drähte gespannt, um die Zeltwände straffzuziehen, sie köpfen mich jedesmal beinahe, wenn ich vorbeikomme. Mit einer bewußten und gezielten Bewegung hebe ich sie an und laufe darunter durch, ohne meinen Rhythmus zu unterbrechen. Zum Hintergrund zu ist es wirklich dunkel, und ich wage mich nicht sehr weit. Eine unbestimmte Angst begleitet mich. Angst wovor bloß, hm?

Ich habe das Gefühl, einige Schlacken und Schwächen aus meinem Körper zu jagen. Diese Gymnastik ist doch sinnvoll und wird notwendig, um körperlich nicht völlig zu verfallen. Ah! Die Zentrifuge kommt zum Stehen. Voll Freude gehe ich zur Plattform zurück, und mir kommt sogar der alberne Gedanke an ein Bad im Brunnen, doch ich vertreibe diese kurze Anwandlung von Wahnsinn, denn sonst kann ich mich zu einer Unterkühlung beglückwünschen.

Ich werkle ein bißchen in der Küche herum, mache mir einen Kaffee. Essen will ich noch nicht, ich will nämlich abends richtig kochen, aber ich fühle mich doch ein bißchen leer. Und so nehme ich mir ein Stück Teekuchen, dann zwei, dann drei ... Insgesamt esse ich sechs. Das ärgert mich ein bißchen, denn hier schaffe ich es nicht, mich zur Vernunft zu mahnen.

Zuerst entgleitet mir die Zeit völlig ab den Nachmittagstests. Es gelingt mir nicht mehr, mich richtig zu organisieren. Ich interessiere mich für weniger Dinge, habe weniger Energie und Willenskraft. Ich würde gerne mit einem Abendessen, das seinen Namen verdient, den Moment festsetzen, wo der »Abend« anfängt, aber ich habe schon immer schrecklichen Hunger zu einem Zeitpunkt, an dem es meiner Einschätzung nach noch nicht Abend sein kann. Also esse ich einfach irgendwas, als sei es ein Nachmittagssnack, und dann hänge ich herum, warte darauf, daß ich richtig schön Hunger bekomme, aber er stellt sich nicht ein. Ich nasche herum und ende im allgemeinen ohne richtiges Essen. Ich muß unbedingt ... Schon, aber die guten Vorsätze beim Essen, hm, ich weiß da Bescheid ...

Ich lese wieder weiter und trete in eine andere Welt ein. Zuerst nach Japan mit Kawabata. Besonders gut hat mir diese Stelle gefallen: »Ich würde gerne in der Klarheit dieser Augen schwimmen ...«

Meine Augen dagegen stechen und brennen. Ich fühle, daß sie gerötet sind und daß sich da, rechts neben der blauen Iris, ein feines Adernbündel deutlich abzeichnet.

Dann stehe ich auf und trinke einen Kaffee. Thierry sagt mir am Telefon, ich solle eines der Geräte und die Elektroden hinaufschaffen, und ich richte alles her und gehe zur Luke.

In meiner Grubenlampe ist eine neue Batterie, und das

ändert einiges. Die neue Helligkeit nimmt dem Ort etwas von seiner mysteriösen Atmosphäre, aber ich ziehe es doch vor, im Dunkeln zu operieren.

Als ich zurück bin, fällt mir plötzlich ein, daß ich vergessen habe, das kleine Gerät mitzuschicken, das die Leitfähigkeit der Elektroden prüfen soll. Ich rufe Thierry an und ergehe mich in Erklärungen; Thierry versteht kein Wort, und ich verhasple mich. Du weißt schon, das Ding mit den Dingern am Ende, wo man diese kleinen Teile in die Dingsbums steckt ... Da besinne ich mich weise, daß es Zeit ist aufzuhören.

Ich weiß nicht so recht, was ich anfangen soll: essen, die Abendtests absolvieren, mir eine Beschäftigung suchen. Müde oder nicht müde? Ich kann noch nicht einschätzen, wann die Müdigkeit kommt, und wenn ich sie spüre, ist es meist zu spät, und alles wird mir äußerst beschwerlich.

Ich öffne mehrere Schleusen gleichzeitig in meinem Kopf, durch die eine Menge Erinnerungen herausströmen. Ich bin mit Francis zusammen, dann mit ein paar Freunden. Mama ist immer irgendwo dabei. Was macht sie wohl gerade? Schafft sie es, einfach so zu leben, wo sie doch so ängstlich ist, seit Papa gestorben ist nach dieser langen, schrecklichen Krankheit, der multiplen Sklerose? Ich würde ihr gerne sagen, Mama, es haut schon hin, denn sie hat sich so viele Sorgen um mich gemacht. Oh, mir geht's gut hier. Aber ihr? Ich würde ihr gerne sagen, daß ich sie bewundere für ihren Mut, ihre Opferbereitschaft und ihre Selbstlosigkeit – und auch, wie sehr ich an ihr hänge ...

Ich verliere mich in diesen Gedanken und kenne mich nicht mehr aus. Ach ja, ich werde ein bißchen Büroarbeit erledigen, genau, die Tippfehler auf den Durchschlägen meines Tagebuchs verbessern. Ich weiße sie aus, warte, bis es trocken ist, und spanne das Blatt wieder ein.

Und zum Schluß gehe ich wieder schmökern und fange »Malevil« von Robert Merle an. Ich bin mitten in Quercy, vor dem Tag X, der atomaren Katastrophe. Packend. Ich unterbreche kurz, um die Abendtests zu machen und so schnell wie möglich wieder zu dieser Geschichte vom Überlebenskampf nach einem Atomschlag zurückzukehren, die mich ein bißchen belastet. Denn sollte dort oben ein Atomkrieg stattfinden, wäre ich die einzige Überlebende, in meiner Grotte, über 100 Meter unter der Erde. Ich sehe schon vor mir, wie es weiterginge: Versuchen, die Luke zu erreichen, die Klappe anheben und allmählich die neue Nachkriegslandschaft erkunden und vor allen Dingen auf die Suche nach menschlichen Wesen gehen …

Ich schlinge eine Packung Waffeln hinunter, entledige mich der Tests. Als Thierry den Abhörlautsprecher verlassen hat, schnappe ich den Klang einer weiteren Stimme auf und Musik. Das Radio! Gedämpft nur, undeutlich, aber es wirkt komisch auf mich. Ich verharre völlig regungslos und höre ein Lied, von dem ich nur das Melodieinstrument ausmachen kann, ein Akkordeon. Die Worte verstehe ich nicht, dazu ist es zu weit weg, und ich versuche vergeblich, sie zu entschlüsseln, doch wenn ich auch den Klang einschätzen kann, so ist es mir doch unmöglich, ihren Inhalt zu verstehen, als würden sie sich geschmeidig miteinander vermengen. Ich lege den Kopfhörer beiseite und sage mir, daß es schließlich doch leicht ist, in die Zivilisation zurückzukehren, denn innerhalb weniger Sekunden hat mich das Radio wieder an die Menschheit angeschlossen.

Ich gehe schlafen zusammen mit den Überlebenden von Malevil … Ich komme nicht sehr weit, denn ich schlafe ein. Morgen werde ich erfahren, wie es weitergeht. Ich lösche das Licht, vergrabe mich ins Kissen und höre ein leises Knirschen, genau unter meinem Kopfkissen. Ich erstarre, lausche so angestrengt, daß mein Trommelfell Blasen werfen müßte. Es ist kaum wahrnehmbar, aber da sind leise Schabegeräusche. Ich mache Licht, stütze mich auf einen Arm und inspiziere die Bettdecke, sehe unter dem ersten Kopfkissen nach, unter dem zweiten und schließlich unter der Decke. Ich drehe Baptistin um, warte, horche wieder. Nichts mehr! Ich drücke mit der Hand einen Teil der Federn zusammen und lasse los. Es raschelt ganz leicht. Ach, das ist es also. Das Beharrungsvermögen der Dinge, die ihre Ausgangslage wieder einnehmen, verursacht dieses Rumoren.

Haben die unbelebten Dinge etwa eine Seele?

Ich mache das Licht aus und schlafe endlich ein.

15. ZYKLUS

4.–6. September 1988

49 h 30 – davon 34 h 25 Wachphase, 15 h 05 Schlaf

Als ich die Augen öffne, bin ich sofort auf der Höhe. Ich bleibe noch ein wenig im Halbdunkel liegen, habe jedoch keine Lust, vor mich hin zu träumen. Ich weiß, daß die Nacht nicht allzu lang war; ich bin zwischendurch nicht aufgestanden und habe nichts geträumt. Oder so wenig, daß ich mich nicht mehr daran erinnern kann. Ich habe nur einen Wunsch: eilig einen faulen Tag beginnen und »Malevil« weiterlesen.

Ich stehe auf. Meine Haare sind zerzaust, und meine erste Bewegung ist, mir die Haare zu bürsten und die zwei Strähnen niederzubügeln, die wie im Spagat abstehen. Ich mache auf Karl Lagerfeld, mit einem kleinen Pferdeschwanz ...

Michel nimmt die Tests ab. Ich bin halbwegs gut gelaunt, aber im Grunde fühle ich mich nicht als Teil der Grotte, treibe in einer halbwirklichen Welt, wo ein belebtes Wesen nur Einbildung ist.

Die Erde ist weit weg, wie auf einem Bild ohne Konturen. Ich lebe in einer Welt ohne ausgeprägte Züge, und ich bin ohne Gefühl, ohne Wahrnehmung, ich bin wie eine Pflanze und reagiere auf Befehle von außen, Zeit produzieren, Zeitdauer schätzen ...

Bei dem Test zur Reproduktion von Zeit gibt mir Michel gewissenhaft zwischen zwei »Tops« das Richtmaß vor. Dann lasse ich ein erstes »Top« los und warte darauf, daß ich diese Zeit vergehen fühle, genau die nötige Zeit, unsichtbar, nicht spürbar, die ich dennoch zwischen zwei Gitterstäbe meines Bewußtseins sperren muß. Da höre ich plötzlich am anderen Ende der Leitung ein tiefes, kräftiges, eifriges, aber unerwünschtes »Top«. Michel hat an meiner Stelle gemessen. Darauf breche ich in Gelächter aus und komme in die Welt der Lebenden zurück ...

Zum Frühstück Huhn mit Tagliatelle, also wirklich!

Heute morgen mache ich auf Prinzessin. Keine Haushaltspflichten, keine unterirdische Paketbeförderung auf dem Programm, keine niederen Arbeiten, bei denen die Hände dreckig und rissig-rot werden und die die Seele in ganz materiellen

Beschäftigungen gefangenhalten. Nein, ich werde mich der Kunst widmen.

Ich setze mich bequem im Zelt zurecht. Farbtuben, Pinsel, Zeichenpapier, Palette. Das Problem der Verdünnung der Farben umgehe ich, indem ich eine ausgeklügelte Mischung aus Alkohol und Äther nehme. Ich möchte ein schönes Landschaftsbild malen. Oh, nicht einfach so, aus dem Kopf, das ist viel zu schwer. Nein, ich nehme eine Photographie als Anregung. Und zwar habe ich gestern eine wunderbare Postkarte im »National Geographic« entdeckt, ein Pferd auf einer Weide in der ländlichen Einsamkeit von Wales. Kahle Büsche zeichnen sich filigran gegen den Abendhimmel ab, den typisch englische Nebelschleier verwischen.

Ich lege das walisische Grün vor meiner Staffelei bereit und fange an. Doch der Alkohol verflüchtigt sich rasend schnell; es ist ein Wettlauf gegen die Zeit. Das Papier muß befeuchtet werden, bevor der Äther auf dem Pinsel verfliegt. Ich kleckse schwungvoll herum. Die Wintersonne, Sträucher im Ikebanastil, die Wiese in angegrautem Smaragdgrün und der Clou der Geschichte, das Pferd. Auf dem Photo ist es ein schöner, weißer Ackergaul. Nach und nach wird aus dem Geschöpf unter meiner Hand eine neue Spezies auf der Entwicklungsleiter der auf unserem Planeten lebenden Tiere. Es ist ein Hybrid, eine revolutionäre genetische Schöpfung.

Am Ende allerdings sieht das Tier doch ein bißchen wie ein Ackergaul aus. Es hat etwas von einer Kuh, einem Esel und einem Tapir. Ich signiere dieses Meisterwerk lieber nicht.

Mein nächstes Modell ist ein Löwe. Er liegt lässig ausgestreckt im Steppengras, und das goldene Licht erhellt seine Mähne zu einem feurigen Strahlenkranz. Ich arbeite hingebungsvoll, merke gar nicht, wie die Zeit vergeht. Hier noch ein zarter Pinselstrich, da noch eine feine Kontur – und ich kugle mich vor Lachen. Das ist Clarence, der schielende Löwe, der Held aus Daktari. Und der König der Tiere leidet nicht nur an einem Sehfehler, auch seine Bürstenmähne sträubt sich starr, ein Punkerlöwe. Ich bringe die neue Kreation neben meinem Tapirpferd an, gehe vor der Papiermenagerie auf und ab und halte mir den Bauch vor Lachen. Ich habe Tränen in den Augen, schlage mir auf die Schenkel und nehme mir fest vor, mich bald wieder in dieser Kunst zu üben, um meinen Mißmut zu vertreiben.

Aber kreativ sein ist nicht alles, ich habe ein Buch fertigzulesen. Ich muß unbedingt erfahren, wie ich überleben kann, indem ich mir die Einwohner von Malevil zum Vorbild nehme. Ich mache mir ein Zwiebelgratin (aus der Tüte natürlich), und nachdem ich in meinen Schlafsack eingetaucht bin, versenke ich mich in die Lektüre.

Doch nach einigen Wochen postatomarer Abenteuer plagt mich der Hunger, und ich hole mir einen tiefgekühlten Fisch aus der Truhe und rufe an, um die Mittagstests zu machen.

Während der mündlichen Tests sitze ich immer auf demselben Platz, am Arbeitstisch vor einem kleinen Spiegelschrank, wo ich mich in drei Flügeln sehen kann. Ich finde, ich habe einen frischen Teint, die Wangen haben eine zarte Farbe und sind samtweich. Der leichte blonde Flaum, den man nur im Gegenlicht sieht, läßt mich zart und ungeheuer weiblich aussehen. Meine Augen sind kristallklar, die Augenbrauen elegant geschwungen, die Lippen voll und die Nase unauffällig. Meine Haare krönen das Ganze ausgesucht nachlässig. Alle Achtung. Ich gefalle mir – und koste den Augenblick aus, denn das ist selten. Ich lächle meinem Spiegelbild kokett zu. Ich fühle mich wohl, bin glücklich, die Welt gehört mir … abgesehen davon, daß ich darunter bin.

Ich leiere die 120 Sekunden vollends herunter, zwinkere Folko zu, dessen kleines Photo zwischen zwei Alkoholfläschchen steht, grüße Thierry und marschiere fröhlich zur Terrasse, um zu essen.

Der Fisch schmort noch im Ofen, aber ich kann nicht mehr warten, mache eine Dose grüne Bohnen auf, schütte sie in die Pfanne und fange an ein bißchen zu naschen. In diesem Punkt habe ich überhaupt keine Disziplin; es ist mir unmöglich, zu warten, bis es warm ist. Sicher ist das die Urangst vor der Entbehrung …

Und so kann ich eine unfaßbare Menge Gemüse verbuchen, plus ein ganzes Essen. Dazu trinke ich mehr als einen halben Liter Limonade und Kaffee. Mein Bauch ist wie ein Faß, und ich fühle mich etwas aufgebläht.

Ich lehne mich mit der großen Tasse Kaffee in meinem Bett zurück. Der Kaffee fährt mir schneidend in die Zähne. Doch die schicksalsträchtigen Ereignisse in Malevil verwickeln mich in viel schlimmere Situationen.

Anschließend muß ich noch einige Zeit Notizen tippen. Ich

fühle mich weder gehetzt noch angespannt. Nein, ich nehme mir Zeit (die habe ich weiß Gott) und tippe noch 30 Seiten.

Während der Nachmittagstests mit Christophe nehme ich einen merkwürdigen Geruch wahr. Es riecht nach toter Ratte. Genau, nach einem verwesenden Tier. Christophe hört durchs Mikrophon, wie ich schnuppere, und ich bestätige ihm, daß ich feststellen will, woher diese lästige Gesellschaft kommt. Beim Tisch, wo ich jeden Moment darauf gefaßt bin, Léonard mit dem Bauch nach oben zu finden, kann ich nichts entdecken. Und ich nehme mir vor, ausgedehntere Nachforschungen anzustellen, doch ich vergesse das schnell wieder. Vielleicht bin ich das ... Oh! Also wirklich ...

Den ganzen Nachmittag schlage ich mich mit dem schwierigen Überlebenskampf von Malevil und den plündernden Banden herum.

Christophe hatte mir angekündigt, daß drei Päckchen an der Luke auf mich warten. Doch zuerst nehme ich mir noch die Zeit, die Seiten, die hinauf sollen, zu korrigieren. Dabei würde ich sie gerne noch behalten, um einige Passagen zu verbessern, aber ich kann nicht anders, ich muß schnell wissen, daß die da oben mein Leben lesen. Das leistet mir Gesellschaft ...

Ich ziehe mich wieder nicht um. Ich bestehe nur aus guten Vorsätzen, die ich dann nicht einhalte.

Die Seile gleiten problemlos, und drei Säcke kommen herunter. Weil ich es sehr eilig habe, sie zu öffnen, will ich alle drei auf einmal zur Plattform mitnehmen ... und es haut mich auf den Hintern auf dem steinigen Hang. Ich habe eine Stinkwut. Sicher habe ich den Boden aufgewischt. Das wird mir eine Lehre sein. Trotzdem lasse ich die kostbaren Päckchen nicht los und gehe flott Richtung Licht. Hastig, aber vorsichtig mache ich sie auf. Das leichteste erkenne ich am Geräusch; leere Kanister. Im zweiten ist ein verschlossener Müllsack, und wie verschlossen! Aber ich rege mich nicht auf. Es ist das Hämatron, das Gerät, das die Blutzirkulation an der Hautoberfläche aufzeichnet. Schön. Und der dritte Sack? Noch ein Müllbeutel mit der Videokamera. Ich bin relativ müde und werde sie mir morgen genau anschauen. Trotzdem mache ich die Tasche auf; ich kenne die Kamera. Julien hatte mir oben schon erklärt, wie alles funktioniert.

In einem der Säcke liegen zuunterst drei rotgefärbte Walnußbaumblätter. Ist schon Herbst? Ich bewahre diese Reliquien aus der Natur auf und lege sie zwischen die Seiten meines Schreibhefts ...

Allmählich bekomme ich verdammt Hunger. Dieses Mal prüfe ich mich genau. Gibt es also ein richtiges Essen, kein maßloses Herumnaschen zur Unzeit? Ja. Ich stelle die Gefriertruhe auf den Kopf und hole eine vielversprechende Packung Blätterteig mit Kalbfleisch und Orangensoße heraus (sonst nichts!). Ich öffne die Packung. Der Blätterteig wirkt ziemlich lappig, doch ich befolge die Anleitung aufs Wort, wenn auch nicht auf die Minute. Natürlich komme ich gerade noch rechtzeitig zum Herd, der Blätterteig wird schon dunkel. Dann nehme ich den Soßenbeutel aus dem Wasserbad. Zerstreut steche ich ihn auf, lege ihn auf den Tisch – und bekomme alles in die Schuhe. Ich lecke den Tisch ab, den Tischrand, den Kochtopf und die Gerätschaften, die mit der Überschwemmung in Berührung gekommen sind, und danke dem Himmel dafür, daß ich allein bin und dieses traurige Schauspiel niemandem zumuten muß. Trotzdem schmeckt mir der Blätterteig ausgezeichnet.

Das war nur die Vorspeise, und um das Menü zu vervollständigen, esse ich grüne Bohnen und zum Abschluß Kekse und Kaffee. Dann kehre ich unverzüglich nach Malevil zurück.

Mein Körper schaltet auf Leerlauf, er dämmert im Schlafsack dahin, während meine Augen rasend schnell über die Zeilen fliegen. Ich kann nicht langsam lesen, und wenn ich zum Schluß eines Buches komme, dann wird das ein regelrechtes Wettrennen in den Absätzen, ein Kampf gegen den Wortstrom, ein Hürdensprung bei jeder Seite. Doch mir entgeht nicht ein Körnchen des Textes. Das ist einfach meine Art zu lesen.

Ich bin so tief in der Erzählung, daß ich von der Realität abgeschnitten bin. Ich trete zwar aus den gedruckten Seiten heraus, doch ich bleibe in der Geschichte und hänge einen Augenblick zwischen zwei Welten, ohne zu einer der beiden zu gehören. In diesen Momenten habe ich immer das Bedürfnis, mich in Francis' starke Arme zu kuscheln und ganz, ganz ausgiebig zu schmusen.

Nach dem Wort »Ende« der 636 Seiten von Robert Merle strecke ich mich in meinem Bett wie eine Katze. Mir ist schön warm, fast zu warm, und ich überlege, ob ich nicht gleich, ohne Übergang, ein neues Buch anfangen soll. Aber das wäre ein Sakrileg. Ich möchte die Helden von Malevil nicht so verlassen und bleibe noch in ihrer Gesellschaft.

Mein Magen gibt mir einen Wink mit dem Zaunpfahl. Tatsächlich, er hängt mir in den Kniekehlen. Ich gehe unschlüssig in der Küche auf und ab, weil ich noch nicht essen will. Ich habe ja schon ein richtiges Menü gehabt, oder nicht? Aber trotzdem, eine Kleinigkeit ... Äpfel wären jetzt gut. Obst, einfach so zum Reinbeißen, das ist leicht, sättigt und beschäftigt die Kaumuskeln.

Schon. Aber, na ja ... Also dann ein Löffel Maronencreme. Aber ich weiß schon, daß diese Umsicht umsonst ist; wenn ich den Topf mit 450 Gramm aufmache, gibt es keinen Ausweg, er rutscht ganz hinunter. Und ein Becher Sahne obendrein. Also gut, ein paar Kilo mehr.

Dann gehe ich in den Bücherregalen auf Schatzsuche. Ich suche Geschichten, die kurz, aber wirklich fesselnd sind. Karen Blixen, Somerset Maugham vielleicht? Ich weiß nicht.

Ich lege mich mit den Geschichten aus Tausendundeiner Nacht ins Bett. Ja, sie sind so ungeschliffen, daß sie meine Träume nicht ausradieren. Es geht nur darum, die Augen zu beschäftigen.

Ich lösche ziemlich bald das Licht und sinke in einen tiefen, schweren Schlaf. Dieser Tag war wunderbar.

16. ZYKLUS

6.–8. September 1988

51 h 10 – davon 32 h 55 Wachphase, 4 h 29 Siesta und 13 h 46 Nacht

Es wird allmählich verwirrend; der Morgen, der nicht kommt, der Tag, der nicht erwacht, die Sonne, die nicht aufgeht. Es herrscht immer dieselbe grünliche Helligkeit, die die Dunkelheit sprenkelt, und ich komme allmählich so weit, daß ich die Finsternis diesem Bildschirm vorziehe, der hier eine Neondiktatur errichtet. Das nächste Mal schalte ich ihn aus. Dann habe ich wenigstens wirklich das Gefühl, in einer Höhle zu sein und nicht in einem Büro.

Ich spüre, daß das heute ein unentschlossener Tag wird, eine lange, unproduktive Phase, die aber auch den Charakter von Ferien hat. Ich kann mich auf nichts konzentrieren, habe keine Pläne und keine Erinnerungen mehr. Ich befinde mich in einem verschwommenen Zustand körperlicher und geistiger Lähmung, lasse mich von ganz elementaren Bedürfnissen leiten und begnüge mich mit den einfachsten Dingen, die keine große Anstrengung verlangen: Bilder anschauen, einige Seiten in meinem Heft korrigieren, ein Buch mit großer Schrift durchblättern …

Ich habe eine etwas mühevolle Endphase der Nacht hinter mir, in der ich gegen meine Sinne gekämpft habe. Ich hatte das Gefühl, daß mir etwas schrecklich fehlt, ein Defizit, das einen die Einsamkeit und Getrenntheit schärfer spüren läßt. Ich sehnte mich aus ganzer Kraft, mit meinem ganzen Körper danach, geliebt zu werden, und ich habe unter der Leere und der Isolation gelitten. Ich hatte das Bedürfnis, einen Körper zu streicheln, ihm nahe zu sein, seine Haut zu spüren, meine Arme um Francis' kraftvollen und sanften Körper zu schlingen, mich von Liebe eingehüllt zu fühlen. Doch um mich herum nichts, nichts als Stoff.

Ich komme jetzt mit dem Experiment endgültig in ruhiges Fahrwasser. Es ist vorbei mit den Entdeckungen, ich nehme Abschied vom Neuartigen. Jeder Zyklus, der jetzt folgt, wird den Beigeschmack des Schon-mal-Erlebten haben …

Ich habe heute den Eindruck, am Nullpunkt angekommen zu sein. Ich habe keine neuen Bilder mehr im Kopf, keine komischen Einfälle, die mir bis jetzt geholfen haben, munter diesen 16. Zyklus zu erreichen. Ich fühle, wie ich in düstere Lethargie und dumpfe Betäubung sinke. Außerdem bin ich ein bißchen verstimmt, weil ich merke, daß ich wieder zunehme, oh, nur langsam, 200 Gramm um 200 Gramm, und das ist mein Horror, meine Obsession ... Und jetzt habe ich schon wieder Hunger.

Fast möchte ich dem Bedürfnis nachgeben, auszurechnen, wie lange ich schon unter der Erde bin, was sicher eher entmutigend als beruhigend wäre. Doch ich traue mich nicht. Grob gerechnet muß ich schon etwas über zwei Wochen hinter mir haben, wobei ich insgeheim hoffe, daß es doppelt so lange ist *(in Wirklichkeit: ein Monat).* Ich möchte mich irren, aber ich kann mich nicht belügen. Tatsächlich warte ich auf meine Regel; die müßte ein wichtiger Anhaltspunkt für mich sein. Wobei ...

Nach den ersten Tests will ich immer unwillkürlich die Stereoanlage einschalten. Wenn ich endgültig die Augen aufschlage und in einen neuen Tag – oder eher eine neue Dunkelheit – blicke, kommt es mir selbstverständlich vor, Musik oder auch Radio zu hören. Doch keine Chance. Und so besinne ich mich murrend wieder. Ach ja, kein Straßenlärm, kein Flugzeug, kein Stimmengewirr, kein Türenknallen, keine Schlager, kein Hundegebell oder Geschrei, nur die Wassertropfen, das Schnurren von ein oder zwei Apparaten, der Motor der Gefriertruhe, das ist alles. Meine Ohren können nichts dagegen tun. Dennoch hat diese Stille nichts Bedrückendes. Sie ist natürlich.

Um die Grottenunterhaltung ein bißchen zu bereichern, während ich auf der Terrasse frühstücke, schreie ich. Kleine, kurze Schreie. Dann stampfe ich mit dem Fuß auf, lasse meine – leere – Tasse auf dem Tisch hüpfen, schiebe meinen Schemel herum, klopfe auf alles, was in Reichweite ist, um wenigstens ein paar trockene Töne zu bekommen. Doch ich höre ziemlich schnell wieder auf, mangels Inspiration und aus Mitleid mit meinen Ohren, die sich wie Kohlblätter zusammenkräuseln. Dann spreche ich zu der feierlich in elfenbeinfarbenen Kalk gekleideten Menge, aus dem Stegreif, und wenn ich auf ein Thema stoße, das mir am Herzen liegt, beginne ich ein endloses Selbstgespräch, mit Anklage und Verteidigung. Das endet normalerweise damit, daß ich das Ende des Frühstücks nach oben melden muß.

Heute zum Beispiel lautete das Thema: Bin ich ein lüsternes Weib? Zuerst einmal zucke ich die Schultern über eine solche Frage. Die bloße Tatsache, sie überhaupt zu formulieren, würde schon bedeuten, daß mein Verhalten fragwürdig ist. Was ich nicht finde. Aber ich will Ihnen erklären, wie ich auf einen solchen Gedanken verfallen bin. Es ist wegen eines kleinen Satzes von Michel am Telefon. Oh, kein Satz, der seine eigenen Gefühle widerspiegeln würde, denn zu diesem Thema haben wir dieselbe Einstellung. Nein, eine Interpretation aus zehnter Hand, die aus meinen Aufzeichnungen nur »gesteigertes sexuelles Verlangen« entnommen hat, wobei der Ausdruck natürlich abwertend gemeint ist – während ich ihn eher als Kompliment auffasse. Also beginne ich, auf der Plattform stehend, die Tasse in der Hand, den Fall zu diskutieren, mich in poetischen Höhenflügen oder in ganz nüchternen, bodenständigen Betrachtungen zu ergehen. Meine moralischen Vorstellungen lassen sich in wenigen Worten zusammenfassen. Wir alle haben einen Körper mit einer Vielzahl von Funktionen. Und ich vernachlässige keine. Ich habe Sinne, und ich benutze sie ohne Heuchelei. Ich habe ein Herz, das schlägt und lieben kann; einen Kopf, und ich bemühe mich, ihn richtig zu füllen. Irgendwelche Einwände, da unten, auf den billigen Plätzen? Nein? Ausgezeichnet ...

Nichtsdestotrotz bin ich ohne Spannkraft, ohne Schwung. Ich lasse mich auf dem mächtigen Strom der Gleichgültigkeit gleiten. Ich gehe mit Deckweiß über die Kohlepapierdurchschläge meiner letzten Tipperei und wische doch nur meine Erinnerungen weg. Ich würde gerne etwas Interessanteres unternehmen, doch nein, wie ein Ochse beim Pflügen mache ich weiter, mit gesenktem Kopf, ohne nachzudenken.

Ich schiebe Fisch und den Tiefkühlspinat in den Ofen. Dabei habe ich nicht einmal mehr besonders Lust darauf. Ich hatte am Vormittag schon solchen Hunger, daß ich ein ganzes Menü verschlungen habe. Es ist auch nur, um den »Mittag« zu markieren. Thierry macht mit mir die Testreihe. Ich weiß, daß sie da oben immer weniger Leute werden, und das bedrückt mich. Sie sind die Leidtragenden, nicht ich.

Es kommt einfach so über mich. Kaum habe ich aufgelegt, ziehe ich die Daunenjacke über, schlüpfe in meine Moonboots, nehme die Grubenlampe und zwei Mülltüten mit und gehe zum Wall. Ich steige langsam, doch ohne zu zögern hinauf. Ich will einen Platz in den Felsen suchen, um mich hinzusetzen und an nichts mehr zu denken, und entdecke eine Kalkkuppel, unter der es nicht allzu naß ist, lege die Säcke aus, um nicht die Feuchtigkeit aufzusaugen, und setze mich hin, mit Blick auf das Camp, das weiter unten leuchtet. Der Regen fällt dicht hier, Wasser tropft von überall, und ich bekomme sogar ein paar Tropfen auf den Kopf. Ist mir scheißegal. Ich lehne mich zurück und lasse mich vollkommen gehen. Ich betrachte die Plattform, die aus dieser Entfernung schon ganz klein ist, doch das elektrische Licht erscheint mir immer noch zu grell. Ich wünschte mir, daß es fast ganz dunkel wäre. Mein Geist ist dumpf und in Trauer. Ich bin in einem steinernen Katafalk, und jenseits der schweren Gesteinsvorhänge, hinter den dicken Steintapeten sehe ich die Szene eines kleinen erbärmlichen unterirdischen Lebens im Licht der Glühbirnen. Ich höre neue Geräusche, bleibe regungslos. Ich lebe nicht mehr. Als Statue aus Stein auf einem Kalksockel schmelze ich in den Fels, rinne mit dem Wasser davon, werde zu Kristall in der Dunkelheit. Und ich fühle, wie eine unbezwingbare Angst mich langsam lähmt.

Ich weiß, daß das vor allem eine physiologische Sache ist, und ich weiß, daß das Näherkommen meiner Regel, die sich heute schon mit Kreuzschmerzen angekündigt hat, immer solche Reaktionen hervorruft. Aber wenigstens bin ich mir in einem Punkt sicher. Ich werde meine Periode bekommen. Darüber besteht kein Zweifel. Die Angst vor einer Schwangerschaft ist wie weggefegt. Wenn nicht … Heißt es nicht, daß Maria und der Heilige Geist …? Aber ich jage diesen frevelhaften Vergleich weg, ich bin nicht dazu aufgelegt, mich lustig zu machen.

Ich streife im Land der grauen Berge herum, klettere endlos dieselben Hänge hinauf und wieder hinunter, ziellos, ohne Sonne, ohne Blumen.

Es gelingt mir nicht mehr, aus den Steinen um mich herum innere Ruhe zu schöpfen. Ich bin allein mit mir, und das ist die schlimmste Gesellschaft, die ich in diesem Augenblick haben kann.

Ich steige über einen Weg wieder hinunter, den ich normalerweise nie nehme. An der rechten Wand entlang. Ich gehe langsam, schaue und leuchte mit meinem Lämpchen. Kalk in hellem Ocker. Ich hebe ein großes Stück von einem abgebrochenen Stalagmiten auf. Es ist sehr schwer. Weiter unten einige schwarzbraune Tümpel. Und noch ein bißchen weiter der Brunnen, und ich bin wieder auf dem wohlbekannten Weg zur Plattform.

Ich gehe freudlos und ohne Appetit essen. Der Rochen ist ganz trocken, natürlich, ich habe ja keine Schalotten mitgeschmort. Doch es ist mir gleich. Der Spinat ist natur, das heißt widerlich. Ich setze mich hin und nehme den Fisch in Angriff, der Form und Festigkeit von Schweineschulter hat. Ich schmiere mir die Finger damit voll, verschmiere mich sogar bis in die Nasenlöcher. Ich esse nicht, nein, ich versinke im Fraß, schlinge gierig, schlucke, ohne etwas zu schmecken. Die tiefen Depressionen beginnen ihre Wirkung zu tun. Ich verachte meinen Körper und lasse meine Seele fließen. Ich habe wirklich keinen Hunger mehr, doch ich gebe nach. Ich will meine Angst mit dem Fressen ersticken, will sie ertränken in Süßigkeiten, will ihre Flut in meinen Magen lenken und nicht mehr in meinen Kopf. Ich sehe kaum, wie eine ganze Schachtel Kekse verschwindet und mir geradewegs in die Magengrube rutscht, da mache ich mich auch schon daran, eine Cremespeise aus der Tüte steif zu schlagen, die ich gar nicht erst fest werden lasse. Sie schmeckt säuerlich und scharf. Zwangsläufig, denn sie konnte nicht ziehen. Und wird es nie können. Denn sie verschwindet in meinem Schlund. Ich werde platzen. Jetzt habe ich alle lebenswichtigen Körperfunktionen gedrosselt, um mich auf eine einzige Sache zu konzentrieren: die Katastrophe sich legen zu lassen, die ich in meinem Bauch angerichtet habe. Ich fühle mich schwer und plump und habe keinen Schwung mehr. Ich hasse mich.

Ich suche mir ein paar Bücher aus, vor allem Science-fiction, strecke mich aus und fange eine unsagbar traurige Erzählung an, die Geschichte eines jungen Mutanten, der von grausamen Menschen gejagt und geschlagen und zu Tode geprügelt wird. Doch meine Augen geben auf, und ich rufe an, Siestabeginn, und gebe mich dem Schlaf und dem Vergessen hin, verlasse vorübergehend meine verhaßte fleischliche Hülle, um ins Reich der Träume zu fliehen ... Und träume, versuche die Bilder im Gedächtnis zu behalten, doch beim Aufwachen bleibt mir nur ein Vorname, Marc. Wo kommt der her? Ach ja, jetzt weiß ich es. Das ist der Held eines dieser Trivialromane, die ich gestern durchgeblättert habe ...

Mehrmals hintereinander schlafe ich wieder ein. Pech. Um so länger wird die Siesta. Diese hier ist eine Flucht, ein Ausweichen ...

Das Licht habe ich brennen lassen. Das ist mir sehr wichtig. Schließlich stehe ich auf. Ich glaube, ich habe etwa vier oder fünf Stunden geschlafen. Vielleicht auch mehr, doch es ist bedeutungslos *(in Wirklichkeit: viereinhalb Stunden)*.

Und ich setze meinen Tag fort. Mein erster Gang führt in die Küche. Meine erste Bewegung ist essen. Zitronentörtchen, die ich nach dem Essen gemacht habe. Ich widere mich an. Doch ich bin in Depressionen gefangen, und wenn ich diesem Zyklus einen Titel geben müßte, würde ich ihn »Bonjour Tristesse« nennen. Meine Lebenskraft sitzt nicht mehr im Kopf, sondern im Bauch.

Während ich meinen Kaffee trinke, lege ich ein oder zwei Patiencen und gehe dann wieder an die Schreibmaschine, doch ich tippe nicht. Ich schaue die Tasten an, die heute keine Nachricht und keine Hoffnung bringen.

Ich will lesen, und dabei stapelt sich das Geschirr. Ich müßte filmen und photographieren.

Ich mache eine Zeit wie in einer Berg-und-Tal-Bahn durch, zwischen schwärzester Depression (wie könnte es hier unten anders sein?) und einem Anflug von Wohlbehagen, der mir jetzt vergleichsweise wie ein unbeschreiblicher Glückszustand vorkommt ... doch der sehr schnell wieder vom Krebsgeschwür der Angst aufgesogen wird.

Ich stürze mich in eine Idiotenarbeit, die weder Nachdenken noch Besinnung auf einen selbst verlangt, nämlich die Tippfehler der vorhergehenden Seiten zu korrigieren. Ausweißen, warten, bis es trocknet, von Hand oder mit der Maschine drüberschreiben. Das ist langwierig, einfach, tut meiner kranken Seele gut. Doch dieser kleine Job, der mir normalerweise sehr schnell auf die Nerven geht, dauert nicht sehr lange. Ich bin mit allem fertig und sitze wieder da, kaue an meinen Nägeln und wälze die düstersten Gedanken im Kopf. Und ich gehe ans Bücherregal und blättere in den Büchern. Vier dicke Bände Geschichte von den Anfängen bis zur Gegenwart (ein Klacks!). Ich schlage die Bücher auf. Sie sind zweispaltig gedruckt, wie die Bibel. Na, das fängt ja schon gut an, ich hasse das. Ich bemühe mich, etwas über zeitgenössische Geschichte zu lernen, doch verstehe nicht eines der ausgeführten Themen. Es ist das Kauderwelsch eines

Akademikers, der sich darin gefällt, unverständlich zu schreiben. Das ist nichts!

Ich berühre meine Bücher, blättere darin herum, schweife über die Titel, durchforste einige Kapitel, schnappe hier eine Zeile, da ein Bild auf. Ich befühle und beschnuppere sie, fühle mich wohl in ihrer Gesellschaft. Sie ziehen mich nach oben, halten mich fest im Schutz des Geistes, während mein Körper langsam von Angst zerfressen wird. Schließlich baue ich neben meinem Bett einen großen Stapel Bücher auf und erforsche verschiedene Welten, streife durch mehrere Lebensgeschichten, reise mit dem sichersten Luftschiff, der Lektüre. Von der Perlenzucht springe ich zum Zweiten Weltkrieg (mit einer enttäuschenden Erzählung von Somerset Maugham) und gehe dann zur großen Epoche des amerikanischen Films der fünfziger Jahre über mit dem Buch »Hollywood sur Nil« von Noel Howard mit seinem trockenen Witz.

Doch ich treibe nur auf der Oberfläche der Worte dahin, sie lenken mich nur ab, aber sie rühren mich nicht an. Und um diesen verdrießlichen und farblosen Tag zu beenden, beschließe ich heimtückisch, mir ein *schönes* Menü zu kochen. Mich ordentlich vollzuessen, mit dem festen Vorsatz, morgen die Zügel wieder anzuziehen und ...

Ich stehe auf und gehe zur Luke, wo ein paar Sachen auf mich warten.

Und schmökere noch ein bißchen, doch dann halte ich es nicht mehr aus, flitze geradewegs zur Tiefkühltruhe und hole zwei – jawohl, zwei! – besonders edle Menüs heraus: Lachsschaum und ein Fischsavarin, und ich gedenke, sie niederzumachen, ohne mit der Wimper zu zucken. Ich erhitze das Ganze im Wasserbad und beschließe, da das Leben schon so bitter ist, die Dinge von der guten Seite zu nehmen. Ich schaue einfach nicht mehr in den Spiegel, beschäftige meinen Verstand, denke an nichts mehr, das mich betrifft: Ich bin unwichtig.

Dann stelle ich das elektronische Schachspiel auf den Terrassentisch. Dabei merke ich, daß die Holzfiguren zu schimmeln begonnen haben. Die Königinnen haben einen Bart, die Könige sehen verwahrlost aus, und die Bauern tragen Rasta-Look. Ich schalte ein. Das muß ich zugeben, nobody's perfect, ich bin Anfänger. Für mich ist das Schachspiel ein weites Feld, in dem ich meine ersten Schritte tue. Ich habe zwar nicht den Anspruch, dem Computer gleich eins reinzuwürgen, doch habe ich vor, das in Kürze zu schaffen. Zu diesem Zweck mache ich mich kundig und habe zwei Bücher mit den besten Ratschlägen zur Seite. Da sitze ich also, während das Essen auf dem Herd kocht, mit Blick auf meine steinerne Versammlung, und setze die Figuren, rücke vor, greife an, verteidige – und lasse mich schließlich vernichtend schlagen von der Maschine, die unermüdlich mit ihrer tiefen metallischen Stimme wiederholt, schachmatt, schachmatt … Ja, ich weiß! Und ich schneide ihr die Luft ab, um wieder zu mir zu kommen.

Ich betrachte die Kerze, die ich angezündet habe, damit mir warm ums Herz wird. Die erste. So eine Flamme im Dunkeln ist zu schön. Ich könnte sie stundenlang betrachten …

Der Lachsschaum ist fertig. Ich weiß, daß mir davon übel werden wird, denn ich habe mit der Menge übertrieben. Es ist immer das gleiche. Ich werde noch am Fressen zugrunde gehen. Und ich bin am Ende, ich kann nicht mehr. Ich bringe meinen Körper um mit dem, was ihn eigentlich am Leben halten soll, und ich verschütte mein Gehirn unter dem, was ihm eigentlich Nahrung geben soll. Ich bin voller Ängste, habe Anfälle von Stierhunger, bin mir dessen auch bewußt und kann im Augenblick dennoch nichts dagegen tun. Und ich fürchte mich vor dem, was kommt. Wenn es weiter so mit mir bergab geht, werden die Depressionen die Fresserei auslösen, und die zusätzlichen Pfunde werden die Depressionen wachhalten. Ich muß dem ein Ende machen und … fasse doch keinen Entschluß. Die Nacht bringt Rat, und ich zähle fest auf sie …

Ich höre wieder Unterhaltungen in der Grotte. Die Nacht kommt, oder besser gesagt, ich komme zur Nacht. Ich richte mich zum Schlafen her und befestige die Elektroden. Sie scheinen mir jetzt erträglicher, aber dennoch habe ich den Eindruck, Warzen im Gesicht zu haben. Mit meinen längeren Haaren kann ich jetzt einen kleinen Pferdeschwanz machen, genau über der Stirn, so daß sie sich nicht verheddern und überall festkleben können. Ich schaue das Photo an, das ich mit der Polaroidkamera gemacht habe, und finde, ich sehe undefinierbar aus. Die Augen wahnsinnig rot, vom Blitzlicht, und auch … ein irgendwie unterwürfiger, doch gleichzeitig schrecklich brutaler Zug hinter dem freudlosen Lächeln.

Endlich im Bett, blättere ich meine Bücher durch, doch ich weiß nicht, welches ich zu Ende lesen oder neu anfangen soll, und entscheide mich für die Widrigkeiten im Leben eines amerikanischen Literaturagenten, doch ich kann keine Distanz halten. Mir ist zum Weinen zumute. Ich habe Sehnsucht nach meinem Mann, nach Zärtlichkeit und Wärme. Ich lasse mich vom sehnlichst erwarteten Schlaf übermannen. Endlich wieder vergessen ...

17. ZYKLUS

8.–10. September 1988

49 h 08 – davon 34 h 34 Wachphase, 14 h 34 Schlaf

Ich schlage die Augen auf. Es ist hell! Nein, nur ein Stromausfall, der die Notaggregate einschaltet. Ich verstehe allerdings nicht, warum die Apparate trotzdem laufen. Doch im Grunde ist mir das so schnuppe, und ich drehe mich wieder um.

Als ich im Dunkel wieder aus dem Schlaf auftauche (ich habe gestern wohlweislich den Computer mit seinem grünen Bildschirm ausgeschaltet), quält mich nur ein Gedanke: Abnehmen! Ich denke nur noch an »Körperbewegung«, »Diät«, »viel trinken zum Entschlacken«, kurz: mich schwer schinden, um diese tiefen Depressionen gleich im Keim zu ersticken.

Ich absolviere die Tests mit tonloser Stimme, was Michel sehr wohl registriert, und wir beschränken uns auf das unumgänglich Notwendige. Als ich aufstehe, um zu frühstücken, sage ich zu Baptistin, ich bin heute nicht in guter Stimmung, Dicker; sie ist tatsächlich umgekehrt proportional zu dem Gewicht, das die Waage anzeigt. Ich muß etwas tun. Entschlossen hole ich meine Aschenputtelklamotten und ziehe trotz der Kälte – darum kümmere ich mich nicht, denn ich habe wichtige Entschlüsse gefaßt – die widerlichen Fetzen an. Achtung in der Grotte, jetzt geht es heiß her. Doch zuerst ein leichtes Frühstück mit Kaffee und Erdbeeren.

Die Ellbogen auf den Terrassentisch gestützt, wird mir bewußt, daß mein eigenes Leben, meine erbärmlichen kleinen Gewichtsprobleme, meine Schrecken und meine Schleichmärsche in der Grotte nichts als unwichtige Banalitäten sind. Warum habe ich keine tiefschürfenden Gedanken (80 Meter unter der Erde immerhin!), die das Wissen voranbringen? Warum nur trage ich nicht, wie die richtigen Einsiedler, meinen Tropfen Philosophie zum großen Krug der Metaphysik, des Seins, des Nichts bei (was das betrifft, da weiß ich Bescheid ...)? Nein, nichts von solch geistiger Größe. Ich habe nur Geschirr- und Besengedanken.

Und fange also die Großreinemachewoche im Valat-Nègre

an. Denn Waschen und Putzen sind die zwei Grundpfeiler der Sauberkeit. Von Körper und Geist. Ich reinige das Geschirr … und meine Seele. Ich möble das Parkett … und meine Stimmung auf.

Ich fange mit der Toilettenecke an und ordne all die kleinen weißen Fläschchen in einen einzigen Koffer ein. Er ist randvoll. Die Fläschchen werden unmerklich weniger. Ob ich es wohl eines Tages erlebe, daß sie ausgehen? Danach räume ich den Terrassentisch ab. Das Lederetui für die Spielkarten keimt aus. Schicksalsergeben wische ich den Schimmel oberflächlich weg. Alle Gerätschaften aus der Küche, die abgespült werden müssen, stecke ich in einen großen Müllsack. Sie sind in unterschiedlich weit fortgeschrittenem Schimmelstadium. Die Kasserollen legen Herbarien an, während die Salatschüsseln sich in Mull hüllen. Auch zwischen den Gabelzinken und in den Schälchen ist ein Anflug von natürlicher Flora, doch damit ist es jetzt vorbei. Ins Wasser und unter die Drahtbürste damit!

Übrigens züchte ich Schimmelkulturen. Ich kümmere mich sehr sorgfältig darum und beobachte täglich, wie sich meine Schützlinge entwickeln. Ich habe festgestellt, daß Kirschen erst spät austreiben, während Trüffelcreme sehr ergiebig ist. Schinken wiederum wächst nur zäh, doch Teekuchen entwickelt sich zur vollsten Zufriedenheit. Ganz allmählich wächst diese Welt und entfaltet sich mit einem schönen Bart.

Dann trage ich Müllsäcke und Kanister mit Schmutzwasser an ihren Bestimmungsort, werkle, wasche und schrubbe. Und pfeife die ganze Zeit über einen Song von Whitney Houston. Oder versuche es wenigstens ...

Heute wird renoviert, und das hört man. Man kann die wunderbare Fülle an Hausarbeiten gar nicht genug rühmen, die die Sorgen wegfegen, die aufsteigende Tränen fortwischen, mit dem Schwamm über den Kummer gehen und die Grauschleier von der Seele verschwinden lassen.

Jetzt kommt der größte Brocken, der Boden der Plattform, Parkett müßte ich eigentlich sagen, denn er ist mit Linoleum ausgelegt, das eine eindrucksvolle Holzmaserung hat. Ich will den Fußboden nicht nur sauberwischen, ich will davon essen können. Na ja, nicht wirklich. Ich will mich selbst überlisten, denn wenn ich mich ohne Vorsichtsmaßnahmen und ohne meine Kleider dreckig zu machen auf den Boden legen kann, habe ich kein Argument mehr gegen Gymnastik. Klar?

Meine Knie kriegen einiges ab. Mein Kreuz gibt mir Morsezeichen, und meine Schultern sträuben sich. Das ist ein gutes Zeichen; ich bin auf dem Weg der Besserung. Danach gehe ich ein zweites Mal über den Boden, um ihn glänzend zu machen, dann ein drittes Mal mit Papiertüchern, weil er von selbst nicht trocknet.

Jetzt bin ich ziemlich geschafft, doch dieser erste Ansturm gegen mein Stimmungstief müßte mich zum Sieg führen. Ich genehmige mir eine kleine Verschnaufpause im Campingsessel und warte darauf, daß der Kaffee heiß wird.

Jetzt, wo der Boden okay ist, bin ich an der Reihe. Gymnastik ist angesagt. Es ist beschlossene Sache, ich muß regelmäßig trainieren. Ich starte einfach, sagen wir mal, mit einer halben Stunde. Oder wenigstens einer knappen. Und los geht's. Erste Aufwärmbewegungen (seit ich das Parkett aufgewischt habe, bin ich wieder ausgekühlt), dann ein paar Dehnübungen, ganz sachte, man soll sich am Anfang nicht verausgaben. Dann die Schenkel, um die Herren der Schöpfung zu verführen. Eins, zwei, eins, zwei. Uff! Nach 15 Zügen schlottern mir die Knie. Gut. Jetzt Arme und Schultern. Sehr nützlich, um einen Schacht hochzusteigen ... Strecken, beugen. Okay. So, nun kommen wir zu einem recht heiklen Bereich, dem Po. Auf die Knie – schon wieder –, Hände auf den Boden, das gebeugte Bein heben, genau wie ein Hund an der Laterne. Und zum Schluß die gräßlichen Bauchmuskelübungen. Es brennt, doch der Schmerz tut mir gut. Steck das ein, du Gestell, nachher bist du dafür um so annehmbarer, rufe ich mir zwischen zwei Pustern zu. Die Füße unter ein Regalbrett geklemmt, zittere und schwitze ich – kurz, wer schön sein will, muß leiden – und breche mitten auf dem Fußboden mit gekreuzten Armen zusammen. Für diesmal reicht es. Schließlich schreite ich zum letzten Teil dieser Katharsis in drei Akten, zur Körperpflege, die mir Thierry übrigens beim letzten Anruf wärmstens ans Herz gelegt hat. Woher weiß er...? Also dann, Komplettwäsche. Und keine Faxen! Nackt! Ich lege meine Klamotten ab, die am Ende sind, und stehe rosig wie eine Garnele auf der dunklen, kalten Grottenböschung. Es prickelt, doch es hilft nichts. Und ich hänge noch zwei Haarwäschen und eine Packung an. Ich rubble mir fast das Fell ab und finde die Höhle schließlich gar nicht mehr so kalt. Nackt gehe ich zum Zelt, nehme das Eau de Toilette und gönne mir kräftige Sandelholzspritzer. Ich mache ein oder zwei Photos von mir im Evakostüm. Für Francis. Und für mich auch. Sie werden mir als Barometer dienen. Ich sehe die teigigen Wülste auf der Taille und die Rundung unter dem Nabel. Und da, hinten an den Oberschenkeln. Ach, genug davon! Ich verstecke die Aufnahmen und ziehe mich gnädigerweise an. Vorher klebe ich die Temperaturempfänger wieder an und setze die Sonde an ihren Platz. Dann trockne ich mir die Haare und schminke mich.

Endlich denke ich nur noch daran zu essen. Sehr leicht, Spinat und Eier. Das ist alles. Und ich leiste mir den Luxus, keinen Hunger zu haben. Verkehrte Welt. Ich würdige meine Arbeit, gehe in meiner unterirdischen Wohnung auf und ab wie in einem Luxushotel. Dann hole ich den Koffer mit der Videokamera. Ich setze mich im Schneidersitz hin und öffne den Zauberkoffer. Da liegt die Kamera, klein, kompakt und leicht. Ich drücke auf alle Knöpfe und, o Wunder, es funktioniert. Es ist ein Kinderspiel. Nun, dann werden wir mit dem großen Film beginnen ...

Zu diesem Zweck ziehe ich meine repräsentative Garderobe an, einen tollen türkisblauen, dick gefütterten Skianzug, den ich für den Tag, an dem ich die Höhle verlasse, sauberhalten will. Er hat schon ein paar Dreckspuren, weil ich damit heruntergekommen bin. Igitt. Er ist feucht und riecht modrig. Na ja, Pech.

Ich schraube die Polaroid vom Stativ und mache die Kamera auf dem Dreifuß fest, der gleich einen ziemlich großen Unabhängigkeitsdrang bekundet. Er spreizt die Vorderbeine wie eine Giraffe und neigt sich zum Boden. Und als ich es schaffe, die drei Füße in einem fast gleichschenkligen Dreieck festzuhalten, beliebt es der Platte, in die andere Richtung zu schauen.

Ich weiß nicht, womit ich anfangen soll; alles kommt mir so gewöhnlich vor. Aber ich muß mich filmen. Du willst ein Thema? Die Küche. Ab und zu schneide ich meinen Kopf ab, aber da ich ihn hier sowieso schon verloren habe ... Dann kommt die Inspiration, und ich filme alles, wie ich etwas trinke, auf der Terrasse, beim Patiencenlegen, beim Transport der Urinfläschchen, beim Kauen eines Wattebauschs für die Speichelprobe (nicht sehr photogen!), bei den Nachmittagstests, auf meinem Bett, mit Baptistin. Kurz, alles, was mein Alltagsleben ausmacht, so daß ich im Eifer des Gefechts einen Topf Milch auf dem Herd vergesse ...

Allmählich kann ich die Kamera ignorieren. Es ist wirklich weniger anstrengend, sich natürlich zu geben. Ich bin bloß nicht sicher, ob ich laut reden kann, wie ich es normalerweise tue. Jeder würde denken, daß ich Gesprächspartner habe, denn ich spiele Unterhaltungen, mache fragende, verdutzte, skeptische Grimassen ... So fange ich schwungvoll einen Satz an, und wenn ich mir bewußt werde, daß die Kamera läuft, beende ich ihn gedämpft, als sei nichts geschehen, in einem Wortgeblubber.

Ich beende die Aufnahmen mit einer Einstellung von der Schreibmaschine.

Ich habe die letzten Seiten noch mal durchgelesen und alle Tippfehler ausgebessert, doch die Maschine spielt mir wirklich üble Streiche. Sie verrutscht um einen Schritt und schreibt mir einen anderen Roman. So erfahre ich den neuen Namen meiner Grotte: bsksz mrhtr.

Bald begebe ich mich zur Gefriertruhe, um ihr meine schmale Ration zu entnehmen. Fisch, Karotten, Pilze.

Nachdem ich mich eine Zeitlang drum herumgedrückt habe, mache ich die Abendtests. Michel kündigt mir an, daß mein Heft in einer großen französischen Zeitschrift veröffentlicht wird. Na gut, sehr schön. Aber es ist komisch zu wissen, daß mein intimes Privatleben vor einem breiten Publikum enthüllt wird. Aber das gehört zum Spiel. Außerdem bittet er mich, Polaroidaufnahmen von mir an den Testgeräten zu machen (ich habe doch schon so viele gemacht, was will er denn noch?), rät mir, etwas über meine Beweggründe zu diesem Experiment zu schreiben (ich schreibe, was ich will, zum Teufel! Er ist schließlich nicht Herr über mein Bewußtsein!), und drängt mich schließlich dazu, die Gesichtselektroden vor den Siestapausen anzubringen, damit sie wissen, um »was für eine Art Schlaf« es sich handelt. Ich speichere alle diese Empfehlungen, ohne zu protestieren, und lege auf.

Mir ist kalt, und unwillkürlich möchte ich die Heizung aufdrehen. Gesegnet seien die neuen Errungenschaften der Zivilisation ...

Bei laufender Kamera befestige ich die Elektroden. Ohne es zu wollen, zucke ich zurück vor diesen starren Saugnäpfen, diesen Zecken mit den langen Fühlern. Und jetzt, wo ich weiß, daß ich sie auch am Nachmittag anbringen muß, werden sie mir immer lästiger. Ich fühle einen Anflug von Widerwillen in mir.

Mir ist kalt. Obwohl ich mich bis über beide Ohren unter der Decke vergraben habe, ist es unmöglich, warm zu werden. Im Gegenteil. Ich liege in einem feuchten, eisigen Sarg. Kälteschauer überlaufen mich. Ich merke, wie ich zum Nervenbündel werde, daß mein Körper rebelliert, daß mein Wille sich sträubt. Ich weiß, daß Angstzustände kommen werden, selbst während dieser Schlafpause.

Ich versuche mich an die Lektüre zu klammern und schlage den dicken Wälzer »La Pucelle« von Montheilet auf. Doch zwei Seiten gehen schon über meine Kraft. Ich zittere zu stark. Ich mache das Licht aus und schließe die Augen, um in einen Schlaf zu fallen, der wahrscheinlich keine Erholung bringt …

Kurz bevor ich »mitten in der Nacht« aufstehe, halte ich einige Traumbilder fest, die ich »Freßgier« nennen werde: Ich durchstöbere die große Gefriertruhe nach Eis und werfe ein Auge auf ein gigantisches Vanille-Pistazien-Eis am Stiel. Dann treffe ich meinen Bruder wieder, der im Hof auf mich wartet …

Ich bin wie im Nebel, als ich im Zelt das Reagenzglas fülle. Ich bin ans Hämatron angeschlossen und habe nur vier Meter Auslauf. Ich verheddere mich in den Drähten und im Kamerastativ, das ich stehengelassen habe, um eine authentische Aufwachszene zu filmen. Die Rektalsonde verflüchtigt sich, und ich kann gerade noch den halben Liter Urin auffangen, den ich beinahe über das Bett gekippt hätte. Es geht mir schlecht, ich fühle eine dumpfe Wut in mir hochkriechen, alles zerrt an mir, verwickelt und behindert mich. Schließlich bin ich gefesselt in einem Kabelknäuel, das um meine Knöchel geschlungen ist. Ich habe die Schnauze voll. Ich läute an wegen der Urinprobe; auch das bringt mich in Wut, daß ich mitten in der Nacht am Telefon reden muß. Ich will allein sein, will frei sein.

Ich lege mich wieder ins Bett. Zwischen zwei Augenaufschlägen bemerke ich etwas Seltsames im Zelt, eine ungewöhnliche Ansammlung von Schnaken. An der Decke kreisen mindestens hundert. Ich verschiebe die Überprüfung der Insekten auf später und versuche wieder einzuschlafen. Am Morgen werden sie übrigens alle wieder verschwunden sein.

Ich bin aufgewühlt und schrecklich erregt. Ich versuche, mein Traumschiff in lachende und helle Gegenden zu lenken, aber mein Elend ist zu groß, und mit einemmal schlägt es in Haß um.

Ich habe einen Haß auf die Elektroden, auf den Verdunstungsmesser, dessen kaltes Metall ich am Rücken spüre. Ich habe einen Haß auf die Klebestreifen, die mir über die Augen rutschen. Und ich habe einen Haß auf Michel, der von mir verlangt, mich auch tagsüber mit diesen verfluchten Apparaten herumzuschlagen. Plötzlich fallen mir seine anderen Äußerungen ein – und das ist wirklich der Gipfel – über meinen Stundenplan. Nicht zufrieden, daß er meine Tagebücher bekommt, will er um jeden Preis auf die Minute wissen, was ich mache, mir nicht mehr die kleinste Entspannung lassen, die mich den Voyeurismus von denen da oben aushalten läßt. Warum haben sie nicht gleich eine große Glasscheibe eingebaut? Dann könnten sie den Maulwurf direkt beobachten. Über meine Gefühle zu sprechen, sie zu zergliedern, während ich sie erlebe, das heißt auf gewisse Weise, daß man sie mir entreißt. Ich kann nicht detaillierter sein, als es mein Tagebuch ist. Sie sollen mir bloß den Genuß an der geschriebenen Sprache lassen, damit ich selber verdauen kann, was mir hier passiert, um es dann den anderen schmackhaft zu machen. Nur das Schreiben läßt mir dieses winzig kleine Gefühl von Freiheit, das ich immer noch brauche, ich ungezogenes Wesen …

Ich explodiere, bin besessen von meiner Wut, und ein unüberwindliches Angstgefühl ergreift von mir Besitz. Brutal drehe ich am Temperaturgurt, ich will nicht mehr, daß er sich einklemmt! Rücksichtslos stoße ich den Verdunstungsmesser weg, ich will nicht mehr, daß er mich berührt! Heftig lockere ich das Kabel des Hämatrons, ich will nicht mehr, daß es an meiner Gurgel reißt! Ich schließe die Augen und habe einen Alptraum. Ich stecke in der Haut eines Mannes, der erzählt, daß er mitansehen mußte, wie seine ganze Familie von den Nazis getötet wurde. Schweißgebadet wache ich auf. Wälze mich hin und her. Meine Hüftgelenke machen mir schwer zu schaffen, und ich habe das Gefühl, Nadeln in den Pobacken zu haben. Vielleicht liege ich schon zu lange, oder aber es ist Muskelkater nach der gestrigen Gymnastik. Ich kann nicht mehr auf dem Rücken liegen, mein Kreuz zerspringt. Und ich denke nur an eines: Wie soll ich es anstellen, daß das Anbringen der Elektroden eine nebensächliche Sache wird und keine Tortur mehr ist?

Ich gebe die drei verabredeten Klingelzeichen, um das »erste Aufwachen« zu melden. Genaugenommen weiß ich nicht so genau, wann ich es ansetzen soll, denn ich schlafe häppchenweise.

Ich werde etwas ruhiger, versuche Träumen nachzuhängen. Meine Seele schreit nach Francis. Ich brauche meine Freunde, ihre Gegenwart, ihre Wärme, ihr Lächeln. Mein Körper ist wie in Trauer. Ich bin starr wie ein Stück Holz, und mir ist nur wichtig, die wohlige Wärme unter meiner Decke wieder aufzunehmen. Mir war gestern so kalt …

18. ZYKLUS

10.–13. September 1988

70 h 13 – davon 43 h 19 Wachphase, 3 h Siesta und 23 h 54 Nacht

Ich mache ein erstes Mal Licht, gehe direkt zur Kamera und stelle sie an. Dann lege ich mich wieder hin, lösche das Licht … und schalte es dann richtig ein: Live-Aufnahmen. Meine Haare stehen nach allen Richtungen ab, die Klebestreifen sitzen schief, Stil Moshe Dayan. Wütender Blick. Mein Debüt als Starlet ist gefährdet. Gar nicht davon zu reden, daß ich in einer miesen Stimmung bin, also wirklich …

Und ich sage es der Videokamera, die gleichmäßig surrt. Erkläre ihr, wie ich im 18. Zyklus auftauche und mit was für einer Wut! Ich hätte wirklich gute Lust, die Kamera anzuschreien, aber wozu soll das gut sein?

Ich filme auch die Hauttests. Mein Arm ist entblößt, und wie gewöhnlich kühle ich vollkommen aus, so langsam ist dieser verfluchte Kasten. Die Messung ist zu Ende, die Kamera läuft, ich setze meine Brille ab, und die ganze Welt verwünschend, fange ich an zu weinen. Ich werde von einem heftigen, befreienden Schluchzen geschüttelt, und der harte Kloß in meiner Kehle löst sich. Mein Herz wird weit, meine Lungen blähen sich auf. Die starken Angstzustände lassen sich endlich dazu herab, mir den Rücken zu kehren. Ich brauche zwei Arme um mich und nehme mit Isidor vorlieb, einem kleinen Hund aus Kaninchenfell, ein Geschenk von Folko. Ich drücke ihn an meine tränennasse Wange, und wir stehen eine Zeitlang still aneinandergeschmiegt da. Ich kenne diese Situation nach solchen Angstzuständen, wenn sich die Anspannung nur schwer löst (es hat mit den Hormonen zu tun, nicht mit der seelischen Verfassung), diese Angstzustände, die Francis so verstören; und er bringt den Tränenstrom, der nur noch stärker wird, wenn er mich ganz fest in seine Arme nimmt, nicht zum Versiegen.

Es ist das erste Mal, daß ich hier weine, und das teilnahmslose Auge der Kamera hat alles aufgezeichnet. Ich werde diese Kassette eine Zeitlang hierbehalten, bevor ich sie hinaufschicke. Es kommt nicht in Frage, daß ich meine Schwäche so zeige ...

Nichtsdestotrotz brauche ich noch etwas Zeit, bis ich wieder in die Welt der Fröhlichkeit zurückkehre. In meinem Körper tobt noch ein Kampf. Ohne daß ich mich bewegt hätte, rast mein Herz. Die Kälte dringt mir bis ins Mark. Ich ziehe mich warm an, bevor ich die Tests mache. Normalerweise schlüpfe ich erst nach den Tests aus meinen Nachtkleidern, als eine Art Akt der Befreiung ...

Thierry ist dran. Um so besser. Michel verknüpfe ich noch zu sehr mit meinen Depressionen. Obwohl ... Was hat er denn schon Schlimmes gesagt? ...

Bei Thierrys ausgeprägtem südfranzösischem Akzent wird mir warm ums Herz. Er ist unfreiwillig komisch.

Jetzt, wo ich wieder zum Leben erwacht bin, meldet sich mein Magen. Er rostet ein, und ich falle beinahe in Ohnmacht beim Zeitproduktionstest. Innerhalb eines Tages habe ich zweieinhalb Kilo abgenommen. Ich kann es nicht fassen. Solche Schwankungen. Aber das ist ein weiteres Plus für meine gute Laune.

Ich fange mich langsam und fühle, wie das Angstgefühl schwindet. Der schöne heiße Kaffee fegt die letzten Reste von Traurigkeit fort.

Ich patsche auf den Tisch, lasse meine Tasse tanzen, stampfe mit dem Fuß auf, und unter meinem schreckensstarren Blick sinkt plötzlich der linke Tischbock sanft ein, und der Tisch bricht unter höllischem Lärm zusammen. Instinktiv will ich mich an der vollen Kaffeetasse festklammern, und konsterniert beobachte ich nicht etwa den kleinen Apparat für mehrere tausend Francs, der gerade mit einem zweifachen Salto mortale auf den Boden gefallen ist. Nein, die blaue Tasse, die ich unter so vielen Vorsichtsmaßnahmen heruntergebracht habe. Aus, sie ist kaputt. Das Adipometer (Sie wissen schon, dieser gemeine kleine Computer, der anzeigt, daß man zuviel Fett am Körper hat) stand rein zufällig da. Gestern hat es kundgetan, daß ich einen Fettanteil von 19,999% am Arm habe. Ich hatte es hierhergestellt, um es hinaufzuschaffen. Jetzt ist es runtergefallen. Aber dieser Apparat ist mir schnuppe. Viel schlimmer ist das mit der Tasse. Sachte hebe ich sie auf. Es sind drei Trümmer. Das geht ja noch, die kann ich zusammenkleben. Ich hebe das Adipometer auf und probiere es aus. Es funktioniert. Ich bringe es wieder ins Zelt und baue den Tisch wieder auf. Was für ein Auftakt!

Eine Tüte liegt an der Luke für mich bereit, und ich begebe mich dorthin. Ich filme auch, wie ich zur Luke aufbreche, aber das Licht auf der Plattform ist zu schwach, und das Bild wird zu dunkel. Ich warte auf den Scheinwerfer, um endlich Aufnahmen in der Höhle machen zu können. Das ist viel interessanter. Ich habe vom Zelt und von den Apparaten allmählich genug ...

Ich fühle mich wesentlich besser, aber ich weiß, daß ich mit dem falschen Fuß aufgestanden bin, und auch, daß ich keinen ganzen Tag ohne Siesta durchstehe. Mein Blick ist nach innen gerichtet, nebelumwölkt mein Gehirn, und ich bleibe wie zur Salzsäule erstarrt in meinem Stuhl sitzen. Nur mein Verstand macht ein paar Querschläger zwischen den Stalagmiten, doch ohne große Überzeugung. Der quälende Gedanke an die Elektroden kauert in meinem Hinterkopf. Ich weiß jetzt, daß ich nur auf den Moment warte – der mich im Schmerz erlösen wird –, wo ich sie wieder anbringen muß. Das läßt mir keine Ruhe, das verfolgt und zerfrißt mich.

Ich habe ein bißchen Hunger, ja, das Leben in einer Grotte höhlt einen aus! ...

Als Snack – denn es ist kein Menü, wohlgemerkt – gibt es Spinat mit Lachs. Ich lege die zwei Kochbeutel ins Wasserbad und gehe ins Zelt, um meine kostbare Tasse zusammenzuleimen. Ich behandle sie, als gehe es um ein Ming-Geschirr. Dabei ist es nur ein ganz gewöhnliches Keramikgefäß. Der Kleber wirkt Wunder. Es erstaunt mich immer wieder, wie so wenig Materie so viel Haftkraft haben kann ...

In der Küche brodelt es. Ich lecke mir die Lippen und bleibe vor der Kasserolle stehen. Damned! Der Spinat ist abgesoffen, und der Lachs treibt im Wasser, denn die Beutel sind geplatzt. Es ist eine richtige Bouillabaisse. Doch das macht nichts, ich esse es trotzdem.

Ich hänge herum, lege ein paar Patiencen, erledige einige Arbeiten im Haushalt, Geschirr spülen, Schmutzwasser wegbringen ... Dann gehe ich wieder auf die Plattform und lasse mich in den Sessel fallen. Im Rücken habe ich schon unerträgliche Muskelschmerzen. Schreckliche fleischliche Hülle! Ich entspanne mich. Seltsamerweise habe ich warme Hände, und ich kreuze sie über meinem Bauch. Ich bin so regungslos wie die Sphinx in der Wüste. Gerade, daß ich noch atme ...

Ich will mir für später ein schönes Essen kochen und krame aus der Gefriertruhe Krevetten, Muscheln und ein Ratatouille heraus. Letzteres lasse ich in Olivenöl köcheln, das andere überbacke ich in Béchamelsoße mit Gruyère und Pilzen. Ich hole es aus dem Ofen und stelle es – ein verhängnisvoller Fehler – auf das einzige Tablett, das ich habe, aus rosafarbenem Plastik. Eigentlich ist es der Untersatz des Abtropfgestells für das Geschirr. Aber immerhin, als Transportmittel bis zum Tisch war es ideal ... Allerdings nur bis heute, denn unter dem goldbraunen Gratin hat sich das schmelzbare Material eine neue Physiognomie geschmiedet – stark inspiriert durch die Wellentheorie ...

Dann lege ich mich mit einem Buch hin, »Hundert Jahre Einsamkeit« von Gabriel García Márquez. Eine verrückte Geschichte, aber man bekommt Lust, sie zu Ende zu lesen. Ich mache eine kurze Pause, träume vor mich hin, betrachte das Loch in der Zeltdecke, direkt über meinem Bett, das Werk von Maurice. Ich werde es nicht reparieren, es ist ein reizendes Andenken, und außerdem kann ich durch das Loch hindurch ein Stück Höhle sehen. Es ist, wie wenn man vom Bett aus in die Sterne schaut.

Ich fühle, wie ich eindämmere, und schließe die Augen. Ich frage mich prüfend: schlafen oder nicht? Ach was, ich stehe auf, bringe in weniger als einer Minute die Elektroden an und drücke drei rote Knöpfe (auf dem famosen Armaturenbrett von Bernard, das mir das Telefonieren erspart).

Ich schlafe. Ich weiß jetzt, daß ich den Tag gefestigt wieder angehen werde.

Nach dem Aufwachen drücke ich wieder drei Knöpfe, um das Ende der Siesta anzuzeigen. Ich mache mich von den Empfängern los und richte sie unverzüglich für den Abend her. Und damit kein Wort mehr darüber.

Ich bin ganz auf der Höhe, fühle mich wohl im Valat-Nègre und gedenke hier noch eine angenehme Zeit zu verbringen.

Ich lese meine Aufzeichnungen über meine Phasen der Angst und Wut, doch empfinde nichts dergleichen mehr. Ich bin sogar in der Lage, denen da oben meinen genauen Stundenplan zu geben. Ich habe alles verarbeitet und komme allen Empfehlungen freundlich nach. Wie kann man nur so sprunghaft sein? Entschuldigt, ihr da oben, daß ich so launisch bin!

Ich mache einen starken Kaffee und esse eingelegte Mirabellen. Dann tippe ich ein paar Seiten. Wenn die Tasten Musik erzeugen würden, was ergäbe das für eine Partitur, vielmehr was für einen Mißklang.

Ich lege mich hin, um einige Zeit mit meinen Freunden zu verbringen, besser gesagt, mit der Erinnerung an sie. Ach, Francis! Wo bist du, was machst du? Ich würde so gerne mit dir reden, dich sehen, in deinen Armen liegen! Ich habe so viele Hoffnungen und noch größere Ängste. Bei unseren Expeditionen habe ich gelernt, mit der Ungewißheit zu leben. Jeder von uns beiden ist sich immer bewußt, daß der Lebensfaden einfach abreißen kann. Wir sind darauf vorbereitet, soweit man überhaupt auf das Verschwinden des anderen gefaßt sein kann. Jedesmal wenn Francis taucht, denke ich, es ist vielleicht das letzte Mal.

Übrigens folgt jede Tauchexpedition gewissen Regeln, wie bei einem Ritual, als könne man durch die Einhaltung eines Brauchs dem Schicksal trotzen. Sobald das Material hergerichtet ist, wird ein Essenszeremoniell veranstaltet, Kartoffeln mit Speck. Dieses Gericht liefert die Kalorien für die lange Zeitspanne, die der Körper der Kälte ausgesetzt ist. Wir haben uns das in Australien angewöhnt, wo wir das größte unterirdische Flußnetz in der Wüste von Nullabor erforschten. Wenn Francis dann zum Tauchen gestartet ist und ich aus dem Wasser gestiegen bin, wo ich ihn ein paar hundert Meter begleitet habe, ziehe ich trockene Sachen an und bleibe bei Wind und Wetter, Hunger und Kälte, Tag und Nacht am Einstieg sitzen und warte, egal wie unbequem es auch sein mag. Ich bleibe dort so lange, bis Francis zurück ist. Das kann zehn, 20 oder 30 Stunden dauern. Doch das spielt keine Rolle. Ich bleibe da, und er weiß, daß er sich auf einen Menschen auf der Welt verlassen kann, der auf ihn wartet, bis er wieder auftaucht. Das ist meine Art, mit der Unruhe und Angst fertig zu werden. Übrigens ist diese Situation gar nicht so unangenehm. Im Gegenteil, nach der Hektik, der Aufregung und Nervosität vor einem Tauchausflug kommt die Ruhe, die das Wasser ausstrahlt, und die Stille der Höhle.

Und jetzt? Ist er vielleicht gerade im Wasser? Und wo? Schrecklich, diese Ungewißheit.

Ich wende mich wieder irdischeren Erinnerungen zu. Als er ins Camp kam und Valérie zu uns gestoßen ist. Was für ein Schock unter den dreckverschmierten Forschern. Valérie ist die Verkörperung von Anmut und Vollkommenheit. In allen

Lebenslagen sind ihre Augen geschminkt und ihre Nägel tadellos lackiert. Was sie übrigens nicht daran hindert, erfolgreich das Gelände zu erforschen. Das ist eine, die sich mit Leib und Seele den gröbsten Arbeiten widmet. Und genau deshalb ist sie meine Freundin. Und ich habe nur sehr wenige Freunde, denn ich bin menschenscheu.

Valérie und Stéphane waren diejenigen, die mir mein unterirdisches Lager eingerichtet haben. Ich habe alles so gelassen; man hätte es nicht besser machen können.

Ich stehe auf, ich brauche Essiggurken, Erdbeeren und Milch.

Übrigens tragen einige Etiketten, die allmählich aufweichen, überflüssige Empfehlungen wie: »Kühl lagern« oder regelrecht unangenehme Hinweise wie: »Vor Feuchtigkeit schützen«.

Ich tippe eine Zeitlang, doch dann habe ich plötzlich das unwiderstehliche Bedürfnis, hinauszugehen (nur so eine Redensart). Ich werde einen Spaziergang in der Grotte machen und gehe bis zur Mitte des Walls. Ich weiß genau, wohin ich will, an einen trockenen Platz, wo ich mich hinsetzen und nachdenken kann. Ein Rückzug im Rückzug. Ich habe das Bedürfnis, mich der Erde zu nähern, mich mit den Elementen zu verbinden. Ich klettere auf der linken Seite der Luke. Dickbäuchige Quallen lassen ihre Wölbungen glänzen. Eine kleine Terrasse mit freiem Blick zwischen zwei Felsvorsprüngen scheint mir ideal. Sie neigt sich leicht über schöne Säulen. Nicht zuviel Wasser? Nein, perfekt. Ich lege einen Müllsack aus, hänge mir einen als Cape um und lehne mich gegen die Felswand. Ich schalte meine Grubenlampe aus, und langsam bilden sich die üppigen Formen dieser geräumigen Höhle in dunklem Edelstein heraus. Als ich mich umdrehe, sehe ich meinen Kopf als riesigen Schatten, über den ein Rohr ragt. Neben mir ein paar Gebeine. Da ich aber auch nicht die geringste Ahnung von Anatomie habe, weiß ich nicht, ob es sich um ein Säugetier oder um einen Vogel handelt. Ich fasse nichts an. Im Jahr 3000 wird sich bestimmt ein Archäologe über dieses kleine Tier neben dem Skelett einer jungen Frau von 32 Jahren wundern …

Der Platz hier sagt mir zu. Ich lasse meinen Gedanken freien Lauf. Da unten kann ich ganz klein die Szenerie des Camps erkennen. Ich würde gerne eine Marionette sich dort regen sehen, mich zum Beispiel … Ich stehe auf, das wär's. Die blauen Plastiksäcke rolle ich zusammen und klemme sie zwischen einen trockenen Mauerspalt, damit ich sie wiederfinde. Ich werde wiederkommen.

Ich gehe zurück zur Plattform, mache die Nachmittagstests, und statt mein Tagebuch ins reine zu schreiben, wie ich es vorhatte, lege ich mich mit »Hundert Jahre Einsamkeit« hin. Packend, die unmoralischen und leidenschaftlichen Existenzen der Familie Buendía aus Colomrouxique in der Karibik. Und dem Meistererzähler Márquez gelingt es, einen davon zu überzeugen, daß das Phantastische ein fester Bestandteil des Alltagslebens ist. Was ich fast glauben möchte ...

Und die Grotte nutzt das weidlich aus, erzeugt neue Geräusche (irgend etwas ist auf die Plattform gefallen, aber ich kann nicht herausfinden, was es ist, ich habe nichts Ungewöhnliches bemerkt ...). Ich habe auch ein Blöken gehört und leises Pfeifen wie von einem Luftzug. Ich fühle ein fast unmerkliches kaltes Streicheln an meiner Wange. Sieh an, weht hier doch ein leichter Wind? Das würde bedeuten, daß es draußen verdammt kalt ist, oder heiß. Ich starre die Nylonbespannung des Zelts an und schaue mir die Augen aus, um zu sehen, ob es bebt. Aber nein. Also ... gehe ich wieder zu meinen Helden aus Lateinamerika und durchquere 100 Jahre an einem einsamen Nachmittag.

Ich bin begeistert, aber die schrecklich wehmütige Stimmung des Romans bedrückt mich, und ich schleppe sie mit mir. Ich hätte gern, daß diese Verzauberung anhält, und suche nach neuen Büchern. Aber es ist schwierig, nach dieser turbulenten Saga etwas zu finden. Ich entscheide mich für Kipling und Scerbanenco. Dann mache ich mir etwas zum Abendessen. Ein richtiges Diner mit Vorspeise, Hauptgericht und Nachtisch.

Ich habe das Gefühl, ich könnte stundenlang lesen, doch ich sehe schon kommen – zu Recht –, daß mich der Schlaf ohne Vorwarnung übermannt. Daher mache ich die Tests, hefte mir die Elektroden an die Birne und lege mich hin. Und ich habe gut daran getan. Nach drei Seiten. Bum.

Mitten in der Nacht wache ich auf, und wieder sehe ich an der Zeltdecke einen Schwarm Fliegen-Schnaken. Und wieder einmal werden sie verschwunden sein, sobald ich endgültig aufstehe. Unbegreiflich.

19. ZYKLUS

13.–16. September 1988

57 h 25 – davon 41 h 15 Wachphase, 4 h 30 Siesta und 11 h 40 Nacht

Einmal muß ich ja schließlich doch aufstehen. Es zieht immer stärker in meinem Po, und die ersten Schritte im 19. Zyklus bewege ich mich kriechend vorwärts. Ach, alte Oma!

Thierry ist am Apparat und kündigt an, daß ein paar Sachen für mich an der Luke sind. Ich stelle den Backofen an, lasse die Tür auf und richte einen Trockenboden her, der einem Zigeunerlager alle Ehre machen würde, habe zwei Leinen drübergespannt und hänge der Reihe nach meine Sachen zum Trocknen auf. Dann esse ich eine Kleinigkeit, mache mich auf zur Luke und komme mit einem großen Sack beladen zurück. Was haben sie mir denn da Riesiges geschickt? Und ich finde zwei Schlafsäcke und eine Fellweste. Die von Michel. Ich bin überrascht, und je mehr ich darüber nachdenke, desto enttäuschter und gekränkter bin ich. Denn das deutet auf einiges hin, was mir nicht gefällt. Zunächst schließe ich daraus, daß sie da oben meine Tagebuchaufzeichnungen zwar beim Wort nehmen, aber auch ganz voreingenommen interpretieren. Jedenfalls will ich damit keine verschlüsselten Botschaften übermitteln oder mich beklagen. Weit gefehlt. Ich habe es so gewollt, und ich nehme alles auf mich. Andererseits ist mir nicht klar, wieso sie sich gerade um diese Aspekte kümmern. Denn wenn mir hier irgend etwas fehlt, dann sicher nicht Kanister und Daunensäcke, sondern eher Tabletts oder Trockenfrüchte. Diese unvorhergesehenen Entscheidungen von oben riechen nach Willkür und gefallen mir nicht. Die plötzliche Großzügigkeit verletzt mich, statt daß sie mich freut. Ich will die Päckchen mit einem scharfen Kommentar zurückschicken. Doch mit der Zeit verraucht meine Wut, und schließlich ignoriere ich den Sack und lasse ihn auf der Plattform liegen. Ich sage mir, daß das alles gut gemeint ist, aber meine Lage hier unten, wo ich völlig dem Gutdünken von denen da oben ausgeliefert bin, macht mich etwas reizbar …

Ich setze einen Topf mit Linsen auf und lasse eine Seezunge auftauen.

Ich habe wieder mit der regelmäßigen Blutabnahme angefangen. Die Narben der Schnitte, die ich vor acht Zyklen gemacht habe, sieht man immer noch.

Dann setze ich mich wieder an die Schreibmaschine. Ich bin mit den Aufzeichnungen in Verzug, schreibe sie ins reine, und, seltsame Sache, die richtigen Worte ordnen sich wie von selbst auf den Tasten. Die Maschine baut die Sätze zusammen und gibt dem Text einen Sinnzusammenhang, den er nicht hat, wenn ich ihn per Hand niederschreibe. Doch dann, am Ende der 25. Seite, defekt! Ich wage nicht, es zu glauben, und tippe weiter. Eine Kreuzung aus Polnisch und Sanskrit. Kein Buchstabe ist an seinem Platz. Jetzt bin ich meiner besten Verbündeten beraubt, meiner rechten Hand. Was soll nun aus mir werden? Ich beschließe sogleich, sie hinaufzuschaffen und dem Camp die Hölle heiß zu machen, indem ich ihnen androhe, ihnen mein Tagebuch vorzuenthalten, solange ich meine teure, geliebte, treulose Schreibmaschine nicht wiederhabe. Trotzdem sollen sie die ersten getippten Seiten mit dem defekten Gerät, das mindestens zwölf Kilo wiegt, bekommen.

Ich rufe oben an und bitte Christian, Alarm zu schlagen. Schiff klar zum Gefecht, Véronique kämpft ums Überleben, keine Schreibmaschine mehr … Dann ziehe ich, ohne mir die Zeit zum Umziehen zu nehmen – ein folgenschwerer Fehler –, meine Daunenjacke an, schlüpfe in die Moonboots und wickle meine gewichtige Freundin in zwei Mülltüten. Die Blätter lege ich dazu und mache mich auf den Weg zur Luke, wobei ich kurze Pausen einlege. Schwer wie Blei … Und zum Seilzug geht es steil aufwärts, sehr steil …

Ich fange an, das Gegenseil mit einer Hand nach unten zu ziehen. Allmächtiger. Da braucht man ganz schön viel Kraft. Mein Bizeps ist nicht gerade ausgeprägt, und so muß ich einen Trick versuchen. Ich fasse etwas weiter oben an und … hänge mich ans Seil. So geht es! Ich schwinge mich regelrecht von dem Felsvorsprung herunter. Dann werfe ich mich von noch etwas weiter oben drei Meter tief ins Leere. Das Paket schwebt hinauf, während ich absinke. Ich habe das Prinzip der Waage neu erfunden. Es macht mir einen Heidenspaß, diesen Schritt ins Leere zu tun und langsam zu fallen, ganz wie ein Glöckner, außer daß ich die Glocke bin …

Nicht zu vergessen die Glöckchen, die mir nach einer derartigen Anstrengung um den Kopf wirbeln. Ich stehe in einer Dampfwolke, und natürlich habe ich meinen Overall dreckig gemacht. Nach einer Folge von Sprüngen gelangt das Päckchen an sein Ziel in 57 Metern Höhe. Heftig keuchend betrachte ich den winzigen schwarzen Punkt, das Ergebnis meiner Meisterleistung.

Dann kehre ich zum Zelt zurück und wasche mir sofort die Hände. Da ist nichts zu machen, nach der kleinsten Arbeit hier sieht man aus wie ein Schwein. Mir ist immer noch so heiß, daß mein Overall außen mit Kondenswasser beschlagen ist. Meine Finger sind taub und dick, und ich gehe noch mal, um sie abzuschrubben. Dann kehre ich ins Zelt zurück und reibe meinen Anzug kräftig mit Eau de Cologne ab.

Am Terrassentisch, wo ich langsam wieder zu Kräften komme, trinke ich heiße Milch und überlege, was ich jetzt ohne mein elektrisches Schreibwerkzeug tun könnte. Ich kann mich nicht mehr konzentrieren. Es ist soweit, ich weiß nicht mehr weiter. Ich nehme Malpapier und Zeichenkohle und versuche, den versteinerten Wald vor mir, die majestätischen Formen der Höhle zu Papier zu bringen. Mit Hell-Dunkel-Effekten auf den Stalagmiten im Vordergrund und gediegenen Schatten auf den bedrohlichen Spitzen an der Decke. Die reinste Hölle. Sehnsüchtig schaue ich meine Buntstifte an. Ach, wenn ich doch nur ein kleines bißchen Talent hätte, würde ich damit schöne Sachen machen.

Ich hole die Schachtel mit den Räucherstäbchen heraus, zünde eines an und strecke mich aus. Ich kann meinen Blick nicht von den Silberschnörkeln mit dem betörenden orientalischen Duft lösen. Allmählich merke ich, wie die Langeweile ihre Nase hereinsteckt, und plötzlich sehe ich die endlos lange Zeit vor mir, die ich hier noch verbringen muß. Denn ich kann mich nicht mehr beschäftigen ... In diesem Fall ist es das beste, sich aus dem Staub zu machen. Und das tue ich, indem ich die Augen schließe.

Aber bevor ich mich hinlege, führe ich eine Neuerung ein. Nachdem meine Hüften überhaupt nicht mehr weh tun – was vermuten läßt, daß es sich tatsächlich um »nächtlichen Muskelkater« handelte –, habe ich umgebaut. Um auf dem Rücken liegen zu können, ohne mir das Kreuz zu verbiegen, habe ich einfach einen kleinen Kleiderhügel unter meinen Füßen aufgeschichtet. Das scheint zu helfen, denn ich wache ohne Beschwerden auf.

Ich bin ein bißchen verwirrt, denn der Nachmittag geht weiter, doch ich habe den Eindruck, einen neuen Tag anzufangen. Ein Gefühl, das schnell wieder vergeht ...

Meine Hände sind erstarrt. Nach der Urin-Blut-Speichel-Trilogie mache ich mir Kaffee und freue mich, daß ich so viel vorhabe. Ich setze mich an den Arbeitstisch, um zu zeichnen. Aber mir fällt nichts ein. Also entwerfe ich folgende kleine Geschichte:

Ich suche mir eine kleine, abgeschiedene Nische in dem unterirdischen Wall. Ich bin geistig nicht ganz da. In der Grotte ist alles dunkel, und die Tropfen fallen unaufhörlich. Ich schaue auf das kleine unterirdische Camp hinunter. Neben mir fließt das Wasser in die Finsternis, die ungleichmäßigen Spitzen der Stalaktiten und die quallenförmigen Wölbungen glänzen in der Finsternis. Ich bin allein, ganz klein, verloren in einem riesigen Abgrund. Mir wird leichter ums Herz, mein Körper lockert sich, und ich trete aus dem Schatten. Ich bin abgeschnitten von der Welt, doch ich kann jetzt der Einsamkeit von 100 Tagen trotzen.

Dann entwerfe ich ein Valatimeter, eine Art zusammenfassenden Fragebogen, der eine genaue Bestandsaufnahme für einen bestimmten Zeitpunkt ermöglicht.

FREIZEITGESTALTUNG:

Lieblingsbeschäftigung: Romane lesen.
Was ich bedaure: daß ich nicht gern stricke.

ESSGEWOHNHEITEN:

Lieblingsessen: frischer Lachs.
Was ich vermisse: frisches Gemüse (geriebene Karotten).
Worauf ich hoffe: auf einen schönen Eintopf, wenn ich hier herauskomme.

GEFÜHLE:

Worüber ich mich freue: daß ich mich wieder konzentrieren kann und die Aussicht, lange zu lesen.
Was mir unangenehm ist: vor einem Blatt Zeichenpapier zu sit-

zen und keine Inspiration und keine künstlerische Ader zu haben.
Was ich mir wünsche: daß mein derzeitiges Wohlbehagen andauert.
Wovor ich mich fürchte: meine Kameraden und Freunde zu enttäuschen.

PRAKTISCHES LEBEN:
Zustand der Örtlichkeiten: Unordnung in der Küche, keinerlei Nachlässigkeit im Zelt.
Unentbehrlich: Feuerzeuge.
Unnütz: Sonnencreme.

ZUKUNFTSPLÄNE:
Auf ganz kurze Sicht: mich hinlegen und lesen.
Mittelfristig: dieses Loch verlassen, wieder mit meinem Mann zusammensein, meine Freunde wiedersehen, Zeitung lesen, Musik hören, ins Kino gehen, Margaritas trinken, Salat essen, in Paris bummeln, mich in die Sonne legen … (Liste beliebig verlängerbar).
Dann: Sport machen, Höhlenforschung betreiben.
Auf lange Sicht: mit Francis Expeditionen vorbereiten.

VERMISCHTES:
Was hat bei Ihnen bisher den stärksten Eindruck hinterlassen? Daß ich nicht genug Zeit habe.
Wovor hatten Sie am meisten Angst? Vor den Halluzinationen am Abend.
Woran hatten Sie die größte Freude? An Simenon.
Haben Sie das Gefühl, daß Sie sich verändern? Ich bin ganz sicher egozentrischer geworden, aber ich hoffe, daß das nur eine vorübergehende Erscheinung ist, die mit dem Alleinsein zu tun hat.
Wovor fürchten Sie sich? Vor den Anfällen von Bulimie und davor, wahnsinnig zu werden.
Was sind Ihre Hoffnungen? Mein abenteuerliches Leben an der Seite von Francis so lange wie möglich weiterführen zu können.
Was erwarten Sie von diesem Experiment? Daß es einen Fortschritt für die Menschheit bringt.
Sind für Sie hier dieselben Dinge wichtig wie draußen? Ja. Die Liebe überwiegt alles andere. Ich brauche Liebe zum Leben,

und ich lebe, um zu lieben. Ich segne jeden Tag, den ich mit Francis verbringen kann.
Haben Sie Angst zu scheitern? Nein.
Welchen Zeitpunkt des »Tages« mögen Sie am liebsten? Das Frühstück.
Was gefällt Ihnen bei diesem Experiment am meisten? Die Abgeschnittenheit von der Welt.
Können Sie eine Lehre aus der Anfangszeit Ihres Aufenthalts unter der Erde ziehen? Der Mensch ist unberechenbar. Es ist unmöglich, von seinem eigenen Verhalten Rückschlüsse auf später zu ziehen.
Und wenn Sie es noch mal machen würden? Dann würde ich völlige Ruhe verlangen. Überhaupt keinen Kontakt mit der Außenwelt, weder in geschriebener noch in mündlicher Form. Und blablabla ...

Mir ist ein bißchen kalt, und ich habe etwas Hunger. Ich gehe die Fertiggerichte durch, doch ich habe auf etwas Süßes Lust. Ich gehe zurück zur Küche und knete einen Kuchenteig, den ich auf dem Herddeckel grob auswalke und mit einem Löffel Honig bestreiche. Ich lasse das Ganze im Ofen backen, während ich mit Thierry die Nachmittagstests mache.

Da oben sterben sie vor Neugier. Heute morgen habe ich nämlich mit meinem Päckchen eine kleine Notiz hinaufgeschickt: Im 23. Zyklus werde ich etwas Außergewöhnliches machen, das unter gar keinen Umständen schiefgehen darf. Und dazu sind die Videokamera und der Scheinwerfer unentbehrlich.

Und ich lasse sie in der Ungewißheit.

Sobald die Testreihe beendet ist, hänge ich auf und laufe zum Herd. Mein Teig klingt schon hohl und ist knusprig beim Draufbeißen. Ich mache mir einen großen Becher Kaffee, breche den heißen Honigkuchen in zwei Teile. Ich bin in einer unglaublichen Euphorie. Ich könnte die Welt erobern, mein Geist ist für alles offen, auf alles neugierig. Ich fühle mich wahnsinnig gut und gehe, um im Bücherregal zu kramen. Am liebsten würde ich alles lesen, alles kennenlernen, alles kosten, um dieses Glücksgefühl zu genießen. Ich verbringe einige Zeit damit, meine Bücher aufzuräumen, ordne sie nach Gattungen und nach Autoren. Ich sichte sie, blättere darin herum, lese die Klappentexte oder picke Sätze heraus. Es ist so schwer, nur eines auswählen zu können, wenn man sie doch am liebsten alle lesen möchte. Das ist einer der schönsten Augenblicke des Experiments.

Mein Gesicht ist staubig, und meine Lippen sind ausgetrocknet. Trotz der Feuchtigkeit entwickeln die Bücher diese den Bibliothekaren wohlbekannten Staubablagerungen. Doch wider Erwarten gehen sie nicht kaputt. Zwar rollen sich manchmal die Umschläge auf, und einige blähen sich bauchig, aber insgesamt halten sie sich gut. Zum Schluß bewundere ich mein Werk. Drei ganze Regale, die vor Geschichten überquellen. Und ein einziger Gedanke bohrt in mir angesichts dieser Bücher: Werde ich genug Zeit haben, das alles zu lesen? Mir ist warm, und ich fühle mich vollkommen glücklich. Natürlich, wenn Francis da wäre und wir um ein schönes warmes Feuer säßen, wenn ich die Aussicht hätte, den Abend mit Freunden bei einer guten Flasche Wein zu verbringen, dann wäre ich wunschlos glücklich.

Um diesen Augenblick ungetrübter Freude hinauszuziehen, mache ich es mir in meinem Schlafsack bequem und schlage feierlich »Les Enfants du Crime« von Scerbanenco auf, die spannende Geschichte um einen Mord in Mailand, die den Kontrapunkt zu diesen wundervollen Stunden bildet. Wenn auch der Stil ein bißchen eintönig ist, so beeinträchtigt das meine wohlige Stimmung doch nicht.

Von Zeit zu Zeit mache ich eine Pause und schiebe zwischen zwei Messerstichen einen Kaffee oder eine überbackene Zwiebelsuppe ein. Das Schlußkapitel hebe ich mir bis zu allerletzt auf, bis kurz vor dem Einschlafen. Von alledem habe ich Hunger und Durst bekommen, und ich löse das Problem schnell durch einen chinesisch-brasilianischen Salat mit Sojakeimen und Palmherzen. Gewagt, nicht wahr? Nie wieder; ich werde gelb im Gesicht, und mein Magen flippt aus. Als größte Belohnung brauche ich heute keine Elektroden in mein ohnehin schon ziemlich zerschundenes Gesicht kleben, nur den Anschluß für das Hämatron.

Dann lege ich mich hin, lese Scerbanenco zu Ende und fange »La Grande Poursuite« von Tom Sharpe an. Das Buch schildert die skurrilen, ironisch-komischen und genialischen Abenteuer eines englischen Literaturagenten, der einen Kampf ausficht mit einem Manuskript, dem der größte Geschäftserfolg der Verlagsgeschichte beschieden scheint. Allerdings geht es um ein heikles Thema, die detailliert erzählte Liebesgeschichte zwischen einem Jüngling von 17 Lenzen und einer in voller Blüte stehenden Dame, die ... 80 Jahre auf dem Buckel hat. Ich höre mich aus vollem Halse zwerchfellerschütternd lachen, unfähig, die Augen offenzuhalten. Ach, ich fühle mich ja so wohl in meinem Bett. Mit der Zehenspitze taste ich nach der Wölbung unter dem Schlafsack; die Konstruktion hält. Dann mache ich das Licht aus, melde per Knopfdruck nach oben, daß ich mich in Morpheus' Arme begebe, und strecke mich in meiner seidenweichen Behausung aus.

Doch plötzlich macht es »klick« in meinem Kopf. Aber natürlich! rufe ich aus und schlage mich an die Stirn. Die Schmerzen in den Hüften und Gelenken kommen von der einsetzenden Leichenstarre. Aber ja. Davon, daß die Blutzirkulation unterbrochen ist. Und zwar durch zwei kleine Gummizüge – von meinem Slip. Kein Wunder. Folglich ist die Arterie im Oberschenkel (das ist doch die, die die Durchblutung im Po regelt) nach und nach ausgetrocknet. Ich mache noch mal Licht, stehe auf, leere bei der Gelegenheit gleich meine Blase und ziehe mich um. Als ich diese Schlafunterbrechung melde, fragt mich Christian, ob ich schon Aquarelle gemalt hätte. Ganz benebelt bejahe ich, nein, na ja, eine Art Bild, das Tapirpferd in Wales. Unumwunden teilt er mir mit, ich müsse alles, was ich bisher gemalt oder gezeichnet hätte, hinaufschicken. Das klingt wie ein Ultimatum. Dann legen wir auf. Ich fühle plötzlich, wie mir die Galle übergeht. Also wirklich. Und was bleibt *mir* noch, hm? Die da oben bekommen sowieso schon, soviel ich geben kann. Wenn ich male oder zeichne, dann um mein Zelt zu dekorieren, Scheiße noch mal! Und überhaupt ist das Tapirpferd peinlich. Nicht einmal ein fünfjähriges Kind hätte so ein Geschmiere verbrochen. Und überhaupt – selbst auf die Gefahr hin, mich zu wiederholen – habe ich nicht die richtigen Farben. Was ich brauche, sind Wasserfarben! Und vor Wut nehme ich das Tapirpferd, zerreiße es, trample darauf herum und werfe die zerknitterten Papierfetzen in den Abfall. Auch Lächerlichkeit und Exhibitionismus hat Grenzen, und es kommt nicht in Frage, daß meine Kleckserеien herumgezeigt, geschweige denn veröffentlicht werden. Richtige Aquarelle vielleicht, von mir aus, aber nicht dieses Häßlichkeitsmonument.

Ein bißchen erregt und verärgert lege ich mich wieder ins

Bett. Ich kann nicht noch mehr von mir preisgeben, als ich es ohnehin schon in meinen Tagebuchaufzeichnungen tue, wo ich mich wirklich nicht schone. Ich seziere mich darin, sauge mir das Mark aus. Ich sage alles, verberge nicht das geringste. Und dann sind da ja auch noch die Photos. Ich habe schon eine ganze Menge gemacht. Und die Videoaufnahmen. Und jetzt will man mich um die kläglichen Ergebnisse meiner Mühen bringen. Und das sagen sie mir ausgerechnet vor dem Schlafen ... Vorher ist es mir so gut gegangen.

Ich drücke mich in die Federn, mache eine Kuhle ins Kissen für meinen Kopf und schlafe dann doch ein, vage Mordgedanken wälzend.

20. ZYKLUS

16.–19. September 1988

54 h 08 – davon 22 h 24 Wachphase, 5 h 16 erste Siesta, 12 h zweite Siesta und 5 h 19 Nacht

Soviel ist klar. Das war eine kurze Nacht *(11 h 40!)*. Ich bin nicht zur traditionellen Pinkelpause aufgestanden, und meine Blase ist immer noch nicht wie ein Ballon. Ich habe nichts geträumt und fühle mich hellwach. Meine Augen sind weit aufgerissen, ich mache ein verdutztes Gesicht wie ein Halbaffe im rötlichen Zwielicht des Zelts und habe überhaupt keine Lust weiterzuschlafen.

Ich versuche ein bißchen vor mich hin zu träumen, doch – o Schreck – ich kann mich auf nichts besinnen, habe überhaupt kein Bild im Kopf, keine Erinnerung. Gerade, daß ich das Buch, das ich zuletzt gelesen habe, noch schwach an mir vorüberziehen lassen kann. Und noch nicht einmal das. Es ist das Nichts! Ich empfinde nicht den intensiven Genuß an der Wärme im Bett. Oh, ich spüre schon, daß es sich weich anfühlt. Aber es ist lediglich angenehm, mehr nicht. Nichts und noch mal nichts! Die Grotte höhlt mir das Gehirn aus. Na ja, sie kann schließlich auch Stein aushöhlen, also … Und die Dunkelheit wischt meine Erinnerungen fort. Ich glaube tatsächlich, daß ich mich angleiche, und ich merke, wie anpassungsfähig der Mensch ist. Man muß nur zufrieden sein mit dem, was man hat, um nicht darunter zu leiden, daß man etwas nicht hat, wie Mama immer mit einem Stoßseufzer sagt.

Ich überlege mir mit einer Spur Überraschung und einem leisen Vorwurf, daß ich in der letzten Zeit nicht sehr oft an die Außenwelt gedacht habe. Ich frage mich zwar schon, was draußen los ist, in Frankreich und auf der Welt, würde gern wissen, was Francis, Mama und meine Familie machen, aber es versetzt mir keinen Stich mehr, und ich trauere dem nicht mehr so schmerzlich nach. Es ist mir jedoch auch nicht gleichgültig. Nein. Es ist jetzt eine Tatsache geworden, es ist einfach so. Sie sind dort, und ich bin hier. Sie gehen ihren Beschäftigungen nach, und ich lebe in meinem Trott. Nach der Phase des Trennungsschmerzes und dem Gefühl der Wehmut bin ich in ein anderes Stadium übergegangen. Die Zeit entfernt mich nicht von ihnen, sondern bringt mich ihnen näher. Ich warte freudig darauf, alle meine Leute wiederzusehen, sehe froh dem Ende des Experiments entgegen und schmiede schon Pläne für unser Wiedersehen.

Solche Gedanken sind mir inzwischen vertraut, und ich halte mich nicht wirklich dabei auf. Ich konzentriere mich auf den Augenblick und darauf, mir die Zeit so schön wie möglich zu gestalten. Wenn ich mich zu sehr an die Außenwelt klammere, werden mir die Unterschiede, die Entbehrungen und Defizite zu schmerzlich bewußt. Also füge ich mich in meine unterirdische Umgebung, in mein bescheidenes Schattendasein. Das macht sich auch bei mir als Frau bemerkbar. Ich habe weniger Phantasien, weniger Sehnsüchte, weniger sexuelles Verlangen. Die Lust? O ja, ich denke schon daran, und ich fröne ihr. Seltener als zu Anfang und eher, um das reibungslose Funktionieren der Maschine zu überprüfen, als aus Leidenschaft. Mein Körper ist gedämpft. Diese Anpassungsfähigkeit habe ich schon einmal beobachtet, bei der Krankheit meines Vaters. An dieser Stelle möchte ich ihn würdigen, dessen autoritäres Verhalten mich in meiner Jugend so aufgebracht hat. Trotz des unabwendbaren und fortschreitenden Verfalls seiner Sinne durch die grauenvolle multiple Sklerose hat er doch nicht den Mut verloren. Er hatte eine unglaubliche Willenskraft, und immer war er es, der Mama oder die Krankenschwestern aufgemuntert hat. Nach jedem Anfall, bei jeder weiteren Beeinträchtigung, erschuf er sich mit dem wenigen, was ihm noch blieb, eine neue Welt. Er befaßte sich immer noch mit dem Treiben der Menschen und gab uns dazu mimisch seine Kommentare, doch er tat es ohne Bedauern und Wehmut. Was hätte das auch genutzt? Seine Fähigkeit, sich gefaßt zurückzuziehen, dahinzuschwinden, ohne aufzubegehren (gegen Ende, nicht zu Beginn), das Leiden zu ertragen, ohne den Tod herbeizusehnen, das ist eine außergewöhnliche Lehre fürs Leben, die einzige, die ich im Gedächtnis behalten habe. Bei jedem Schritt ins Unvermeidliche richtete er sich auf seine Art neu ein. Und ich bin sicher, daß wir in gewisser Hinsicht mehr gelitten haben als er.

Ebenso wie ich überzeugt bin, daß jetzt die draußen am meisten mitmachen. Und zwar alle. Doch sicher, ich habe mir hier, da ich ja keineswegs in ein Gefängnis gekommen bin und in Ketten liege, im Gegenteil sogar einen Freiraum geschaffen.

Keine zeitliche Beschränkung, keine Sorgen, was der nächste Tag bringt, keine finanziellen Engpässe, keine Miete, keine Steuern, keine Stromrechnung, die bezahlt werden muß. Keine Nahrungsprobleme, ich brauche bloß zu stöbern. Mein einziger Daseinszweck ist zu existieren. Meine einzige Verpflichtung: zu leben, wie es mir beliebt. Schlafen, essen, mich zerstreuen. Was für ein Programm!

Meine Regierung bin ich, meine Politik heißt, ein angenehmes Leben zu führen. Ich habe nur die Verpflichtungen, die mir mein Körper auferlegt, und nur Zwänge hinsichtlich meiner Freizeitgestaltung. Natürlich gibt es da noch einige kleine Tests, aber wie eine Auster sauge ich diese Fremdkörper auf und hülle sie in die Perlmuttschicht der Gewohnheit ...

Und so liege ich in meiner rosafarbenen Baumwollkugel und denke an nichts. Dennoch zögere ich aufzustehen, denn ich habe es im Gefühl, daß ich keinen ganzen Tag durchstehen kann. Aber dieser Zustand der Leere ist mir unerträglich. Ich mache Licht, sehe das zerrissene Aquarell im Mülleimer und werde wütend. Ich mache meinen Anruf, und Michel ist dran. Oje, oje, dann bekommt er alles ab. Ich nehme den Tonfall meiner Schlechte-Laune-Tage an und bleibe einsilbig, beschränke mich auf eine streng geschäftsmäßige Sprache, denn ich hätte wirklich gute Lust zu motzen.

Während ich die Tests mache, betrachte ich mich im Spiegel. Nicht sehr hübsch. Stroh auf dem Kopf, und auf der Stirn sprießen die Pickel. Mit meinen halbgeschlossenen Augen sehe ich so geistvoll aus wie eine Schildkröte, die gerade ein Straußenei gelegt hat. Was für ein Bild! Aber ich sehe mich schon nicht mehr, bin in Gedanken schon beim nächsten Buch, das ich aufschlagen werde.

Zum Schluß teilt mir Michel noch ein paar Dinge mit. Es geht um die Ruhepausen. Ich soll jetzt nicht nur die Elektroden anbringen, sondern auch noch alle Tests machen, bevor ich mich hinlege. Und ebenso nach dem Aufwachen. Meine erste, im übrigen vorhersehbare Reaktion ist: »Nein!« Dann: »Scheiße!« Doch ich weiß, daß ich mich beugen werde, denn wenn der Wurm einmal drin ist, habe ich keine Ruhe, bevor ich nicht allen Anweisungen entsprochen habe. Anscheinend geht es darum, herauszufinden, ob der Mittagsschlaf eine regenerierende Wirkung hat. Also, normalerweise schlafe ich nicht, um mich zugrunde zu richten ...

Da sind sie wieder, die berühmten Zwänge. Noch ein paar Zeilen weiter oben habe ich behauptet, ich würde mich von ihnen freimachen. Man bürdet mir immer noch mehr auf, und jetzt, wo ich am Erfrieren bin, wo ich mich häßlich fühle und wo ich immerhin noch nicht ganz wach bin, sage ich es frei heraus: Also, das kotzt mich an!

Ich spüre eine leichte Migräne im Hinterkopf. Ich weiß, daß ich mich in Kürze wieder hinlegen muß, und es nervt mich schon im voraus, daß ich wieder neue Tests machen muß, um mich ausruhen zu dürfen ...

Ich werde etwas essen. Habe keinen großen Hunger, dafür ist mir sehr kalt, und ich trinke den kochendheißen Kaffee, indem ich die große Tasse fest zwischen beide Handflächen drücke. Ich habe genau das gleiche Gefühl, wie wenn man im Winter mitten in der Nacht aufsteht, ein Gefühl, nicht fertig, nicht ganz auf den Beinen zu sein, Nebel im Kopf und um einen herum alles dunkel. Die Plattform ist noch dieselbe, das elektrische Licht brennt gleichmäßig, die Grotte hat sich nicht verändert, nur ich bin vollkommen daneben.

Ich habe vage vor, mir die Haare zu waschen, doch der bloße Gedanke daran läßt mich gefrieren. Meine Hände sind auch nach dem Kaffee noch eiskalt, und weil ich mein Heft weiterschreiben will (notgedrungen, denn ich habe ja keine Schreibmaschine mehr), mache ich Wasser heiß und halte meine Hände in die Kasserolle. Das jagt mir einen Schauer über den Rücken. Nicht unangenehm. Wie wenn man in ein schönes heißes Bad steigt. Ein Bad ...!

Ich setze mich an den Schreibtisch, und von einem Moment zum anderen klappern meine Zähne wie Kastagnetten, meine Hand mit dem violetten Stift rutscht ab, mein Körper erstarrt. Unterkühlung! Ich stehe auf, tanze mehrmals »Twist again«, während das Wasser für einen halben Liter Eintopf (mit Pilzen) kocht.

Als ich die Tasse zum Mund führe, droht eine Überschwemmung, so heftig zittere ich. Nach und nach legt sich das Beben, und ich erreiche wieder meine Normaltemperatur. Das Tröstliche ist, daß man Kalorien verbraucht, wenn man friert.

Ich schreibe noch ein bißchen weiter, doch mir ist zu kalt. Es ist eine innere Kälte, die Art Eisblock, die niemals schmilzt. Ich mache mir noch einen Kaffee, und obwohl meine Kopfschmerzen stärker werden und weil ich keine Lust habe, mich mit den

Tests herumzuschlagen, lege ich los. Action! Geschirr, Klo und der ganze Kram. Aber zuerst einmal die Päckchen an der Luke abholen, denn es ist etwas Neues da. Dazu ziehe ich mich um. Wenn ich in dieser Aufmachung betteln gehen würde, könnte ich Millionen machen ...

Sportlich laufe ich zu den Seilen, doch meine innere Heizung reagiert nicht. Kraftvoll ziehe ich an den Seilsträngen, doch das mobilisiert keine einzige Kalorie. Dann sehe ich drei Säcke herunterbaumeln und vergesse allmählich die Kälte. Die Säcke von oben sind immer wie Geschenke; es macht Spaß, obwohl – und vor allem wenn – man nicht weiß, was drin ist. Drei Säcke, das macht drei Märsche zum Zelt. Ich gehe das erstemal. Doch meine Neugier ist zu groß. Ich muß es wissen. Der erste Wareneingang ist ... eine Zentrifuge. Noch eine! Aber die da ist für haarfeine Röhrchen, die mit einem einzigen Blutstropfen voll sind. Na schön, aber selbst auf die Gefahr hin, mir die Finger zu durchbohren, ich ziehe die anderen Reagenzgläser vor, die für sechs Milliliter. Wenn es schon mal läuft ...

Dann hole ich das zweite Päckchen, in dem zwei Müllsäcke sind (was täten wir bloß ohne diese blauen Säcke?). Knoten, Knoten und noch mal Knoten! Mein Gott. So viele Knoten. Und so schlitze ich die Tüten mit dem Messer auf. Ach, der Scheinwerfer für die Videokamera. Damit ich außerhalb der Plattform filmen kann. Die Schachtel ist nicht sehr groß ... Karton, Styropor, Bedienungshinweise. Puh! Er ist winzig! Wie eine Taschenlampe ist dieses Ding. Es wird höchstens die Wassertropfen beleuchten, nicht die Tropfsteine.

Aus dem zweiten blauen Sack kommt eine Schachtel voller kleiner, weißer Reagenzgläser mit Korkverschluß zum Vorschein. Für die Urinproben. Gut, in Ordnung. Ich lasse alles halb ausgepackt am Rand der Plattform liegen und gehe zur dritten Lieferung. Die bietet keine Überraschung. Es ist ein Kabel, das mit der Oberfläche verbunden ist. Ich muß es bis zum Zelt ausrollen, denn es ist eine Antenne, über die meine Herzschläge von einem Meßgerät (schon wieder eins!), das ich bald ständig tragen muß, direkt nach oben übermittelt werden. Per Fernmessung. Ich sehe sie schon Wetten abschließen, wie gut die Chancen stehen, einen Bildschirmkollaps zu erleben, wenn sie mir ankündigen: Also, du kannst nicht sofort herauskommen, weil wir beschlossen haben, das Experiment um ... sechs Monate zu verlängern.

Jetzt will ich die Videokamera aufbauen. Ich möchte eine der alltäglichsten und unspektakulärsten Tätigkeiten filmen: das Geschirrspülen.

Erste Einstellung: das Tischabräumen.

Ich bringe die Kamera auf dem einen Stativ an (dem mit den unvorhersehbaren Schwindelanfällen) und befestige den Halogenscheinwerfer auf dem anderen (dem, das einem überraschend die Finger einklemmt) und mache eine Leeraufnahme, die plötzlich Großalarm auslöst. Überall leuchtet es auf, blinkt rot, »eject«, »moisture«. Oje! Blitzschnell hole ich die Kassette heraus, schalte alles ab und laufe, um die Gebrauchsanweisung für den Katastrophenfall zu Rate zu ziehen: Es liegt an der Feuchtigkeit. Aha. Das ist mir schon lieber. Und die Lösung: Kassettenfach öffnen und die Feuchtigkeit verdunsten lassen. Na, die sind vielleicht gut! Bei 99% Luftfeuchtigkeit. So bin ich jetzt also dabei, eine äußerst empfindliche Kamera mit dem Fön zu besänftigen. Ein paar Flüche später steht das Material bereit, das Schauspiel kann beginnen. Aber nicht in diesem Aufzug!

Ich wähle eine fuchsienrote Steghose aus, die hier ihr Dasein beschließen muß, schlüpfe in ein Bein, rege mich auf, weil ich an dem Gummiband vorbeiziele, das unter dem Fuß durch soll, hüpfe auf einem Bein herum, komme aus dem Gleichgewicht, fahre ins zweite Bein und ... reiße das Gummibändchen entzwei. Im Spiegel sehe ich das Ergebnis: Ein Bein ist strammgezogen, das andere sieht aus wie eine Ziehharmonika. Ich nähe den Schaden schnell; jetzt kann ich mich wieder einigermaßen sehen lassen. Bis auf die Haare, aber das ist Absicht, denn ich werde nachher filmen, wie ich mich wasche. Um die erstaunliche Verwandlung einer Raupe in einen Schmetterling zu demonstrieren. Vorher – nachher.

Ich schalte die Beleuchtung ein, drücke auf den Auslöser und springe auf die Bühne ... Ich will einen Teller aufheben und trete mit den Füßen drauf; ich putze den Herd und mache einen Saustall. Ich stammle unverständliche Worte vor mich hin, schaue mit blödem Gesicht in die Kamera, und als ich die Gerätschaften ordne, sieht man nur mein Hinterteil. Kurz, ein jämmerlicher Flop.

Den großen Auftritt in Teil zwei, das Haarewaschen, verschiebe ich auf später. Das paßt mir ganz gut, denn ich fühle mich nicht besonders, und außerdem habe ich einen Bärenhunger.

Ich ziehe mich um. Ich fühle mich erschöpft und packe so viele Informationen wie möglich in einen Anruf, Urin, Blut, Speichel, Tests, Hauttests ...

Während ich die 121 Sekunden zähle, ist mir übrigens der Kopf auf die Tischplatte gesunken. Das trifft sich gut, dann gelten die Tests auch für die Siesta. Denn jetzt steht es fest. Nach dem Essen ab ins Bett!

Ich komme gerade noch rechtzeitig zum Herd, wo der Kochbeutel mit dem Geschnetzelten kurz vorm Platzen ist, und schlinge das Lammfleisch auf einen Sitz hinunter. Kein Nachtisch, kein Kaffee. Ich atme nur den Duft des rotbraunen Walnußblatts ein, das ich in einem der Päckchen gefunden habe. Es riecht nach Holzfeuer, Herbst und Wald ...

Dann mache ich den Haftknopf des Hämatrons fest, ziehe die Daunenjacke aus, nehme mir ein Buch mit und lege mich ins Bett. Es ist »La Joie« von Georges Bernanos. Ich kenne überhaupt nichts von ihm, und dieses vergilbte Buch treibt sich schon so lange in meiner Bibliothek herum, daß ich ihm fast so etwas wie Ehrfurcht entgegenbringe. Mal sehen, ob der Inhalt diese blinde Hochachtung auch rechtfertigt. Schon die ersten Zeilen verstehe ich nicht, und ich muß zurück zum Anfang und die Worte durchkauen, bevor ich ihren Wesenskern herausschälen kann. Na gut, vielleicht ist es wie bei Kipling, und man muß erst in Ruhe darüber nachdenken ...

Auch um diese Scheißmigräne loszuwerden, lege ich das Buch weg und drücke »Mittagsschlaf« auf dem Armaturenbrett. Da leuchten alle Knöpfe auf, es klingelt bei mir. Scheiße. Ein Kurzschluß.

Ich stelle alles ab und melde hinauf, daß ich trotzdem zu schlafen wünsche. Ohne das Licht zu löschen, es ist ja nur eine Siesta.

Ich muß mich ein bißchen zwingen, denn eigentlich bin ich nicht richtig schläfrig, aber es ist die einzige Möglichkeit, meinem Kopf Erleichterung zu verschaffen. Schließlich schlafe ich doch, ohne es zu wollen, ein.

Ich habe das Gefühl, vier oder fünf Stunden geschlafen zu haben. Doch mein Blasenvolumen sagt mir, daß es nicht viel mehr als zwei Stunden gewesen sein können *(5 h 16 in Wirklichkeit).*

Als ich niesen muß, fühle ich es: Chaos in meinem Bauch. Ich bekomme meine Periode. Daraus schließe ich, daß ich jetzt fünf

Wochen hier sein muß, und als erstes fällt mir etwas Paradoxes auf: Ich habe gar nicht gemerkt, wie die Zeit vergangen ist. Jetzt ist also ein Drittel meines Aufenthaltes vorbei, und ich habe noch immer den Eindruck, am Anfang zu stehen. Wirklich …

Ich fasse eine zweite geballte Informationsladung zusammen und rufe an. Thierry ist dran. Ich erzähle ihm ein bißchen über meinen Vormittag, und er erklärt mir, daß er in den Schacht hinuntergestiegen ist. Heute nacht! Um das Kabel für die Fernmessung zu holen, aber er ist nicht bis zu meinem Zelt gegangen. Zu riskant. Wer weiß, ob ich wirklich schlafe …

Es bewegt mich, das zu erfahren, zu wissen, daß ein Freund zur selben Zeit wie ich in diesem Loch geatmet hat. Dann fragt er unvermittelt: »Was für eine Marke ist dein Slip?« Aha, alles klar, er hat von meinem Verdruß mit den Gummibändern gehört, die das Blut abschnüren. Ich lasse es mir nicht entgehen, ihm zu erzählen, wie ich meine Unterwäsche waschen und vor dem gähnenden Maul des Ofens trocknen will.

Daraufhin trinke ich eine riesige Tasse ungezuckerten Kaffee. Ich fühle mich wieder gut, sehr gut sogar. Ich lege ein paar Patiencen, erstelle dann eine Liste der Aquarellfarben, die ich brauche, und gebe sie Thierry durch. Dann wende ich mich meinem großen karierten Schreibheft zu und halte eine Menge Erinnerungen fest.

Als ich schließlich meinen Stift weglege, schmerzt mein Rücken *(ich habe 13 Stunden am Stück geschrieben)*. Mein weiteres Programm sehe ich überdeutlich vor mir. Mich hinlegen und die Rückenwirbel entspannen. Und dann … unweigerlich einschlafen, und zwar ohne daß ich es will, denn ich möchte die Augen nicht zumachen; ich habe noch sehr viel zu tun. Na ja, was soll's. Ich absolviere die Nachmittagstests und lege mich zu einer zweiten Siesta hin. Von Zeit zu Zeit schlage ich die Augen auf, aber ich bin noch schlaftrunken und döse sofort wieder ein und träume von lauter Eis am Stiel (schon wieder!). Schluß mit diesen Freßgeschichten! Ich bin ein bißchen schuldbewußt und durcheinander. Das ist keine Siesta mehr, das ist eine richtige Nacht. Aber andererseits kommt es mir vor, als habe der Nachmittag noch gar nicht richtig angefangen.

Und wieder träume ich … Von Clint Eastwood diesmal. Also jetzt bin ich wirklich gekränkt … Ich bin ja weiß Gott nicht die Art »Groupie«, dem beim Anblick von Robert Redfords blauen Augen oder Arnold Schwarzeneggers unerträglichen

Muskeln die Sinne schwinden. Ganz und gar nicht! Und bevor ich einen Mann bewundere, so schön er auch sein mag, möchte ich doch ganz gern wissen, was er im Kopf hat. Und hier im Traum bin ich vernarrt in Clint Eastwood, der zu Pferd daherkommt, in meinem Garten giftige Schlangen aussetzt – die für mich natürlich ungefährlich sind – und für drei Monate weggeht, in denen ich ihm flammende Briefe schreibe. Als er zurückkommt, bin ich gerade auf einer Abendgesellschaft, in einem riesigen Saal mit einer gigantischen Treppe. Die Wände sind mit purpurnem und goldenem Samt bespannt. Mondäne Damen in strahlenden Roben und mit unschätzbar wertvollem Schmuck rauschen vorbei, und ich schicke mich an, zum Mann meiner Träume zu gehen. Da ... wache ich auf.

Aber warum bloß Clint Eastwood, frage ich Sie? Außerdem finde ich ihn in Wirklichkeit zu dünn und sehnig. Das Unterbewußtsein ist etwas Schreckliches, es verbirgt einem einiges. Und natürlich bricht der Traum wie zufällig im interessantesten Moment ab ... O Gott, und wie soll ich das Francis erklären?

Als ich aufstehe, höre ich ein komisches Brummen. Ein Gerät mit Ladehemmung. Gewissenhaft unterziehe ich mich wieder den Tests – den Nach-Siesta-Tests ... Jetzt bin ich diejenige, die es satt hat. Mich packt die unbändige Lust, überall irgendwie draufzudrücken ... Lassen wir das.

Ich bin hellwach und habe das Gefühl, daß ein neuer Tag beginnt, denn ich habe viel vor. Ich will zeichnen, lesen, kurz, mich vernünftig beschäftigen. Aber vorher muß ich zur Luke, wo wieder ein paar Sachen für mich liegen. Ich gehe langsam und schnaufe wie ein Walroß, denn mein Sack ist schwer, zehn Kilo Urin-, Blut- und Speichelproben, tiefgekühlt ... wie ich. Außerdem habe ich eine Videokassette dazugelegt und zwei Zeichnungen, den Löwen, der alles in allem doch nicht so sehr schielt, und »Teufelei«, ein Gekritzel, das mich vorübergehend von gewissen Wahnvorstellungen befreit hat. Ich hänge den Sack an den Haken und fange an zu ziehen. Es geht leichter, als ich dachte, denn etwas Schweres schwebt herunter und gleicht das Gewicht aus. Zwei Säcke kommen an zwischen den Dampfwolken, die ich wie eine Lokomotive in regelmäßigen Abständen ausstoße. Der rechte ist ziemlich schwer. Was kann da drin sein?

Ich erreiche die Plattform und mache hastig die Päckchen auf. Ein Kanister, zwei Kanister und ... O Wunder, ganz unten, durcheinandergewürfelt: Obst! Pampelmusen, Äpfel, Zitronen, Kiwis. Ach, wie aufmerksam. Was für ein schönes Geschenk. Was für eine wunderbare Überraschung! Ich befühle sie, rieche daran und lege sie auf dem Tisch aus. Das ist eine medizinische Betreuung, wie ich sie mag. Ja, sie haben angenommen, daß mir Vitamine fehlen, und das ist das Heilmittel. Gut, einverstanden, genehmigt.

Ich richte die Kamera her und nehme die Batterie des Scheinwerfers heraus, die unter Spannung stand. Ach, so ein Mist! Auf der Anleitung stand doch, nicht über 45 Stunden belasten. Und wenn ich sie zu lange dringelassen habe? Ich setze sie wieder in den Scheinwerfer ein, er leuchtet auf ... und geht sofort wieder aus. Okay, dann halt keine Videovorstellung. Pech, dann mache ich Polaroidaufnahmen. Das mit der Haarwäsche werde ich später sehen ... Und ich werke herum, stelle ein, regle die Belichtung ... Ich will alles illustrieren, alles zeigen und photographieren ... ohne Luft zu holen.

Dann setze ich mich auf die Plattform und versuche wieder zu mir zu kommen. Sie können sich nicht vorstellen, wie anstrengend das Gerenne während dieses schrecklichen »Bip«, »Bip«, »Bip« des Selbstauslösers ist. Ich schaue mir die Aufnahmen an, die ich gerade gemacht habe. Verblüffend! Ich werde jünger! Kein aufgedunsenes Gesicht mehr wie am Anfang. Mein Teint ist heller (hier laufe ich ja nicht Gefahr, braun zu werden), mein Gesicht hat ausgeprägtere Konturen. Wird man vielleicht schöner unter der Erde? Es wird einen Ansturm auf die Höhle geben, wenn das bekannt wird. Ja, tatsächlich, ich finde, ich habe manchmal etwas von einem kleinen Mädchen ...

Soweit bin ich mit meinen Träumereien, als ich mich darauf besinne, daß ich wirklich ziemlich hungrig und durstig bin. Ich gebe zwei Rindfleischburger in den Ofen und stürze ein Glas Orangensaft in einem Zug hinunter. Dann mache ich mich an die klassische Blutentnahme. Nach einer solchen Hektik quillt das Blut wie ein Geysir aus der Fingerkuppe, und das Röhrchen füllt sich im Handumdrehen. Während es morgens schwierig ist, auch nur drei Tropfen herauszubekommen ...

Dann räume ich das ganze Photochaos auf und setze mich mit kaputtem Kreuz zu einem schönen Essen hin. Igitt! Das ist kein Rindfleisch, das ist Hundefutter, und den Teig könnte man für die Lockenwickler meiner Oma halten. Doch eine Kiwi und ein paar Kekse versöhnen mich.

Ich bleibe noch ein bißchen im Campingstuhl sitzen, den Kopf im Nacken, um mich von meinen Photoaktionen zu erholen, aber ich fühle, wie mein Körper sich sträubt. Soll ich mich schlafen legen? Schon? Ich halte eine Weile in »La Joie« aus, doch je weiter ich lese, desto weniger nehme ich auf, und so mache ich das Licht aus und schaukle in den Schlaf.

Als ich wieder aufwache, habe ich Hunger. Ich hole mir eine Packung Kuchen und lege mich wieder hin. Das Zelt ist voller Schnaken, die nicht stechen und ganz lautlos fliegen. Signalton eingerostet wegen Kälte, könnte man meinen. Langsam wird's eng hier.

Ich lösche das Licht wieder, drehe mich von einer Seite auf die andere, öffne erst ein Auge, dann beide, träume vor mich hin, schlafe wieder kurz ein. Mit dieser Nacht bringe ich die Analytiker da oben zur Verzweiflung. Bedaure zutiefst. Eine Schnake will sich sogar in meinem Gehörgang niederlassen, diese Idiotin!

21. ZYKLUS

19.–23. September 1988

92 h 52 – davon 46 h 29 Wachphase, 14 h 50 Siesta und 31 h 33 Nacht

Heute morgen bin ich nicht besonders gut aufgelegt und antworte Michel in schroffem Ton auf seine Fragen. Bestimmt mein Siffre-Frust. Lassen Sie mich Ihnen also, bis sich meine Stimmung aufheitert, den Vater des Experiments vorstellen, meinen derzeitigen Mentor und Verursacher all meiner Qualen: Michel Siffre.

Man sieht ihn zwar nicht gleich, doch man hört ihn schon von weitem. Was die Natur dem Rest versagt hat, das hat sie seiner Stimme gegeben, die durchdringend und kräftig und am häufigsten als wieherndes Lachen zu hören ist.

Michel besitzt eine ungeheure Ausstrahlung, darüber besteht kein Zweifel. Dieser gutmütige Kerl ist eine Seele von Mensch und hat ein natürliches und gewinnendes Wesen. Der Beweis dafür ist, daß ich jetzt drei Monate unter seiner Schirmherrschaft büße. Doch ich will ihm Gerechtigkeit widerfahren lassen. Das ist ganz und gar *sein* Experiment, und eine solche Idee, Hut ab, muß man erst einmal haben ... und in die Tat umsetzen. Seit wir uns über Francis vor mehr als acht Jahren kennengelernt haben, hat er ein wachsames Auge auf mich. Und obwohl ich schimpfe und trotz meiner schlechten Laune und meiner Aggressionen bringe ich ihm aufrichtige Bewunderung und unverbrüchliche Freundschaft entgegen.

Heute morgen schäle ich mir sorgfältig eine Pampelmuse. Ich sitze am Tisch, die Tasse mit dem kochendheißen Kaffee in beiden Händen, und schaue ins Leere (übrigens schwer, etwas anderes zu sehen!). Wie soll ich meinen Tag gestalten? Photographieren? Ooch ... Ein bißchen Hausarbeit? Noch mal ooch. Lesen? O ja. Zeichnen? Vielleicht ... Sicher würde man annehmen, daß ich als Frau vielseitigere Beschäftigungsmöglichkeiten hätte, wie stricken, sticken, Macramé ... Aber leider, leider. Dieser Handarbeitskram ist mir ein Greuel. Zudem habe ich überhaupt keine Neigung für Musikinstrumente, und voller

Unruhe sah ich in meiner Kindheit immer meinen Klavierlehrer mit seinem Riesenzinken daherkommen.

Ich gebe es zu, mit Puppen zu spielen interessierte mich ungefähr genausosehr wie das Geschwätz der zahnlosen Madame Pinuche, die im Laden meiner Eltern jeden Morgen ihren Liter Roten kaufte. Was ich wollte, war das Unbekannte, etwas, wo Leben drin war. Cowboy und Indianer, Streifzüge durch den nahegelegenen Wald, auf Dachböden stöbern, das war reizvoll. Gar nicht zu reden von den Bilderbüchern, den Abenteuern von Alice, den fünf Freunden und ich weiß nicht was noch alles. Eine gewisse Neigung zeigte ich fürs Lernen und auch fürs Studieren, und zwar ebenso aus Berechnung wie aus Trotz. Ich hatte nämlich erkannt, daß der beste Weg, mir meine Handlungsfreiheit und Unabhängigkeit zu bewahren, darin lag, mir keinerlei Fehlschläge in der Schule zu erlauben. Ich wollte mich von gesellschaftlichen Zwängen freimachen; denn je höher man hinaus will, desto weniger tief fällt man (auf der sozialen Leiter natürlich). Das war meine Vorstellung. Das normale engstirnige Alltagsleben war nichts für mich. Doch das Leben hatte beschlossen, mich zu zähmen, und so machte ich im Büro den Rücken krumm, und eine Stechuhr hinderte meinen Freiheitsdrang. Oh, ich bereitete meine Flucht Pfennig für Pfennig vor. 15 oder 20 Jahre in der Welt herumzureisen und in jedem Land ein bißchen zu arbeiten, das war es, was mich anspornte. Bis ich Francis kennenlernte.

Ich liebe es, Herausforderungen anzunehmen, und ich teste mich gerne in gefahrvollen Situationen aus. Als Francis mein Interesse für diesen unterirdischen Aufenthalt bemerkte, sagte er zu mir, trotz aller Opfer, die uns das kosten würde, mit einem breiten Lächeln: »Reizt dich das? Also, dann los!«

Und auch jetzt noch, unter dem bedrohlichen Gewölbe, im Glucksen der Tropfen, mitten in Feuchtigkeit, Kälte und Einsamkeit, antworte ich ihm, danke, mein Geliebter!

Na schön, aber das genügt nicht. Ich muß mir eine Beschäftigung suchen und gehe ins Zelt. Zunächst einmal breite ich die gestrigen Bilder aus, sortiere sie und entwerfe einen kleinen Photoroman. Dazu verfasse ich ein paar Bildunterschriften und mache ein Päckchen fertig zum Hinaufschicken.

Und jetzt habe ich Lust auf Lachs. Frischen Lachs. Ein schönes großes Stück von dem festen rosafarbenen Fleisch. Richtung Gefriertruhe, Schwenk auf »Atlantiklachs«. Und ab in den

Ofen. Dazu Broccoli mit Crème fraîche. Dann schaffe ich das Paket zur Luke hinauf. Als ich zum Seilzug komme, streift mich ein seltsamer Geruch, der mir einen Schrecken einjagt. Es riecht nach Leben, nach einem menschlichen Wesen, und ein bißchen nach verbranntem Benzin. Einen Augenblick lang habe ich das grauenhafte Gefühl, belauert zu werden, doch dann fasse ich mich wieder. Ich Idiot! Das ist der Herd, und der Geruch daraus steigt direkt Richtung Ausgang über die Luke.

Mir wird warm, als ich den Sack hochhieve, vorher war mir eiskalt. Dann gehe ich schnell zur Plattform zurück.

Ich erschrecke vor einem Stalagmiten oder weil ich ein unbekanntes Geräusch höre. Ich fühle mich nicht ruhig. Ein Beweis dafür, daß mit mir etwas nicht ganz in Ordnung ist. Ich gehe auf die Plattform, ziehe mich um (vorsorglich hatte ich meinen türkisblauen Overall nicht anbehalten) und beschließe, die Tests sofort zu machen, um dann schön in Ruhe essen zu können. Das Blut spritzt über den ganzen Tisch, und ein paar Tropfen fallen auch auf das Protokollblatt. Ich werde mich hüten, diese sichtbaren Beweise für die Opfer, die ich täglich bringe, wegzuwischen, und ich unterstreiche sie sogar noch kräftig mit einem roten Stift …

Ich muß mich wieder wiegen, so ein Mist. Ich weiß nicht, wie schwer meine Kleider sind, und so ziehe ich alles aus, steige auf die Waage, ziehe mich wieder an und stelle mich noch mal drauf. 3,2 Kilo Unterschied. Ich notiere das. Das andere Gewicht spielt keine Rolle, nicht wahr? Ein Detail: Die Waage reagiert auf Stimmkommando. Ein lautes Huuh genügt, und sie geht in Habachtstellung. Und ganz oft, wenn ich niese oder falsch singe, sehe ich, wie sie auf der kleinen elektronischen Anzeige 888 oder 000 aufrollt, »error« vorschlägt und sich schließlich enttäuscht und schmollend hinter einer Mattscheibe verschanzt.

Heute ist wirklich ein lukullischer Tag. Das rosafarbene Fleisch, versehen mit einer Zitronenscheibe und einer Prise Salz, zergeht wunderbar auf der Zunge.

Ich überlege eine Weile, denn bei dem, was ich vorhabe, kann man nicht planlos vorgehen. In aller Bescheidenheit gestehe ich, daß ich darangehe, die Aufnahme des Jahrhunderts zu machen, *das* Photo, das in die Geschichte eingehen und um das man sich noch reißen wird, wenn ich schon 30 Fuß unter der Erde liege (diesmal mit einem Kreuz obendrauf). Ich werde mir tatsächlich im Stalagmitenwald die Haare waschen. Das wird die Leute verblüffen, denn Haarewaschen ist wirklich das letzte, woran man bei einer Höhle denkt. Was die Sache jedoch kompliziert macht, sind die Lichteffekte. Ich will es im Gegenlicht einfangen, wenn das glitzernde Wasser wie ein Diamantwasserfall über meine Haare fließt.

Nach reiflichem Nachdenken hole ich die Phototasche. Und ich muß mich ein bißchen herrichten. Während das Wasser heiß wird – Sie haben doch nicht gedacht, daß sich das Ganze auch noch mit kaltem Wasser abspielt, oder? –, betrachte ich mich prüfend. Ich werde nur den Oberkörper freimachen. Um sexy, aber nicht anzüglich zu sein, stecke ich die Träger meines dunkelblauen BHs in die Körbchen. Ein bißchen Lipgloss, ja, so kann ich mich sehen lassen.

Das Wasser kocht. Ich überprüfe alles und richte einen Eimer heißes Wasser her. Als mein Kopf eingeschäumt ist, drücke ich auf den Selbstauslöser und nehme meinen Platz wieder ein. Im entscheidenden Moment bespritze ich mich mit Wasser, um hübsche Bächlein zu erzeugen. Ich höre ein Klicken, das traurige Klicken des Apparats, der ohne Licht läuft. Das fängt ja gut an. Ich lasse das Wasser ein bißchen von meinen triefenden Haaren abtropfen und gehe nachsehen. Der Blitz ist leer. Natürlich, das ist der einzige, bei dem ich die Batterie nicht ausgewechselt habe ... Ich wickle meinen Kopf, der noch voller Shampoo ist, in ein Handtuch und gehe ins Zelt, um den Schaden zu beheben. Ich lege die Batterie ein, kontrolliere ein letztes Mal, schaue mich ein letztes Mal an und gehe in Position. Jetzt funktioniert es! Ich stelle den Apparat neu ein und warte zwischen jeder Aufnahme geduldig, bis sich der Blitz wieder auflädt.

Ich operiere mit triefenden Haaren, feuchten Händen und den Moonboots, die voller Dreck sind, kleine Lehmklümpchen, die überall auf der Plattform herumspritzen. Denn dort steht der Apparat. Dabei wird der Eimer leer, und ich bin noch nicht fertig mit der Haarwäsche. So muß ich mir noch einen Topf Wasser kochen, und diesen Moment wählt natürlich die Gasflasche, um ihren letzten Seufzer zu tun. Mit nacktem Oberkörper, brennenden Augen, einem feuchten Handtuch als Turban auf dem Kopf, tausche ich die gottverdammte Flasche aus. Und kann dann endlich meine Toilette beenden, mit eisigen Händen und ... kaltem Kopf.

Daraufhin mache ich mir ein Lachssoufflé und anschließend eine Johannisbeercreme. Ich habe schrecklichen Hunger. Trotzdem nehme ich mich zusammen und warte, bis das Soufflé gar ist. Es ist eine Bewährungsprobe, Nahrungsmittel erst noch zu verarbeiten, wenn man sie am liebsten so hinunterschlingen würde. Ich schiebe das Soufflé in den Ofen, und weil mir der Rücken weh tut und ich mich erschöpft fühle, lege ich mich hin, während es im Ofen ist. Die Zentrifuge, die ich vor einer Weile eingeschaltet habe, läuft. Sie braucht ungefähr 40 Minuten; das nehme ich zumindest an.

Ich ruhe mich auf meinem Bett aus. Das tut gut. Die Augen fallen mir zu, doch ich schlafe nicht ein. Ich horche auf die Zentrifuge; wenn sie stehenbleibt, ist das Soufflé fertig. Übrigens kommt es nicht in Frage, daß ich einschlafe, solange der Herd eingeschaltet ist. Ich döse währenddessen und entspanne mich.

Nach dem Signalton nehme ich das zentrifugierte Blut und den Speichel heraus, bringe beides zur kleinen Gefriertruhe und schalte den Herd aus.

Aber ich bin schon verärgert. Statt mich auf eine Ruhepause zu freuen, muß ich die Konzentrationstests machen, die Michel vor der Siesta verlangt, und wenn ich sie nicht absolviere, habe ich große Schuldgefühle. Ich bin in der Klemme zwischen zwei äußerst unangenehmen Gefühlen, Zwang oder Schuldbewußtsein. Immer schwanke ich zwischen der Geißel der Unterordnung und der Knute der Gewissensbisse, und mit einemmal übermannen mich Wut, Angst und Aggression, denn im Halbschlaf noch oben anzurufen und eine halbe Stunde Testfragen zu beantworten, das verlangt eine ungeheure Willensanstrengung von mir.

Widerwillig rufe ich an. Es ist Christophe. Der Arme ist eingeschüchtert, denn er spürt meine Stimmung durch die Leitung; wenn ich jetzt jemanden zwischen die Finger bekäme (und ich weiß auch schon, wen), würde ich ihn erwürgen. Ich sabotiere die Tests, sage einfach irgend etwas, doch auch das löst die Anspannung nicht, die sich plötzlich in mir angestaut hat. Ich bin müde, aber ich finde keine Erholung mehr. Ich hänge auf und gehe angriffslustig auf die Plattform, balle meine Fäuste, bis die Knöchel weiß werden, drehe mich im Kreis wie ein Tiger im Käfig und brülle los, daß die Höhle davon widerhallt. Ich scheiß' auf euch mit euren Scheißtests! Warum lasse ich mich verarschen? Und ich gehe an den Tisch und schreibe, indem ich die Feder übers Papier reiße, Grobheiten über die Tests auf das Protokollblatt. Ich bin stumpf, am Rande eines Nervenzusammenbruchs. Ich versetze der Waage einen Fußtritt und werfe voller Wut den Schemel um. Ich muß irgend etwas kaputtmachen, würde gerne alles herumschmeißen. Doch ich tue nichts dergleichen, komme zur Vernunft und stürze wieder hinaus. Meine Ohren dröhnen, ich fühle mich elend, und vor der Leere rufe ich flehentlich, schreie mir dabei die Stimme heiser, Francis, komm doch! Hilf mir, Folko! Kommt doch herunter, Freunde, oh, bitte!

Ohnmächtige Freunde zur Zeit.

Vorbei ist es mit der friedlichen Siesta, nach der ich wieder etwas Entspannendes hätte machen können. Wegen dieser Arschlöcher! Und ich schleudere den Stalagmiten Schimpftiraden entgegen, die sie ... kalt lassen.

Mein Magen krampft sich zusammen, und um ihn abzulenken, schlinge ich in einem Atemzug das (matschige) Soufflé und die Creme (die zerläuft) hinunter. Ich bekomme Bauchweh und gehe zum Zelt zurück, bleibe regungslos vor dem Tisch stehen, den Kopf wie in einem Eisenring, und weine leise.

Ich werde mich mit ein paar Büchern hinlegen, die hoffentlich komisch sind. Sempé und Desproges. Doch, ach! Es spricht so viel Verzweiflung aus all diesen Seiten, so viel Zynismus und Bitterkeit!

Meine Augen brennen. Ich tätschle Baptistin, lege meinen Kopf auf den einladenden Nacken meines großen Plüschtiers und schließe die Augen. Die da oben können sagen, was sie wollen, ich habe damit nichts zu tun.

Ab und zu mache ich die Augen auf, schließe sie jedoch sofort wieder. Je mehr Zeit ich vertrödle, desto besser wird es mir gehen. Denn sobald ich aufstehe, sind da wieder die Tests. Es ist besser, ich erhole mich und vergesse, sonst ... Und ich schlafe in der Hoffnung, daß es eine Ewigkeit ist *(14 h 50)*.

An diesen Schlafenszeiten stört mich vor allem, daß Michel immer damit anfängt: »Du machst uns Probleme mit deinen Siestas.« Denn sie passen nicht ins Analyseschema. Das ist keine schön eindeutige Nacht, in der man schläft, sobald man das Licht ausgemacht hat, und in der man das Licht einschaltet, wenn man wach ist. Kurven, die sich leicht vereinfachen und rechnerisch darstellen lassen. Und ein Rhythmus, der der gängigen Vorstellung von einem geregelten Leben zwischen

Wachen und Schlafen entspricht. Dunkelheit bedeutet Nacht, und brennendes Licht heißt Tag. Ja, schon. Aber es tut mir leid. Wenn ich das Licht ausmache, schlafe ich irgendwie und wache 56mal in der Nacht auf, und ebenso kann ich bei Licht an einem Stück tief schlafen. Außerdem wäre es die Aufgabe der Wissenschaft, sich ihren Studienobjekten anzupassen, und nicht meine, mich in vorgefertigte Tabellen einzufügen, verdammt und zugenäht!

Denn da ich alles richtig machen will, verbiete ich es mir soweit wie möglich, zu schlafen, wenn mir danach ist, also sozusagen »tagsüber«, doch das bringt mich nur noch mehr durcheinander. Gar nicht davon zu reden, daß die Hürden, die die Tests darstellen, den Zeitpunkt verschieben, an dem ich das Bedürfnis nach Erholung habe – denn das merke ich immer erst im letzten Moment, wenn es zu spät ist. Und sie beeinflussen auch meine Stimmung. Dann fühle ich mich schuldig, weil ich das Gefühl habe, keine gute Versuchsperson zu sein, die schläft, wie es sich gehört und wann es sich gehört.

All das beschäftigt mich zwischen zwei Träumen, die ich ganz tief in die blaugrünen Fluten des Unterbewußtseins versenke, um mich nicht mehr daran zu erinnern, sie nicht aufschreiben zu müssen, sie nicht denen da oben auszuliefern. Denn momentan möchte ich ihnen keine Rechenschaft mehr geben. Die Verschärfung der Tests war ein Gewaltakt, und eine Schlafphase lang nehme ich mein Leben wieder in die Hand, das mir beinahe schon nicht mehr gehört hat.

Als ich zum fünften Mal die Augen aufschlage, verzieht sich das Unwetter. Baptistins kleine Stoffhand liegt auf meinem Rücken, und diese Berührung bewegt mich. Er ist so weich ... Ich wache sanft auf wie eine Genesende, und bei der Vorstellung, Francis und meinen Freunden näher zu kommen, je mehr die Zeit vergeht, wird mir warm ums Herz.

Jetzt fühle ich mich in der Lage, ohne zu murren die nächsten Tests anzugehen. Christian ist am Apparat, und ich bitte ihn, Christophe zu sagen, daß es mir leid tut. Denn er kann wirklich nichts dafür.

Ich habe wieder Hunger, aus Nervosität. Und heute gilt: drauflosessen. Keine halben Mengen, keine Beschränkung, und vor allem lauter gute Sachen. Ein Kuchen zum Beispiel. 150 Gramm Mehl, die halbe Menge Butter, eine Prise Salz, etwas Wasser. So, das wird ein schöner Teig. Ich schneide die

Äpfel klein, die mir gestern wundersam zugekommen sind, und schiebe den Kuchen in den Ofen. In der Zwischenzeit trinke ich einen Kaffee. Ich habe heute nicht mein normales Tempo. Mein Double handelt, und ich trete hinter mein Abbild zurück. Ich bewege mich nur ganz wenig. Langsam erhole ich mich von den Angstzuständen. Mein augenblickliches Programm heißt: an nichts denken, irgendwie Karten spielen und auf einen gelungenen Kuchen warten, nach dem ich regelmäßig sehe.

Er ist toll geworden, und ich schaue ihn eine Zeitlang auf dem Tisch an, bis mir einfällt, daß es vielleicht ganz nett wäre, dieses Meisterwerk für die Nachwelt festzuhalten. Und los geht's. Ich baue den Apparat auf und den Blitz, und, klick, photographiere ich mich, stehend oder sitzend neben meinem Höhlenapfelkuchen. Und esse die Leckerei ganz auf, ohne Gewissensbisse.

Thierry hat Dienst, und zum erstenmal bitte ich ihn, eine persönliche Nachricht weiterzugeben, Francis zu sagen, daß ich ihn liebe, und ihn tausendmal von mir zu küssen. Ich muß ihm dieses Telegramm schicken, denn heute vermisse ich ihn mehr als je zuvor. Und ich versichere Thierry noch mal, wie sehr ich ihn schätze.

Ich habe Lust zu lesen, doch plötzlich fürchte ich zu vergessen, was ich gemacht habe. Und ich setze mich vor mein dickes Schreibheft, um meine letzten Erinnerungen festzuhalten.

Nach einer Weile unterbreche ich die Arbeit, um einen kleinen Imbiß zu machen, und zwischen Pampelmuse und Kiwi schlinge ich einen ganzen Teekuchen bis zur letzten Kirsche hinunter. Doch heute lasse ich mir alles durchgehen, also ... Ich genehmige mir einen weiteren süßen Snack (morgen werde ich wieder besonnen sein, versprochen) und beschließe, die Abendtests zu machen, denn ich möchte gern faul im Bett liegen und lesen.

Ich bin irgendwie niedergeschlagen und rufe mir die schönen Augenblicke oben im Camp in Erinnerung. Das heitert mich ein bißchen auf. Ich lebe wieder auf der Erde mit Francis und meinen Freunden, die mir furchtbar fehlen. Jetzt muß ich sagen, ich habe genug von dieser Grotte. Dieser Aufenthalt steht mir bis oben, und ich möchte bald den kleinen Satz hören, der für mich langsam zu einer Wahnidee wird: »Das war's, es ist vorbei ...« Was für interessante Dinge müssen da draußen passieren, auf der Welt, überall halt. Außer hier, in diesem düsteren Labyrinth. In diesem steinernen Kerker, hinter einem Riegel, den ich mir selbst vorgeschoben habe. In diesem Zuchthaus, wo die Steine wie Fußketten sind. Ach, warum bin ich nicht ein Teil des Getümmels, der Hektik und der Geschichte auf der Welt ... Na ja, vielleicht bald.

Nachdem ich aufgehängt habe, mache ich eine Bestandsaufnahme. Also, ist es endlich soweit, habe ich mich beruhigt? Ich schlurfe auf die Terrasse und höre Stimmen nach mir rufen. Gut, dann ist es Zeit, mich im Schlafsack zu verkriechen ...

Ich stelle einen Stapel neuer Bücher neben mein Bett; doch vorher will ich »La Joie« auslesen. Nicht weil es mich gepackt hätte, nein, aus reiner Neugier. Denn auch wenn ich einen Roman nicht fesselnd finde, muß ich ihn zu Ende lesen – um zu sehen, ob ich nichts verpaßt habe ... In diesem schwärmen angestaubte und scheintote Figuren um ein Weibsstück von 17 Jahren, das nicht zwischen dem Ruf Gottes und Schlafsuchtsanfällen unterscheiden kann. Außerdem halten die Diener akademische Reden, und es geht nur um Geheimnisse (deren Inhalt man nicht kennt), Rätsel (was gibt es denn da bloß zu entdecken?), schwere Bürden (was für drückende Sorgen haben diese leichtlebigen Leute denn?), und das Ganze endet mit einem ganz und gar unwahrscheinlichen Todesfall. Seltsamer Zufall, die Hausgemeinschaft, die sonst das Gras wachsen hört, bemerkt die zwei Schüsse nicht! Nein, es ist keine Freude.

Na ja ... Daraufhin blättere ich noch ein bißchen in dem zynischen und komischen Buch von Desproges herum und schalte einige Wörter später das Licht aus.

Doch heute nacht ist einiges los. Wenig später wache ich auf und habe das paradoxe Gefühl, mit weitaufgerissenen Augen zu schlafen. Ich stehe auf, muß wieder in die Senkrechte kommen. Will ich etwas essen? Ja, genau, ich habe wahnsinnig Hunger. Außerdem vertreibt das Essen meine Angstzustände, denn meine Kehle ist wie zugeschnürt.

Um abzuschätzen, wie groß mein Appetit ist, gehe ich alle meine Lebensmittelvorräte durch. Ich habe auf alles Lust. Also ist es wirklich Hunger und nicht Gefräßigkeit. Es ist sehr wichtig, diesen Unterschied festzuhalten ... Ich werfe ein Auge auf ein Kalbsragout, auf das ich Maronencreme häufe, die ich unter Keksen begrabe, die wiederum ausgiebig in Kuchen versunken sind.

Jetzt fühle ich mich besser und gehe wieder ins Bett und

schlüpfe in meinen Schlafsack wie in ein Raumschiff. Es ist ein intimer und magischer, immer einladender Ort, in dem ich vor der feindseligen, zu weiten und zu dunklen Umgebung sicher bin. Da liege ich, gegen Baptistin gelehnt, der mit seinen immer staunenden, kugelrunden bernsteinfarbenen Augen zur Decke schaut. Ich fische ein Buch, das gerade in Reichweite ist, aus dem Regal. Die Kriegserinnerungen von de Gaulle.

Plötzlich ruft jemand nach mir. Ach, das Wasser. Es macht komische Geräusche heute nacht. Und da drüben, neben dem unterirdischen Fluß, gluckert es wie in einem Ausguß.

Ich träume von einem Markt mit Obst und Gemüse, wo eine junge Frau sich barsch beschwert, weil es nur deutsche und keine belgische Schokolade gibt – Sie kauft sie trotzdem. Ich träume von Zugfahrgästen, die mit Streik drohen, weil die Schnellbahn aus der Vorstadt drei Minuten zu früh abgefahren ist. Dann erlebe ich eine trostlose Nachkriegsszenerie, wo ich meinen Neffen Alexander und meine Nichte Vanessa auflese, die sich verirrt haben. Sie fragen, ob sie Kaugummi kauen dürfen. Mein Vater erlaubt es ihnen, denn es ist Montag, und da ist es erlaubt. Das alles ist in graue Traurigkeit getaucht.

Dann bekomme ich höllischen Durst. Ich trinke etwas und schlafe weiter. Ich glaube zu ersticken und versuche mit heftigen Fußtritten alles vom Schlafsack herunterzubekommen, was drauf ist. Seltsamerweise ist der Schlafsack ganz trocken. Also heute nacht läuft alles verkehrt herum.

In meinem Po fängt es wieder an zu ziehen, das heißt, ich liege seit über 15 oder 18 Stunden *(31 h 33).)* Das wenigstens trügt nicht.

22. ZYKLUS

23.–26. September 1988

72 h 59 – davon 36 h Wachphase, 2 h 03 Siesta und 34 h 56 Nacht

Und ich träume ein bißchen, mit offenen Augen, das heißt, diesmal erfinde ich nicht, sondern lebe in meinen Erinnerungen. Und stelle mir die Frage, die ich übrigens jeden Tag auf einem kleinen gelben Schild lesen kann, das mir Folko mit einem Augenzwinkern gegeben hat: Was mache ich eigentlich hier? Ja, das frage ich mich wirklich. Und wie ich hierhergekommen bin? Das weiß ich schon ... Sogar schon seit geraumer Zeit. Denn ich habe mich auf dieses verflixte Experiment vorbereitet. Nachdem ich im April die Bestätigung bekam, daß ich die Auserwählte war, bestand meine Vorbereitung aus einer einzigen Kette von Widersprüchen. Nein, ich habe nicht trainiert. Ich habe im Gegenteil alle körperlichen Aktivitäten heruntergeschraubt, um nicht von einem sportlichen Extrem ins andere zu fallen, denn in der Grotte ist an Marathonläufe nicht zu denken ...

Nein, meine Ernährungsgewohnheiten habe ich nicht geändert. Und schon gar nicht habe ich mein Sexualleben aufgegeben.

Ja, ich habe mich auch weiterhin in waghalsige Unternehmungen gestürzt. Keinerlei besondere Vorkehrungen also, bis ich nach Millau kam. Meine einzige Vorbereitung bestand eigentlich darin, zu leben.

Als ich Anfang Juni ins Camp gekommen bin, also zwei Monate vor dem Einstieg in die Höhle, habe ich genauso weitergemacht. Mit einigen zusätzlichen Erschwernissen, in erster Linie der Geheimniskrämerei. Denn niemand – auch nicht die Stammbelegschaft des Camps – durfte wissen, daß ich die Versuchsperson war. Das sollte erst Mitte Juli bei einer Pressekonferenz offiziell bekanntgegeben werden, das heißt eineinhalb Monate nach meinem Eintreffen.

Man kann sich überlegen, wie leicht es war, meine Anwesenheit zu begründen (ich bin die Campköchin!) oder zu erklären, warum ich die Empfänger für die Temperaturmessung trug (um sie auszuprobieren, bevor die richtige Versuchsperson kommt!). Und sich nicht totzulachen, als Michel vor versammelter Mannschaft anfing: »Also, wenn du hinuntersteigst, äh, wenn sie hinuntersteigt ...« usw.

In einer beinahe lockeren Atmosphäre, die hie und da von herzhaftem Gekeife akzentuiert wurde, ging ich also meiner Aufgabe als zukünftige Testperson nach.

Am schwierigsten waren die zwei oder drei Wochen vor dem Einstieg, als es darum ging, die Steuerung meiner inneren Uhr festzustellen. Also, da habe ich wirklich etwas durchgemacht! Denn um den quasi »natürlichen Biorhythmus« eines Menschen herauszufinden, verlangt man eine total künstliche Lebensweise von ihm. Die Einstellung des Liebeslebens, zum ersten! Bei Sonnenuntergang schlafen zu gehen, zum zweiten! Immer zur selben Uhrzeit aufzustehen, allerdings ohne Wecker, zum dritten! Und feste Essenszeiten einzuhalten, und zum vierten! Halt ganz entspannt zu sein in einem Camp, in dem bürgerkriegsähnliche Zustände herrschen.

Kurz, genau das Gegenteil von meinen ... natürlichen Neigungen.

Und der letzte Streich: ausgewogene Ernährung, keine kleinen Naschereien mehr. Oje, oje. Ich schwöre Ihnen, daß ich es versucht habe, aber ... meine Natur ist mit mir durchgegangen, und das war der gesunde Menschenverstand ... Und wenn man allen Ärger, die Stimmungsschwankungen, die allgemeine Spannung, die in der Luft lag, außer acht läßt, dann habe ich im Causse außergewöhnliche Situationen erlebt. Leider war Francis nicht dabei. Folko, Thierry, Stéphane und ich haben die Abendstille genossen, die sich langsam über die noch warmen Felsen legte. In der Dämmerung liefen wir über das ausgedörrte Gras im Tälchen Le Ravin und sahen, auf dem Rücken liegend, die Sterne blinken. All diese gemeinsamen Erlebnisse haben uns unverbrüchlich zusammengeschweißt ...

Natürlich genügt es als Vorbereitung auf drei Monate in einem Loch nicht, im Camp zu leben und sich an der Ausarbeitung des Experiments zu beteiligen. Man muß vor allen Dingen ein felsenfestes Konzept im Kopf haben. Und daran hatte ich seit langem gearbeitet. Genaugenommen habe ich mir meinen Aufenthalt nicht als einen Zeitraum von drei Monaten gedacht, sondern als einen einzigen Tag, der mit meinem Einstieg anfangen würde und beim Verlassen der Höhle zu Ende wäre. Dieser lange unterirdische Tag wäre natürlich ein bißchen schraffiert durch Schlafzeiten, Depressionen, Euphoriezustände, Mattigkeit, Wutausbrüche.

Doch je mehr ich mir den Aufenthalt unter diesem Blickwinkel vorstellte, desto leichter schien er mir zu bewältigen, ja, er kam mir fast kurz vor ...

Einmal allerdings ist mir voller Entsetzen bewußt geworden, wie furchtbar lange drei Monate sind. Als ich eines Abends nachrechnete, wurde mir klar, daß ich bereits eineinhalb Monate im Camp lebte. Und ich hatte schon die Nase voll, wobei es mir vorkam, als sei ich sechs Monate dagewesen. Es erschien mir endlos lang, und ich sagte mir etwas ängstlich: Wenn ich mir vorstelle, daß ich doppelt so lange unten bleiben muß ...! Mein Gott. Drei Monate sind lang. In der Tat.

Aber dann gewann meine Vorstellung von dem langen Tag in einer Gruft wieder die Oberhand, und ich versetzte mich nicht mehr mit entmutigenden Berechnungen in Unruhe. Ebensowenig wie ich meine verschiedenen Freizeitbeschäftigungen im voraus plante. Das wollte ich dann sehen, wenn ich einmal dort war, wobei ich allerdings Vorsorge trug, jede Art von Lese-, Spiel oder Mallust befriedigen zu können ...

Und ich forderte mich insgeheim selbst heraus. Na, meine Gute, jetzt werden wir ja sehen, was in dir steckt ...

Das seltsamste an der Sache war das Vertrauen, das die anderen in mich hatten. Wie oft hat mir jemand gesagt, jetzt, wo ich Sie kennengelernt habe, weiß ich, daß Sie es schaffen werden.

Wenn sie nur recht behalten! Denn trotz allem blieb mir ein Rest Zweifel, Angst und Unsicherheit. Auf keinen Fall jedoch erlaubte ich es mir, aufzugeben. Ich bewunderte die Zuversicht dieser Leute. Allein schon deshalb darf ich sie nicht enttäuschen ...

Bevor ich schließlich von wissenschaftlicher Seite als Versuchsperson angenommen wurde, mußte ich mich noch kurz im Krankenhaus einfinden.

Übrigens trage ich im Moment, also am Anfang dieses 22. Zyklus, weder EEG-Elektrode noch Hämatron. Es ist das erste Mal, daß ich das Gesicht ganz frei habe, und ich nutze es aus, liebkose den Schlafsack, genieße seine seidige Weichheit, die zarten Daunen. Ich rekle mich und bin guter Dinge, kann also das Licht einschalten und stehe auf. Mein Po tut weh. Aua!

Wo kommen bloß die Schmerzen her? Das habe ich normalerweise nur nach einer sehr langen Nacht ...

Ich kann nicht ruhig auf einem Platz sitzen oder stehen, so heftig ist das Ziehen in meinen Hüften ... Doch scheint mein Frühstück auf der Terrasse den Schmerz zu lindern. Das muß der Ischiasnerv sein, denn der Schmerz zieht hinunter bis zur Wade.

Ein paar Sachen liegen an der Luke für mich bereit. Doch zunächst halte ich Nacht und Träume schriftlich fest.

Die Grotte scheint voller dunstiger Schwaden zu sein, und als ich nach oben zum Schacht schaue, der von einer Glühbirne ständig beleuchtet wird, sehe ich dicke gelbe Strahlenbündel ihre schräge Spur bis zum Wall ziehen. Wie ein Scheinwerfer bei starkem Nebel. Der gleiche Effekt ist beim Zelt zu sehen. Dieses Phantombild wirkt nicht gerade beruhigend. Es erinnert an berühmte Horrorfilme, denn im Nebel verbirgt sich so manches ...

Ohne Umschweife mache ich die Schatzkiste auf und nehme einen kleinen Walkman heraus. Sieh mal an, der ist neu. Es ist der Telemeter. Oben ragt eine kurze Antenne heraus, die ihn wie ein Walkie-Talkie aussehen läßt, damit meine Herzschläge besser hinaufgesendet werden können.

Darauf genehmige ich mir Erdbeer-Zitronen-Tee statt Kaffee, und damit basta! Ich lege mich wieder hin, bevor ich zur Luke gehe, wo eine neue Schreibmaschine auf mich wartet ...

Heute werde ich noch keine Zeit zum Lesen haben. Ich schließe die Augen und spüre, wie der Schmerz in meinen Hüften ein wenig nachläßt. Ich weiß nicht, wie ich dieses Leiden benennen soll, aber was mich verblüfft, ist, daß es nachts auftritt, wo der Körper doch eigentlich die Spuren des Tages vergessen und wieder Kraft schöpfen soll.

Ich stehe wieder auf und hole die Schreibmaschine ab. Sie ist wenigstens leicht. Dann absolviere ich die Nachmittagstestreihe, doch ich kann weder stehen noch sitzen; ich muß mich hinlegen.

Ich habe starke Schmerzen in den Hüften, selbst im Bett, und ich finde keine Stellung, die mir Erleichterung verschaffen würde. Doch schließlich schwinden die Schmerzen, und ich schließe die Augen zu einem kurzen Schlaf, bleibe regungslos liegen, denn ich wage nicht, mich zu bewegen, aus Angst, daß die stechenden Rückenschmerzen wieder aufflackern. Ich liege im Halbschlaf. Mein Gehör ist nicht ausgeschaltet, und meine Gedanken schweifen unruhig und flehentlich zu meinem Kreuz, das sich vorübergehend beruhigt hat. Ich höre, daß die Zentrifuge stoppt, doch ich habe nicht die Kraft aufzustehen und schlafe endgültig ein. Nachdem ich wieder zu mir gekommen bin, bewege ich ein Körperteil nach dem anderen, dann meinen ganzen Körper. Schmerzen? Nein! Aber ich habe mich zu früh gefreut, denn kaum stehe ich aufrecht, kann ich mich nur mühsam vorwärts schleppen. Ich mache die Nach-Siesta-Tests mit Michel und lege mich wieder hin, um die Gebrauchsanweisung der neuen Schreibmaschine durchzulesen. Es gelingt mir, eine bequeme Stellung zu finden, auf der Seite, und ich überfliege das Heftchen. Ich bin mit über 100 Seiten im Rückstand, seit meine Maschine kaputtgegangen ist, und fange mit dem Tippen an. Die neue Schreibmaschine hat einen leichten Anschlag, das Korrigieren geht problemlos, aber das Schriftbild läßt etwas zu wünschen übrig. Die Tintenschwärze ist nicht gleichmäßig verteilt. Ich tippe sieben Seiten, und die Farbe ist verbraucht. Das wird noch teurer als vorgesehen. Armer Michel!

Ich esse eine Menge Süßigkeiten. Das beruhigt mich etwas, denn ich habe Angst, mich ins Bett zu legen, da ich fürchte, die Schmerzen werden wieder stärker. Bis jetzt habe ich natürlich denen da oben nichts von den Anfällen gesagt. Wozu auch? Medikamente wären nur eine Notlösung, und so oder so ändert es für mich nicht viel. Ich bin fest davon überzeugt, daß sie mit der Zeit aufhören ... Doch wenn ich noch zwei Monate so herumhängen muß, habe ich Angst. Ich will nicht daran denken und lege mich wieder hin.

Ich habe einen dicken Kloß im Hals und fühle mich elend. Ich möchte am liebsten alles aufgeben. Ich möchte verwöhnt und umsorgt werden, wie jemand, der sich von einer schweren Krankheit erholt, und ich schreibe an Francis, um ihm mein Leid mitzuteilen. Mir graut bei der Vorstellung aufzustehen, um die Abendtests zu machen. Nichtsdestotrotz habe ich – was für eine angenehme Überraschung – keine Schmerzen mehr.

Seit »Mittag« habe ich nicht mehr geregelt gegessen, und jetzt stopfe ich mich schon wieder mit Keksen voll. Doch mir sagt nichts anderes zu. Ich lege mich wieder hin, um meinem Kreuz Ruhe zu gönnen. Doch ich muß unbedingt noch die Tests zu Ende bringen und stehe auf. Die Hoffnung, mich dann endgültig schlafen legen zu können, macht mir die volle Stunde, die das jedesmal dauert *(in Wirklichkeit 35 Minuten),* erträglich.

Endlich lege ich mich ins Bett, komme zur Ruhe, entkrampfe mich und nehme ein Buch zur Hand. Kein x-beliebiges, sondern eines, das schon seit langem in meinem Bücherregal herumsteht und das ich einmal auf dem Flohmarkt gekauft habe. Ein schlichter Titel, geheimnisumwittert, je länger man daran vorbeigeht, ohne es aufzuschlagen. Ein alter Schmöker, den man sich aufhebt, weil man denkt, daß er gut ist, und weil die Leute mit dem einvernehmlichen Kopfnicken davon sprechen, das man den großen Klassikern gewährt, die jeder kennt. Außer mir. Also schlage ich »L'Hôtel du Nord« von Eugène Dabit auf. Diese Ausgabe von 1929 duftet gut nach modrigem Keller und Trödel, wie ihn nur unsere Vorfahren in ihren großen Häusern ansammeln konnten. Und es ist so einfach erzählt, in einer Alltagssprache ohne unpassende Schwülstigkeit und ohne gewollt derb zu wirken; ohne verheerende Leidenschaften. Es geht um ein Hotel und seine Bewohner Anfang unseres Jahrhunderts. Man nimmt teil am Alltagsleben einfacher Leute, die nicht unbedingt im Elend leben, das nicht. Wie meine Urgroßeltern etwa. Das liegt so weit zurück und ist doch so vertraut. Ich blättere die ungleichmäßig aufgeschnittenen Seiten um und weiß meine Epoche wieder mehr zu schätzen, wenn ich über das rauhe und mühselige Leben dieser Leute lese.

Ich fühle mich viel besser und schalte das Licht aus, in der Erwartung, lange und tief zu schlafen. Doch ich wache ziemlich schnell wieder auf, denn in meinem Bauch rumort es, und ich gehe, um meine Eingeweide zu entleeren. Meine Hüften tun nicht mehr weh, aber ich fühle, daß der Schmerz nur darauf wartet, zurückzukommen. Ich lege mich wieder ins Bett und bemerke von ferne das leichte Ziehen, das mir so viel Angst macht. Ich nehme an, es kommt daher, daß ich eine ungünstige Liegeposition habe, und strecke mich so flach wie möglich aus, indem ich die Kopfkissen zusammendrücke. Doch unmöglich, lange in dieser Stellung zu bleiben. Die Krämpfe im Po, im Kreuz, in den Schenkeln werden immer deutlicher spürbar. Ich bilde mir ein, daß das Ziehen im Kreuz von den Gürteln und den verschiedenen Gummizügen herrührt. Also ziehe ich Hose und Slip aus und lege den Gurt des Temperaturmessers ab. Jetzt fühle ich mich freier und leichter. Schon, aber ... Ich schlage die Augen auf. Die Finsternis wirkt trübe, traurig und unfreundlich. Ich drehe mich von einer Seite auf die andere. Mir wird klar, daß der Schmerz ein furchtbarer Feind ist, und mit einemmal bekomme ich eine Ahnung von dem Elend und der Verzagtheit aller Kranken, Alten, für die Schmerzen an der Tagesordnung sind, der Preis für das Leben sozusagen, und tiefes Mitleid schnürt mir die Kehle zu, eine ungeheure Woge des Mitgefühls überflutet mich, und Kummer erfüllt mich für diese Leute, denen niemand mehr helfen kann. Und wenn man sich an Neujahr zum x-ten Mal »... und vor allem Gesundheit« wünscht, dann ist das nicht zum Lachen. Es ist auf so traurige Weise wahr ...

Ich wache nochmals auf, um mich anders hinzulegen, und genieße diesen Zustand innerer Ruhe und Zufriedenheit wirklich. Ich träume von einem phantastischen Betterlebnis und von der Heirat mit einem Helden aus »Denverclan«, die ich ablehne. Aber dieser Traum, in dem Francis mich zurückweist, hinterläßt in mir ein unangenehmes Gefühl von Beklommenheit, Angst und Verzweiflung.

23. ZYKLUS

26.–29. September 1988

77 h 25 – davon 39 h 32 Wachphase, 37 h 53 Nacht

Ich sammle mich eine Zeitlang und plane meinen kommenden Tag vom Bett aus. Wenn nur die Schmerzen nicht wieder anfangen. Ich stehe auf und entwirre, unter dem Schlafsack kniend, die verhedderten Drähte des Temperaturmessers und des Telemeters.

Ich gehe ganz vorsichtig und prüfe meine Lenden. Man könnte meinen, es legt sich. Ich wage es noch nicht so recht, es zu glauben, denn ich fühle deutlich leichte Stiche im Po. Ich beeile mich nicht und ziehe mich an, bevor ich alle Tests mache. Ich wähle den mausgrauen Overall, und mir fällt auf, daß sich der Geruch (das heißt, meiner) stabilisiert. Mein Körper hat sich auf einem bestimmten Niveau eingependelt, und meine Kleider strömen nur noch den leichten Duft aus, mit dem ich sie von Zeit zu Zeit durchsetze. Sicher auch eine Frage des Materials, denn mein erster Overall, der dunkelblaue, reagierte viel heftiger auf meine körperlichen Anstrengungen. Das heißt, daß ich mich ganz und gar nicht gehenlasse, aus Selbstachtung und um nicht die Kontrolle über meinen Willen zu verlieren. Außerdem entwickelt man, wie Francis sagt, mit der Zeit einen Selbstreinigungsmechanismus.

Michel hat Wachdienst. Das leichte Stechen in den Hüften untergräbt meine Stimmung, und ich habe keine Lust, lange am Telefon zu hängen, vor allem weil er sich weder in seinen Blättern noch in seinen Zahlen zurechtfindet. Als ich vom Stuhl aufstehe, fühle ich den Schmerz im Hohlkreuz sitzen. Ich beschäftige mich ein bißchen im Haushalt, denn heute ist ein besonderer Tag, und den will ich markieren. Ich gehe nämlich davon aus, daß ich das erste Drittel meines Aufenthalts hinter mir habe, und das will ich gebührend feiern. Mit einem schönen Abendessen und Kerzenbeleuchtung in der Grotte ...

Ich setze mich an den Terrassentisch und schlürfe meinen Kaffee. Dann stört mich die Ungewißheit doch, und zum erstenmal will ich nachrechnen, wieviel Zeit vergangen ist. Ich nehme ein Stück Papier und einen Stift und schreibe Zahlen nebeneinander. Mein einziger Anhaltspunkt ist meine Periode, und wenn sie mich nicht im Stich gelassen hat, wenn tatsächlich vier Wochen zwischen den beiden Blutungen liegen, komme ich zu dem Schluß, daß ich seit ... 49 Tagen hier bin *(in Wirklichkeit 47).* Dann wäre es genau die Hälfte und nicht erst ein Drittel der Zeit. Das entzückt und verblüfft mich, aber ich will nicht daran glauben und halte mich an meine persönliche Version, also ein Drittel.

Ich sitze da und habe keine Schmerzen mehr. Das wäre zu schön. Vorsichtig stehe ich auf, gehe ein paar Schritte, horche in mich hinein. Nichts mehr! Kann das sein? Ich könnte weinen vor Freude. Wenn es nur so bleibt!

Ich wasche das Geschirr fertig, dann hole ich die tiefgefrorenen Zutaten für mein kleines Festtagsmenü, Jakobsmuscheln, Räucherlachs und Erdbeeren, und lasse alles auftauen.

Dann reibe ich mir die Haare mit Haartonikum ein (das erspart mir eine Haarwäsche), maniküre meine Hände, kurz, ich richte mich für das Ereignis her, das ich filmen und photographieren will. Ich nehme flüchtig zur Kenntnis, daß sich mein Nageletui mit einem Schimmelflaum überzogen hat. Alles, was organisch ist, keimt aus in dieser düsteren Morastlandschaft. Da wird einem erst bewußt, wie viele nur scheinbar tote Dinge um uns herum sind ...

Ich verbringe bestimmt mehrere Stunden damit, verschiedene Notizen auszuarbeiten. Sie reichen von »Grundzüge der Nacht vom 22. auf den 23. Zyklus« bis hin zu »Art und Weise des Kaffeetrinkens«. Denn ich trinke das Gebräu nie in einem Zug, sondern schlürfe es und brauche manchmal so lange dazu, daß ich es zwischendurch wieder aufwärmen muß ...

Plötzlich wird mir bewußt, daß ich friere. Zu spät. Ich werde eine ganze Zeit brauchen, um wieder meine Normaltemperatur zu erreichen, selbst wenn ich mich wie eine Besessene hin und her bewege ...

Ohne großen Zeitaufwand richte ich mir etwas zu essen her und absolviere die Tests mit Michel. Dann esse ich friedlich, bleibe am Tisch sitzen und koste in vollen Zügen das genüßliche Gefühl aus, wieder bei bester Gesundheit zu sein. Keine Schmerzen mehr. Mir ist schön warm in meinem Overall, und ich bewege alle Körperteile bis hinunter zum kleinen Zeh, um die Bestätigung zu haben: Ja, sich wohl fühlen ist wirklich ein Geschenk des Himmels ...

Ich mache ein Päckchen fertig, gehe zur Luke, wo es der Freiheit entgegenschwebt.

Doch ich bin mit meinen Gedanken schon bei meinem kleinen Fest. Vorher lege ich mich noch ein bißchen hin, denn beim Seilziehen habe ich wieder ein tückisches Stechen im Rücken gespürt, und ich schone mich, so gut es geht, in der Sorge, die Schmerzen könnten wieder anfangen.

Ich schlage ein neues Buch auf, um eine lange Reise ins Innere eines faszinierenden Kontinents anzutreten: »Voyage en Afrique Intérieure« von Mungo Park, einem Schotten, der es gewagt hat, Afrika von Westen nach Osten bis vor Timbuktu zu durchqueren, zwischen 1793 und 1795. Im ersten Moment überrascht es einen, daß dieser junge Mann, der mit 24 Jahren eine Reise ins Ungewisse antritt (und darüber hinaus schon in Indien war), einen bescheidenen Ton anschlägt und in einer ausdruckslosen Sprache schreibt, als würde er bloß einen Fußmarsch von seinem schottischen Bauernhof zum Nachbardorf schildern. Aber es liest sich gut ...

Dann überlasse ich Park den Händen der grausamen Mauren, um die Vorbereitungen für mein Fest in Angriff zu nehmen. Ich prüfe die appetitlich glänzenden Muscheln. Auf einigen ist noch ein bißchen Sand, den ich sorgfältig beseitige.

Einige Lebensmittel, die hierhergekarrt worden sind, haben regelrechte Irrfahrten hinter sich. Vor allem die tiefgefrorenen. Denn alles mußte sehr schnell gehen, mitten im August schmilzt das Zeug. Michel, Julien und ich luden also alle tiefgefrorenen und verderblichen Sachen, die allerhöchstens zwei Stunden später in der Kühltruhe im Valat-Nègre landen sollen, ins Auto. Sonst hätten sie meinen Vergiftungstod auf dem Gewissen ... Was übrigens beinahe passiert wäre. Denn Michel konnte – nach Auskunft der sturen und äußerst unhöflichen Kassiererin – nicht mit einem einzigen Scheck die Tiefkühlprodukte und die normalen Lebensmittel bezahlen. Eine Diskussion entbrannte, gebannt verfolgt von den Kunden, die wie Fliegen um einen Topf Honig an der Kasse klebten. Es mußte dringend eine Lösung gefunden werden, die der blöden Trägheit in diesem Supermarkt ein Ende machte. Im Camp angekommen, hieß es: Auf die Plätze! Wir hatten eine Stunde Zeit, um die tiefgefrorenen Sachen nach unten zu schaffen. Doch alle waren bereit, und ab ging die Post. Und zwar derart, daß man die Pakete in Überschallgeschwindigkeit vorbeiziehen sah.

Doch ach, im Eifer des Gefechts gingen einige drauf. Pakete, meine ich. So breitete sich auf dem Wall eine neue Gattung fliegender Fische aus ...

Und ich muß hellauf lachen, während ich die seidige Haut meiner Muscheln abtupfe.

Doch vor dem Kochen schreite ich zu einer weiteren Vorbereitung, die der Dreh- und Angelpunkt des Festes ist: die Kerzen. Ich nehme ein Dutzend schlichte weiße Haushaltskerzen und mache mich daran, sie in drei Teile zu schneiden. Diese Kerzenstummel stelle ich auf die Stalagmiten. Die Grotte mit den 36 Kerzen ... Die Stummel mache ich zurecht, indem ich sie nacheinander anbrenne und den Docht freilege.

Dann kümmere ich mich um das Essen. Vor der Kamera knete ich den Teig für ein schönes rundes Brot und lasse ihn gehen. Die Jakobsmuscheln brutzeln in der Pfanne, wo ich den Sud mit Crème fraîche ablösche. Hmmmmm, höchste Zeit, zu Tisch zu gehen.

Als Beilage zu den Meeresfrüchten sehe ich nicht Reis, sondern Muschelnudeln vor. Ich reiße ein Paket auf und stelle mit Entsetzen fest, daß die kleinen Teigschnecken einen Flaum haben. Verschimmelt! Ich öffne eine weitere Packung und dann noch eine: überall graugrüner Flaum. Dann also Spaghetti. Doch ach! Was ich aus der Schachtel hole, ist ein blühendes Büschel, und die Spiralnudeln, auf die ich mich dann verlege, scheinen mir ungefähr so verlockend wie die samstäglichen Dauerwellen meiner Hausmeisterin. Dennoch gelingt es mir, einige noch intakte Streifen herauszufischen, und ich lasse sie kochen. Währenddessen baue ich Photoapparat und Videokamera vor dem Stalagmitendickicht auf. Aber von da an geht alles schief. Ein erstes Blitzlicht beschließt, in Streik zu treten. Na gut, Schluß mit dem Photographieren, Zeit für die Videokamera. Doch ein trauriges »Klick« antwortet und läßt mich im Dunkeln zurück. Noch eine Panne. Pech. Ich beschließe, alles aufzuräumen und endlich in Ruhe abendzuessen. Und zwar endgültig.

Ich setze mich auf die Terrasse, um mein lang ersehntes Festessen zu genießen. Das selbstgemachte Brot ist wunderbar weich und paßt mit Butter göttlich zum Lachs.Und wenn ich Jakobsmuscheln esse, dann 20 oder 30 Stück hintereinander. Das geht ganz leicht, und ich bedaure sogar, daß es nicht mehr sind. Ich verstehe gar nicht, wie man vom Essen krank werden kann ... Und als krönender Abschluß: Erdbeeren mit Zucker und Crème fraîche. Doch vor dem Nachtisch muß ich meinen Rücken entspannen, werfe mich in den Campingsessel, schließe die Augen und erhole mich von der Verausgabung. Ich schlafe nicht wirklich, mein Verstand ist ganz wach, aber ich lasse meinen Körper gehen, der sich in vollkommener Regungslosigkeit von der Anstrengung erholt.

Da ich mehr oder weniger die Notwendigkeit einer Siesta verspüre, erledige ich vorher die erforderlichen Tests, die mich allerdings wieder völlig wach machen. Mist! Ich vergeude eine halbe Stunde für nichts und wieder nichts. Das macht mich etwas wütend. Na gut, dann werde ich lesen und Mungo Parks Afrikareise fortsetzen, der seine furchtbaren Händel mit maurischen Barbaren, Krokodilen und Löwen im gleichförmigen Stil eines Botanikers erzählt ...

Ich lege mich ins Bett. Ich komme gut voran in Afrika und gelange zwei Jahre und sieben Monate nach Mungo Parks Abreise schließlich ans Ende dieser erschöpfenden Odyssee. Doch es bleibt nicht viel hängen von dieser phantastischen Reise, mit Ausnahme von einigen bestürzenden Bemerkungen über die Sklaverei, die allüberall herrscht. Doch immerhin ist Park der erste Weiße, der einen Blick ins tiefste Afrika geworfen hat und wieder zurückgekehrt ist. Für morgen lege ich mir die Schilderungen eines berühmten australischen Missionars in Afrika bereit. Dr. Livingston vermutlich?

Ein weiterer Zyklus ist also zu Ende. Schon allein bei dieser Beobachtung bekomme ich das Gefühl, daß mir die folgende Zeit des Experiments lang vorkommen wird. Dabei bin ich nie untätig, doch Langeweile, Heimweh, die Trennung von meinen Lieben, das Bedürfnis nach Liebe, Zärtlichkeit, halt einfach die Lust auf Veränderung schnürt mich ein.

Meinen Kopf auf Baptistins samtweichem Nacken, hoffe ich auf eine ganz, ganz lange Nacht ...

Das muß sie wohl sein *(37 h 53!)*, denn ich wache dreimal auf wegen meiner Blase. Ich habe ein paar Traumfetzen aufgeschnappt, die direkt mit meiner Lektüre zu tun haben beziehungsweise mit einem Metrofahrschein, den ich gestern in meiner Tasche gefunden habe. Ich habe mit Entsetzen, Abscheu und Empörung von einem Sklaven geträumt, den man lebendig in Zellophan gepackt hat wie Fleisch in einer Metzgerei. Dann eine friedlichere Szene in der Metro, mit meiner Mutter, im Park von Versailles.

24. ZYKLUS

29. September – 2. Oktober 1988

98 h 09 – davon 59 h 37 Wachphase, 5 h Siesta und 33 h 32 Nacht

Ich habe den Eindruck, es regnet. Doch nein, es ist die Grotte. Ich drehe mich wieder um. Aber halbwach sehe ich unterirdische Katastrophen vor mir. Zuerst die Tropfsteine, die hoch über dem Camp von der Decke hängen. Gestern habe ich sie mir genau angeschaut. Einige sind tatsächlich abgebrochen. Von Zeit zu Zeit müssen sie gerade herunterfallen und sich in den Boden pflanzen. Ich sehe schon, wie mehrere Stalaktiten die Plane durchbohren und alles zerschlagen, Apparate, Arbeitstisch, Bücherregale ... Und ich bleibe wie durch ein Wunder verschont und muß das Experiment in einem unbeschreiblichen Chaos fortsetzen. Und wie durch Zauberei fängt es ohne Unterbrechung zu regnen an. Alles wird naß, das Wasser steigt und steigt ... Um die Plattform ist eine richtige Lagune. Dennoch überlebe ich und bringe das Experiment unter diesen traurigen Umständen zu Ende.

Ich öffne die Augen in der Dunkelheit. Hier bin ich schön im Warmen, aber trotzdem möchte ich gerne woanders sein. Ich habe genug von diesen Tropfen, die dauernd fallen, von den Tests, den schweren Kleidern und der Kälte. Dieser schwarze Hintergrund kotzt mich an, und dieses blasse Ocker und Braun, die ständige Feuchtigkeit und der ganze Krempel ... Nein, ich möchte tauchen ...

Mein erster Tieftauchausflug war in Notre-Dame-des-Anges, einer Höhle in der Nähe von Vaison-la-Romaine. 30 Meter war für eine Anfängerin ganz schön. Einige Jahre später dann, in Australien, begann ich mit 55 Metern unter Wasser zu liebäugeln. In Piccaninnie Ponds, einer Felsspalte, die in marmorähnliches Gestein gehauen war. Ich tauchte allein, ganz vorsichtig, und fühlte, wie sich meine Pupillen weiteten, wie mein Gesichtsfeld zusammenschrumpfte und mein Bewußtsein wie unter einer Watteschicht gedämpft war, und dennoch behielt ich alle lebenswichtigen Geräte panisch im Auge. In etwa 53 Metern Tiefe hörte ich, wie das Akkugehäuse in meiner Lampe implodierte. Das ist ganz normal, es ist nur aus Plastik. Ich tauchte noch etwas tiefer und schaute neidvoll hinunter (wohin Francis als erster getaucht war, in 81 Meter). Aber ich hatte mir ein Limit von 55 Metern gesetzt und hielt mich daran. Schwerelos, ohne Anstrengung machte ich kehrt und stieg wieder auf, speicherte dabei alle Eindrücke aus dieser fernen verborgenen Wasserwelt. Ich kam wieder in Bereiche, wo es Vegetation gab, und vollzog die Druckausgleichsphase zwischen Schildkröten und Aalen.

Später, in Florida, tauchte ich noch etwas tiefer. In der größten Quelle der Welt, den Wakulla Springs. Bis hinunter auf 70 Meter, für eine Photoserie über Mastodonstoßzähne. Respektvoll berührte ich das fossile Elfenbein, diesen edlen Stoff, der vor zwölf Millionen Jahren zu diesen Riesentieren gehört hat.

Das Wasser war klar, wie Bergkristall, und wenn wir hinaufschauten, sahen wir nicht selten den Schwanz eines Alligators an der Wasseroberfläche dahingschlängeln. Die wollten wir uns aus der Nähe betrachten ... Am gegenüberliegenden Ufer hatten wir schon zwei Echsen erspäht, die mitten im Dezember friedlich ein Sonnenbad nahmen. Francis sagte zu mir: »Ein Photo«, ich antwortete: »In Ordnung.« Und wir schwammen vorsichtig weiter. Der schlammige Boden am Seeufer erschwerte unsere Bewegungen, und die Schlingpflanzen wickelten sich um unsere Glieder. Als wir bis auf weniger als zwei Meter an die Krokodile herangekommen waren, die bis dahin in souveräner Regungslosigkeit verharrt hatten, geschah das Furchtbare. Blitzschnell und unter schäumenden Wasserfontänen stürzten die Tiere direkt ... auf uns zu. Ich hatte noch nicht einmal Zeit, die ersten Worte des Vaterunsers zu sprechen, da waren sie wieder verschwunden. Im Wasser. Wo wir beide einvernehmlich trieben ... Vorsichtig traten wir den Rückzug zur Mitte des Sees an, wo keinerlei Vegetation mehr wuchs und das Wasser durchsichtig wie Glas war. Doch es war belagert. Zwei Augenschlitze beobachteten die Eindringlinge unfreundlich. Einzig seiner Photoleidenschaft folgend, tauchte Francis zu dem Tier hinunter, das ihm gelassen den Rücken zukehrte und im unentwirrbaren Unterwasserdschungel versank. Einige Monate später erfuhren wir, daß ein Taucher an derselben Stelle gefressen worden war .... Sauerstoffflasche inbegriffen.

Ach, diese Tieftauchabenteuer waren wunderbar. Und ich würde gerne noch tiefer tauchen, 500 Meter zum Beispiel; doch, doch, 500 Meter. Das muß schon ein Gefühl sein, in das dunkle Wasser hinauszuschwimmen, als Orientierung nur den Lichtkegel des U-Boot-Scheinwerfers, und sich zu sagen, meine Güte, über dir sind 500 Meter Meer.

O ja, das würde mir wahnsinnig Spaß machen ...

Doch einstweilen heißt es in einen neuen Zyklus eintauchen ... Und so mache ich das Licht an. Baptistins Bernsteinaugen starren mich glückselig an.

Und zum 24. Mal wiederhole ich das ganze Morgenzeremoniell. Ich höre ein komisches Geräusch da hinten auf dem Wall, als falle ein Sack herunter. Was kann das bloß sein? Das war kein Stein. Bin ich etwa nicht mehr allein? Und ich habe Angst, wenn ich daran denke, daß hier womöglich ein Tier ist, das vor Hunger aggressiv werden kann. Ich werde etwas Essen bei den Müllsäcken ausstreuen ...

Ein beruhigendes Zeichen dafür, daß die Zeit doch vergeht: Ich kann mir jetzt schon einen kleinen Pferdeschwanz machen ... Ich habe noch ein bißchen abgenommen, und darüber freue ich mich sehr. Darauf verordne ich mir zum Frühstück die Nudeln, die ich gestern habe stehenlassen. Die Klänge der Grotte dringen erstaunlich scharf zu mir. Scit ich diese seltsamen Aufschläge dort hinten gehört habe, bin ich unruhig, und ohne daß ich es will, hat meine Phantasie Tür und Tor geöffnet. Ich spitze die Ohren, um die kleinste Veränderung in dem ununterbrochenen Gemurmel der Höhle wahrzunehmen. Die nächsten Geräusche erschrecken mich, ich ertappe mich dabei, wie ich mich umsehe. Ich versuche die Dunkelheit zu durchdringen, um einen Schatten auszumachen. Ja, ich habe genau gesehen, daß sich bei diesem Tropfstein etwas bewegt hat.

Pötzlich herrscht vollkommenes Dunkel, alles bleibt stehen – auch mein Herz! Stromausfall. Die Glühbirnen, die durch Akkumulatoren betrieben werden, setzen Sekunden später ein, doch diese neue Helligkeit ist nicht dazu angetan, mich zu beruhigen. Und ich denke sofort: Jetzt ist es soweit, das ist genau der richtige Moment, um mich zu überfallen. Unverzüglich zünde ich eine Glaslaterne an, die ganz schwach das schwarze Gewand meines Feindes zurückdrängt. Ich vermeide es, der Plattform den Rücken zuzuwenden, und behalte sie ängstlich im Auge. Ich bin vollkommen paranoid.

Sorgfältige Körperpflege erhält die Selbstachtung. Manche Schönheitscremes haben nicht den gewünschten Erfolg.

Links: Eine Tonne Wasser in kleinen Flaschen.

Unten: Nahrung für Körper und Geist, welche ist wohl wichtiger?

Gastronomischer Trost (es lebe die Tiefkühlkost!).

Schach, Schreiben, Lesen und … erbarmungslose Mückenjagd. Heilsame Beschäftigungen.

Oben: Die Ecke mit den Gefriertruhen und den Abfalltüten.
Unten: Unterirdischer Abwasch.

Räucherstäbchen bringen eine exotische Note in die Feuchtigkeit meines Zelts.

Einsames Fest 80 Meter unter der Erde.

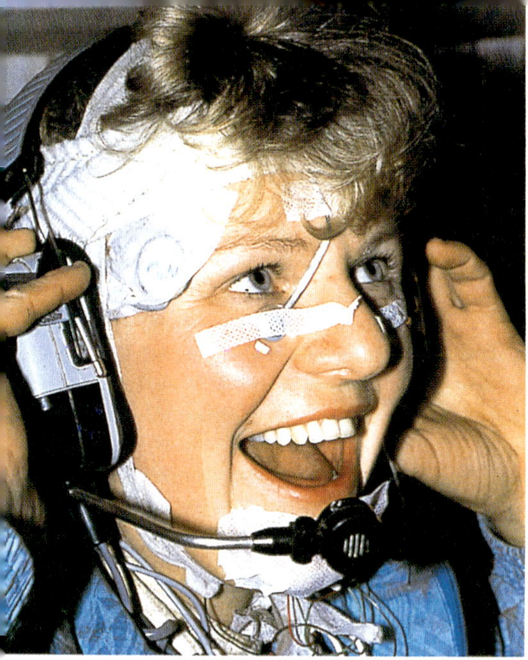

Links: Die ersehnte Nachricht: »Es ist vorbei!«

Unten: Am letzten Tag, Francis (links) und Michel Siffre beglückwünschen sich vor der Wachmannschaft (Thierry, Christophe und Christian).

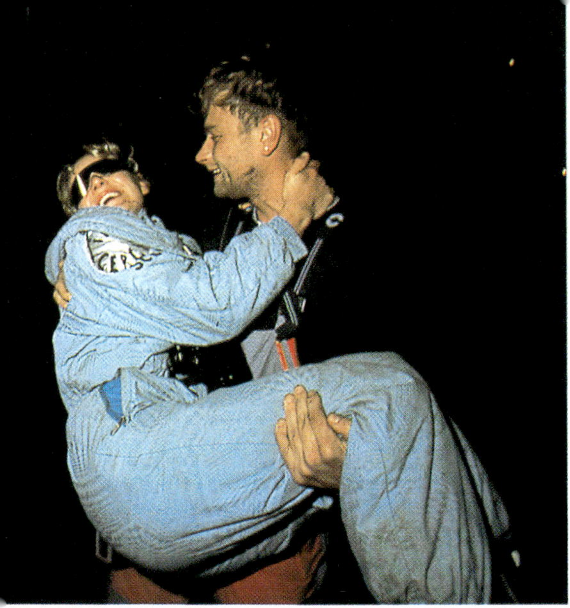

Links: Nach 111 Tagen Trennung, endlich wieder vereint mit Francis.

Unten: Ein letzter Abschiedsgruß an das unterirdische Camp vor dem Aufstieg.

Glücklicherweise dauert die Panne nur kurz, und das Camp erhellt sich wieder.

Ich ermanne mich. Wenn ich mich nicht wieder in den Griff bekomme, werde ich noch vor Ablauf des Experiments vor Angst sterben ...

Ich richte ein Paket her und gehe wachsam zur Luke. Ich habe Thierry gesagt, daß ich Angst hätte vor einem Tier, und sein spöttisches Lachen hat mich ein bißchen aufgeheitert, aber trotzdem ...

Ich schaue überall nach, wohin mein schwacher Lichtschein reicht. Ich fürchte mich vor etwas, doch ich weiß nicht, wovor. Denn dieses Geräusch heute morgen ist sicher nicht von selbst entstanden. Schwarze Äste, die mit weißen Keimen überzogen sind, bringen mich ein bißchen aus der Fassung. Ach was, ich kenne sie, gehe jeden Tag auf dem Weg zur Luke daran vorbei ... Äußerlich scheint sich zwischen den Steinchen, bei den Tropfsteinen, hinter dem verrotteten Holz und beim Seilzug nichts geändert zu haben. Ich bemerke kleine Plastikfetzen, ein paar Eisenteile,aber all das ist schon seit langem Teil der Landschaft. Nur habe ich dem bis jetzt keine Beachtung geschenkt. Außerdem sehe ich ohne meine Brille – jedem sein Fehler – nicht sehr scharf.

Ich betätige die Seile. Sieh an. Es scheint fast, als tropfe es von dieser Rinne stärker als sonst ... Ich nehme den Sack vom Haken, setze ihn auf halber Strecke ab, denn ich möchte mich ein bißchen umsehen, damit sich meine Angst legt – oder wieder aufflackert. Ich steige zu meiner »Nische« hinauf. Nein, die Plastiktüten liegen noch genau so da, wie ich sie zusammengerollt habe, und die Knochen sehen nicht aus, als hätten sie sich bewegt. Ich nehme die Tropfsteine unter die Lupe, doch auch sie scheinen sich nicht verändert zu haben, und klettere wieder hinunter. Langsam bekomme ich die Grotte wieder in den Griff, die mich, meine Ängste und meine Einsamkeit zum Narren hält. Ich bin sehr vorsichtig auf dem abschüssigen Weg, doch plötzlich – ich habe es schon fast kommen sehen, so seltsam und ungewöhnlich kam mir heute alles vor – rutsche ich aus und reiße mir die Handflächen blutig. In meiner rechten sticht es heftig. Ich habe die Herrschaft über die Elemente verloren, bin nur noch eine kleine Marionette in der Hand einer fremden Macht, die mir nicht immer wohlgesinnt ist ...

Ich mache einen kurzen Abstecher zu den Gefriertruhen,

hole ein Fischgratin heraus und kehre zur Plattform zurück. Heute habe ich ein ziemlich volles Programm, denn ich möchte die Festszene des Zyklus, die ich noch nicht filmen konnte, noch mal machen. Das wird die ergreifendste Szene meines ganzen Aufenthalts: wie ich mit meinem dicken Baptistin im Arm zwischen den Stalagmiten tanze. Ein Symbol der Einsamkeit ...

Logischerweise muß ich dann auch einen neuen Brotteig kneten. Außerdem will ich filmen und photographieren, wie ich mir den Kopf schere, und dazu muß ich mir die Haare waschen, die ganz schrecklich aussehen.

Auf der Plattform wird es allmählich chaotisch, und es empfiehlt sich, ein bißchen aufzuräumen. Außerdem muß ich die restlichen Nudeln und den Grieß aussortieren, weil sie sonst weiterschimmeln. Es gelingt mir nicht mehr ganz, das alles zu koordinieren, und ich fühle mich ein bißchen überfordert. Bis ich mich wieder besser zurechtfinde, werde ich die Tests machen und dann etwas essen.

Ich esse in aller Ruhe auf der Terrasse. Das Fischgratin kommt mir etwas schwer vor. Ich hänge herum. Wieder versuche ich mir ein Programm aufzustellen. Zudem hat mich Thierry daran erinnert, ich müsse »50 neue Seiten hinaufschicken«. Also wirklich! Die ordern das bei mir so selbstverständlich, wie man beim Kaufmann einen Liter Milch bestellt. Als schreibe sich das von selbst! Diese Seiten sind zu einer Handelsware geworden, über die man sich nicht mehr wundert, eine Schuldigkeit, und ich frage mich, was für einen Sinn sie überhaupt haben. Denn Tagebuch schreibt man für sich selbst, nicht für jemand anderen. Es ist ein Zugeständnis von meiner Seite, daß ich es so schnell nach draußen übermittle. Ab und zu hätte ich schon gern, daß sie sich das in Erinnerung rufen, verdammt noch mal! Ich mache hier gleichzeitig die Arbeit eines Schriftstellers, eines Journalisten, eines Photographen und eines Filmemachers. Und das alles wird als völlig selbstverständlich hingenommen. Ich hätte gern, daß man mich ab und zu ein bißchen aufmuntert, statt mich unablässig auszusaugen.

Auf diese verdrießlichen Gedanken hin beschließe ich, alles stehen- und liegenzulassen, und lege mich hin, um ein bißchen zu lesen. Ich habe Schuldgefühle, weil ich nichts anpacke, wo doch alles so eilt für da oben. Ich kann nicht abschalten, überfliege ein paar Zeilen von »L'Ile aux muettes«, einem Krimi, den ich eigentlich am Stück lesen müßte, doch ich merke, wie ich abdrifte. Meine oberen Rückennerven schmerzen, und ich strecke mich ganz aus. Ich bin überhaupt nicht schläfrig, will nur meine Rückenwirbel entspannen. Mein Blick streift über die Nähte des Zelts, mein Verstand konzentriert sich auf das, was ich tun sollte, aber nicht tue. Ich spüre, wie eine leichte Unruhe über mich kommt. Mein Körper ist völlig bewegungsunfähig. Und jetzt plagt mich auch noch das schlechte Gewissen wegen der Tests vor der Siesta, denn ich fühle, daß ich einschlafe. Doch wenn ich jetzt wieder aufstehe, werden schreckliche Angstzustände mich aus der Fassung bringen und den Schlaf vertreiben, den ich so dringend brauche.

Ich lasse mich gehen, lasse alles hinter mir, will diese Schuldgefühle loswerden, die ich dauernd mit mir herumtrage. Und ich schlafe schwer, tief und traumlos. Ein Schlaf, wie ich ihn liebe, denn er bringt völliges Vergessen ...

Als ich aufwache, fühle ich mich wohl. Jetzt kann ich endlich meinen Tag richtig angehen und alle Arbeiten, die ich mir vorgenommen habe, erledigen.

Ich rufe an, um die Nach-Siesta-Tests zu machen. Christophe ist dran und kündigt mir an, daß Michel mich sprechen möchte. Ich werde steif, denn wenn der Chef sich an mich wendet, dann um mir – oft ohne es zu wollen – Verpflichtungen, Zwänge, Unannehmlichkeiten aufzuerlegen. Und das verstört mich nachhaltig. Tatsächlich deutet er an, daß sie auf die Seiten warten. Als ob ich das nicht wüßte! Und daß es wünschenswert wäre, daß ich noch Polaroidphotos mache, denn sie haben nicht sehr viele Bilder aus den ersten 20 Zyklen. Das heißt, daß alles, was ich bisher gemacht habe, nichts war, null, nothing! Das zählt nicht, und das bringt mich auf. Sie setzen mich unter Druck, laugen mich aus. Was soll ich denn noch alles machen!

Ich lasse mein schönes Arbeitsprogramm fallen. Die Kopfrasur muß auch warten ... Mein Schwung ist gebremst, und ich habe keine Lust, gleich weiterzuschreiben, denn mir raucht langsam der Kopf. Ich will zu viele Dinge auf einmal tun, und ich fühle mich gezwungen, diese Scheißphotos zu machen, wozu ich absolut keine Lust habe. Ich fühle mich wie eine Gefangene.

Ich weiß nicht mehr weiter, gehe auf die Plattform, esse einen Happen und nehme mir meine Malsachen vor.

Ich fülle einen Topf mit Wasser und ordne alle Utensilien, die ein Freizeitmaler braucht, auf meinem Arbeitstisch an.

Sie wollen Illustrationen haben. Na gut, dann werde ich ihnen welche machen. Zuerst ein Aquarell, das eine Unterwasserhöhle darstellen soll. Pics, die Abkürzung für Piccaninnie Ponds. Ich strecke die Zunge heraus, fahre mit dem Pinsel nach links und nach rechts und schaffe es schließlich, eine vage Vorstellung von Wasser und Tiefe zu erzeugen. Dann stelle ich die Schreibtischlampe fast aufs Blatt, damit die Ölfarbe trocknet, sonst ... Nun ziehe ich alle »National Geographic« zu Rate, die unten im Regal gestapelt sind, und blättere eine ganze Weile darin herum. Doch jetzt ist keine Zeit zum Herumtrödeln, da oben wollen sie Ergebnisse sehen ... Ich fange sogar an ein Krokodil zu malen, aber die äußerst detaillierte Schuppenstruktur kostet mich zuviel Arbeit. Ich werde es ein andermal fertigmalen. Ich datiere die Bilder nicht, denn ich finde, sie können jeden beliebigen Zyklus illustrieren. Und darüber entscheide *ich*, gute Nacht.

Nach diesen beachtlichen künstlerischen Bemühungen will ich die Nachmittagstests machen, um dann tippen zu können. Thierry ist dran. Ich erzähle ihm von meinem Seelenzustand und erkläre ihm, daß ich mich – paradoxerweise – gestreßt fühle, obwohl ich doch anscheinend alles habe, um der entspannteste Mensch der Welt zu sein. Niemand scheint zu ahnen, wieviel Energie und Zeit mich das alles kostet. Doch ich habe das begründete Gefühl, ihn mit meinen unbedeutenden Problemen auf die Palme zu bringen, und beim nächsten Anruf sage ich ihm nur kurz, daß ich zur Luke gehe. Auf dem Wall nehme ich einen Geruch wahr, der vom Camp hergezogen ist, Weihrauchduft, und ich betätige die Seile, eingehüllt in den anachronistisch wirkenden Duft des Orients. In dem Sack mit den neuen Polaroidfilmen finde ich ein Lexikon. Ach, ich werde schöne Zeiten verleben mit diesem gesammelten Universalwissen. Batterien und ein Verlängerungskabel vervollständigen die Sendung.

Doch jetzt kann ich mich nicht länger drücken; es verfolgt mich, daß ich Berge von Seiten tippen muß. Bevor ich mich jedoch an die Maschine setze, mache ich mir etwas zu essen. Doch das Lauchgratin – in dem eine Menge Karotten sind – ist schwer verdaulich. Außerdem ist noch Räucherlachs vom Fest aus dem 23. Zyklus übrig. Die zwei Scheiben habe ich eigentlich extra für die Videowiederholung aufbewahrt, aber ich habe Angst, daß sie verderben, und so esse ich sie. Das widerstrebt mir ein bißchen, denn jetzt muß ich für den Film das zweite Paket Lachs aus der Gefriertruhe nehmen, das ich eigentlich erst am Ende meines Aufenthalts aufmachen wollte ... Zum Abschluß will ich eine süße Note, und ich nehme die letzte Packung Fertigteig für Zitronentörtchen in Angriff, schütte die Mischung in eine Form, gebe die vorgeschriebene Menge Wasser dazu und schlage ein Ei darüber. Doch es fällt nur ein kümmerlicher Dotter und grünliches Eiklar heraus. Faulig! Wie ärgerlich! Ist das Verfallsdatum schon abgelaufen? Dabei sind Eier doch eigentlich ziemlich lange haltbar ... Ich muß alles wegwerfen, aber statt daß mich das betrübt, freue ich mich darüber. Die Sachen sollen nur alle verfaulen und verschimmeln. Denn ihr Verfall ist ein Symbol dafür, daß die Zeit vergeht ...

Ich behelfe mir mit einer Packung Keksen. Nachdem ich noch ein wenig herumgestreift bin, fange ich an zu tippen. Ich nehme die abgebrochene Schilderung aus dem 18. Zyklus wieder auf, doch bringe ich nur etwa 15 Seiten zustande. Mein Rücken macht mir Beschwerden, mein linkes Auge ist gerötet vor Müdigkeit, und ich fühle mich etwas erschöpft. Dabei habe ich das Gefühl, nichts gemacht zu haben aus meinem Tag *(17 h 42 tätig gewesen)*. Als ich versuche, meine Gedanken und meine Beschäftigungen zu ordnen, kommt mir der Zyklus nur wie ein großes löchriges, zerfranstes Tuch vor, farblos und formlos.

Ich finde keinen festen Punkt. Ein Wirrwarr widersprüchlicher Gefühle bringt mich durcheinander. Schuldgefühle, das Gefühl, unzulänglich zu sein und gestört zu werden. Und um mich herum sehe ich nur Chaos. Die Photoapparate und die Videokamera auf dem Arbeitstisch beziehungsweise auf dem Stativ erinnern mich an alles, was ich noch nicht fertiggemacht habe. Der Berg dreckiges Geschirr auf dem Küchentisch will abgewaschen werden, auf dem Boden liegen Flusen, Daunenfedern und Papierfetzen herum, und die Illustrierten sind immer noch unordentlich im Zelt verstreut. Jeder Blick zeigt mir, daß ich an die Arbeit gehen muß, jedes Ding ist ein Aufruf zur Tat, ein ständiger Vorwurf. Ich höre die Wassertropfen wie einen unsteten Regen in einem Wald ... aus Stein.

Die Müdigkeit hat auch ein Gutes, denn sie hindert meinen Verstand manchmal daran, unwichtigen Dingen zuviel Bedeutung beizumessen. Mir wird klar, daß allein mein Körper das Sagen hat bei der Erforschung der Zeitlosigkeit. Ich bin seinen Empfindungen und Beschränkungen unterworfen. Zwar fühle ich mich in der Lage, mich stundenlang mit ein und derselben Sache zu beschäftigen – Schreiben oder Lesen –, doch wenn meine Hände eiskalt und meine Augen verquollen sind, wenn mein Rücken nicht mehr mitmacht, muß ich nachgeben, muß den strikten Anweisungen von Knochen und Muskeln gehorchen. Aufhören und schlafen gehen! Wenn ich es von dieser Seite betrachte, bekomme ich auch eine Ahnung davon, wie grauenvoll es wäre, unsterblich zu sein. Denn ohne meine Verbündete – und Feindin – aus Fleisch und Blut bewege ich mich schlicht und einfach in der Ewigkeit, in der Unendlichkeit, denn ich könnte weder Anfang noch Ende bestimmen, könnte die Zeit unter der Erde nicht gliedern und in den Griff bekommen.

Ich betrachte die zerfurchten Höhlenwände, das Werk eben dieser Zeit. Ja, aber auf was für einer Ebene. Denn die Höhle ist unwandelbar, und nichts verändert sich in meiner Umgebung. Es gibt keinen Jahreszeitenwechsel, kein Wetter und nicht den unerbittlichen Lauf der Gestirne. Keine wie auch immer geartete Abwechslung. Und diese Beständigkeit bringt mich aus der Ruhe, statt daß sie mir eine Hilfe wäre.

Ich bin auf mich selbst zurückgeworfen, ein armseliger zeitlicher und räumlicher Bezugspunkt ... Und so versuche ich mir in meinem mickrigen Leben Anhaltspunkte zu bewahren, jeden Zyklus zu markieren, um ihn besser einzugrenzen und in den Griff zu bekommen. Doch heute herrscht das Nichts. Ich suche, doch vergeblich; dieser Tag hat nie stattgefunden. Ich muß schlafen, um eine deutliche Trennlinie zwischen mir und diesem Chaos zu ziehen. Die Nacht und der Schlaf werden mir helfen, den nächsten Zyklus neu abzustecken. Ich werde mir dort wieder verläßliche Stationen errichten, deren Reihenfolge ich genau einhalten werde. Essen, photographieren, schreiben, und ich werde im voraus den Umfang festlegen. Ich muß meine Welt einengen, um jedes Teilstück unter Kontrolle zu haben. Nur so weiß ich, daß ich existiere.

Ich mache die Tests und knabbere die letzten Waffeln. Mit einer Art Trotz mache ich mich daran, das aufzuessen, wovon am wenigsten da ist, um zu sehen, wie es ist, wenn einem die Vorräte auf ein Minimum zusammengeschrumpft sind.

Endlich lege ich mich schlafen, und nach drei Seiten lösche ich das Licht. Ich kann nicht gleich einschlafen, mein Verstand hat sich abgekoppelt und drängt mir einen schwindelerregenden Bilderreigen auf. Vorstellungen und Worte tauchen in ununterbrochener Folge auf. Ich muß es niederschreiben, sonst laufe ich Gefahr, es endgültig zu vergessen. Mindestens fünfzehnmal hintereinander schalte ich meine Lampe ein. Ich lasse diese geistigen Ergüsse über mich ergehen, während ich fühle, wie sich die Schlinge um meinen Hals immer fester zuzieht. Die Angst kommt wieder. Ich kann es spüren. Zuerst nur als rein körperliche Erscheinung, die im Hals steckt. Sie ist übrigens dem Hungergefühl seltsam ähnlich. Man glaubt, der Magen verlangt nach etwas, obwohl das hohle Gefühl nur von einer nervösen Verkrampfung der Luftröhre herrührt. Deshalb will man in solchen Angstmomenten zuerst instinktiv etwas essen, weil man denkt, das lindert dieses gräßliche Beklemmungsgefühl. Doch diesmal bleibe ich liegen und hoffe inständig darauf, daß mir der Schlaf zu Hilfe kommt. Denn ich spüre, daß dieses körperliche Symptom in ein paar Minuten oder Stunden wie ein Krebsgeschwür meinen ganzen Körper erfassen wird. Die Angst schleicht sich dann in Gestalt von düsteren Gedanken und Frustrationen in die Gehirnwindungen. Und für heute habe ich mein Teil gehabt.

Endlich schlafe ich doch ein, und als ich aufwache – weil ich meine Blase leeren muß –, empfinde ich ein gewisses Wohlbehagen. Ich schalte nur eine Lampe ein, was dem Camp andere Konturen verleiht, und alles, was außerhalb meines Bettes ist, wirkt fremd und unfreundlich. Deshalb ziehe ich mich wieder in meinen noch warmen Schlafsack wie in einen schützenden, vertrauten und beruhigenden Hort zurück. Er ist der magische Kreis, der mich nachts in seine Obhut nimmt ...

Von diesem Moment an flackert meine Unruhe aus dem vorhergehenden Zyklus wieder auf, und ich schlafe nur oberflächlich ein. Ich döse eher, und die Gedanken beginnen wieder ihren teuflischen Tanz in meinem Kopf.

Ich weiß nicht mehr so recht, ob ich Angst oder Hunger habe. Ich mache Licht, stehe auf und esse sehr viel. Einen Salat mit Thunfisch und einen ganzen Teekuchen. Das beruhigt mich etwas, und ich hoffe, daß diese Ladung einen erholsamen Schlaf fördert. Doch nein, es wäre ja auch zu schön. Ich wälze mich herum. Mal ist mir zu heiß, dann wieder zu kalt. Ich habe Durst, mache noch mal Licht und gehe in die Küche, um etwas Wasser zu trinken, vorbei an dem ganzen Durcheinander auf den Tischen. Das macht mich krank. Die Kälte fällt mich an. Mein Verstand ist klar, aber ich bin aufgewühlt, und mein Körper ist wieder erstarrt. Ich lege mich hin und blättere in einem Buch. Ich habe schon wieder Hunger, wenigstens versuche ich mir das einzureden, um die Angst, die mir jetzt im Nacken sitzt, zu ignorieren.

Ich mache mir eine Dose Ravioli warm und schlinge außerdem noch eine ganze Packung Kekse hinunter. Ich bin darauf gefaßt, daß es mich aufbläht, aber nein, überhaupt nicht. Die Mahlzeit ist nicht schwerer als ein Streichholz ...

Dann lege ich mich wieder hin und lösche das Licht. Quälende Gedanken verfolgen mich, ich stecke in einer tiefen Depression. In meiner Aufgewühltheit finde ich nirgends Halt, und die Angst weicht nicht. Ich muß mich befreien, muß mir Michels Anforderungen von der Seele wälzen. Ich spüre genau, daß er jetzt gerade Aufsicht hat, mache Licht und drücke auf den Telefonknopf. Ja, er ist dran. Der Unglücksrabe! Er wird einiges abkriegen.

Ohne Umschweife schreie ich ihn an, und wir haben einen heftigen Wortwechsel. Ich bin aggressiv und unausstehlich, doch ich fühle mich völlig unverstanden und ohnmächtig. Ich habe das Gefühl, daß mir die Zeit davonläuft, daß sie mir durch die Finger rinnt.

Als ich auflege, empfinde ich weder Befriedigung noch Erleichterung. Ich hasse diesen Zustand, ich hasse diese Grotte, ich hasse alle und ganz besonders mich selbst. Die Hölle, das bin ich.

Ich mache das Licht wieder aus, und nach geraumer Zeit schlafe ich ein. Ich weiß, daß ich träume, doch ich bemühe mich nicht, mir die Bilder zu merken ... Denn auch diese Aufgabe ist schwierig. Ich muß mich zwingen, meine Träume festzuhalten. Und manchmal, wenn es ein Alptraum war, ist es gräßlich, in einem Winkel des Gehirns Bilder zu bewahren, die einen gequält haben.

25. ZYKLUS

2.–5. Oktober 1988

73 h 11 – davon 38 h 18 Wachzustand, 0 h 56 Siesta und 33 h 57 Nacht

Ich wache schlechtgelaunt auf, soviel steht fest. Ich habe Kopfschmerzen, doch wenn ich nicht aufstehe, wird es nur schlimmer. Alles Unangenehme ist geballt wieder da, kaum daß ich die Augen aufgemacht habe. Das kann ja heiter werden! Ich ziehe mich an und mache sehr sorgfältig mein Bett. Zuerst mal um mich herum Ordnung machen. Und was ich normalerweise nie tue, ich räume alles auf, bevor ich die Hauttests mache. Die Küche, den Arbeitstisch, das Zelt. Ich wische und kehre und fühle mich dann etwas besser. Jetzt kann ich wieder neu anfangen. Ich rufe an wegen der Morgentests, und Thierry traut sich kaum ein Wort zu sagen, als er meinen Stimmungspegel erfährt (drei von zehn möglichen Punkten) ... Doch ich beruhige ihn; er ist der einzige, der wohltuend auf mich wirkt.

Meine Bewegungen sind fahrig und heftig, doch das gleicht den Druck etwas aus, unter dem ich stehe. Vor dem Frühstück sortiere ich die Mehlprodukte aus und hebe die Sachen auf, die noch zum Verzehr geeignet sind, denn der Schimmel breitet sich auf unerträgliche Weise aus.

Ich bin wieder depressiv, und ich mache mir nichts vor. Ich weiß, mein ganzes Verhalten, wo eine Nichtigkeit meine Pläne über den Haufen wirft, wo ein Satz mich aus dem Gleichgewicht bringt, ist das eines Menschen, der vor dem Zusammenbruch steht. Doch allein mit mir selbst finde ich wieder zu mir, schaffe es, mir ein einfaches und erträgliches Leben einzurichten, aus dem ich große Glücksmomente schöpfen kann. Die Unruhe bringen die anderen mit ihren Gefühlen und Ansprüchen. Denn da ich nicht mehr an menschlichen Trubel gewöhnt bin, an die unruhige Gegenwart anderer Menschen, mich also nicht mehr an eine Welt voller Leben anpassen muß, habe ich mich vollkommen verhärtet und zusammengeballt. Ein falscher Ton genügt, um das Ganze zum Bersten zu bringen. Ich habe das Gefühl, im Alleinbesitz der Wahrheit zu sein, glaube, daß nur das, was ich tue, Anerkennung verdient, brüste mich damit, immer im Recht zu sein, und dabei ... Aber eins ist klar: Ich muß mich gegen die Einmischungsversuche von außen wehren. Und die da oben müssen mir gegenüber etwas mehr Einfühlungsvermögen zeigen. Ich will nie mehr Befehle hören, wie »Du mußt« oder »Es ist unumgänglich«, sondern differenziertere Bitten. Dieses Mal pfeife ich auf den Inhalt, was zählt, ist die Form!

Heute werde ich wie mit Scheuklappen arbeiten. Als erstes bringe ich meine Nacht zu Papier. Ich setze mich an die Maschine, und allmählich kommt alles zurück. Ich schreibe wie elektrisiert, und das überträgt sich auf die Worte. Ich fühle, wie meine Angst ganz allmählich schwindet, wie meine Wut sich legt, wie mein Groll verfliegt. Mehrere Stunden lang tippe ich die Sätze dieser schriftlichen Katharsis, und das hat eine befreiende Wirkung.

Ich werde meine Fläschchen füllen, nach den Tests etwas essen und dann als zweiten Teil meines neu organisierten Zyklus meinen Rückstand aufholen. Das ist alles. Denn ich rechne damit, daß ich einen Mittagsschlaf einlegen muß; ich habe nämlich noch immer Kopfweh.

Ich bekomme immer mehr Gesellschaft in meinem Zelt. Drei Regionen zeichnen sich ab: 60% der Decke für die Schnaken, 40% für die Fliegen, und der Boden ist für mich. Von Zeit zu Zeit kommt Leben hinein, und sie schwirren in alle Richtungen auseinander. Wo sie bloß herkommen?

Nach meinem nächtlichen Raviolischmaus werde ich heute wieder ein bißchen mehr auf meine Ernährung achten. Zum Frühstück begnüge ich mich daher mit Fisch und Karotten natur. Langsam schließe ich Frieden mit der Welt, meine Qual geht vorbei.

Mehrere Stunden lang bin ich ins Tippen vertieft. Über den glücklichen Momenten vergangener Zyklen vergesse ich die unerquickliche Gegenwart. Aber es wäre einfach zu schön gewesen, mit einem schrillen Quietschen meldet mir die Maschine, daß die Batterien leer sind. Mit einem neuen Batteriensatz bringe ich es auf zwei Seiten, und die restlichen erlauben noch sieben Blätter. Dann ist Schluß. Die Technik ist gegen mich, und ich werde meine Schreibarbeit heute nicht beenden können. Also rufe ich oben an, um den jüngsten Zwischenfall zu melden, und ich sehe schon vor mir, wie sich Michel seine wenigen Haare rauft.

Ich richte die korrigierten Blätter her und bringe sie zur Luke. Der Schacht liegt in einem dichten Nebel, und das gelbe Licht der Glühbirne streut Goldstaub über eine körperlose Pyramide. Doch ich halte mich nicht auf und schaue die Grotte nicht an, denn heute ist sie eine Fremde. Ich gehe an den Stalagmiten vorbei, doch ich nehme sie nur flüchtig wahr. Vorsichtig und abwehrend sehe ich mich dort um. Ich hüte mich wohlweislich davor, sie in Gedanken oder mit Worten anzugreifen, denn die Geister, die in diesen Steingebilden eingeschlossen sind, könnten aufwachen ...

Ich schlendere noch ein bißchen auf der Plattform umher, setze mich dann in den Sessel, um mir ein paar unbestimmte Gedanken über mein weiteres Programm zu machen. Ich horche in mich hinein. Nichts zu machen, ich muß schlafen.

Auf Anweisung von Michel (schon wieder eine) habe ich fast alle Lichter ausgemacht, habe nur eine Schreibtischlampe brennen lassen. Denn das ist schließlich eine Siesta, kein Nachtschlaf, und das ist ein entscheidender Unterschied. Wenigstens für mich. Wenn es vollkommen dunkel wäre, hätte ich das schreckliche Gefühl eines Zeitsprungs, und wenn es etwas gibt, worauf ich den allerhöchsten Wert lege, dann ist es ein zusammenhängender Ablauf. Die geringste Veränderung, die kleinste Gefühlsverwirrung würde mich durcheinanderbringen und mich aus dem – ohnehin sehr empfindlichen – Gleichgewicht bringen.

Ich will mich nicht noch einmal so unsicher fühlen wie im vergangenen Zyklus, ich will mich nicht wieder von dem Zeitchaos beherrscht fühlen, das ich nicht mehr in den Griff bekomme. Ich habe mir ein Programm gesetzt und werde mich daran halen. Und es kommt nicht in Frage, den Zyklus durch völlige Dunkelheit zu zerteilen. Denn während der Schlafphase öffne ich ab und zu die Augen, und ich muß dann Licht sehen, wie wenn an einem heißen Sommertag die Nachmittagssonne durch die Fensterläden dringt. Sogar Fliegen habe ich hier, um die Illusion perfekt zu machen.

Ich schlafe ruhig und traumlos. Und stehe wieder auf. Nach den Tests – sieh an, es ist immer noch Thierry dran, und er scheint der Tests nicht überdrüssig zu werden – nehme ich einen schönen großen Kaffee zu mir und gehe den zweiten Programmpunkt an: photographieren. Einfache Polaroidbilder, die den Vorteil haben, daß sie mir sofort Ergebnisse zeigen.

Und ich gehe ans Werk. Bis mir der Apparat mit einer kleinen Melodie mitteilt, daß ich soeben das letzte Photo gemacht habe, worüber ich sehr zufrieden bin.

Ich habe Rückenschmerzen und seit Beginn der Photoserie weder etwas getrunken noch gegessen. Also eine kleine Entspannungspause auf der Terrasse mit einem schönen Kräutertee. Ich brauche keine Wärme, denn mir ist siedendheiß, sondern Ruhe.

Ich stelle eine Auswahl kommentierter Bilder zusammen, einige mit Datum und einige ohne irgend etwas. Dann schnüre ich einen Gummi um 55 Aufnahmen und mache ein kleines Paket fertig. Bevor ich zur Luke gehe, nehme ich Krevetten aus der Gefriertruhe. Ich will mir einen Riesensalat machen, denn ich habe verheerenden Hunger.

Gleichmäßig ziehe ich mein Paket hinauf, während ich überlege, was ich in mein bevorstehendes Essen tun könnte, und gehe dann ruhig zum Camp zurück. Plötzlich höre ich Stimmen in der Ferne. Ich spitze die Ohren, um Gesprächsfetzen aufzuschnappen, während mir meine Vernunft sagt, daß die Müdigkeit mir diese Geistererscheinung aufdrängt. Dennoch ... Ich habe ein bißchen Angst vor der Invasion dieser unmenschlichen Klänge, die so nah bei mir sind. Doch mein Schlaf ist stärker, er wird sie verjagen ...

Ich bin ziemlich erschöpft. Ich mische alles in den Salat, was man nur hineintun kann (Spargel, Palmherzen, Gruyère, Thunfisch, Krevetten, Reis, Mais ...), gieße eine Soße über das Ganze und lasse mich mit einem riesigen Teller auf dem Bauch in meinen Sessel fallen. Mein Gott, wie gut diese exotische Mischung tut! Ich esse alles bis auf dem letzten Krümel auf. Und ich fühle, daß ich heute nicht alt werde.

Ich will noch lesen, fange eine Seite an und noch eine halbe, doch der Zauberer Yaqui kann mich nicht bei der Stange halten mit seinem Peyotl ... Ich lösche das Licht und schlafe ausgesprochen gut bis zum unvermeidlichen nächtlichen Pinkelgang. In der zweiten Nachthälfte träume ich vor mich hin, döse, lasse Erinnerungen aufleben, verfolge mein Leben zurück ... Sie ist nicht »klar und deutlich«, wie Michel es gern hätte. Tut mir leid ...

26. ZYKLUS

5.–8. Oktober 1988

72 h 02 – davon 37 h 30 Wachphase, 1 h 01 Siesta und 33 h 31 Nacht

Schon seit einiger Zeit vermerke ich all die kleinen Geräusche, die dem Grottenleben seinen Rhythmus geben. Vor allem die nächtlichen. Denn sie dringen mal unerträglich klar zu mir, mal nur gedämpft aus der Ferne und kaum wahrnehmbar. Nichtsdestotrotz kann ich, wenn ich ein bißchen darauf achte, ein kleines Hörspiel aufführen, wenn ich schon keine Musik habe. Denn meine Ohren kommen hier nicht so auf ihre Kosten.

Als Hintergrund hört man das unerschöpfliche »Plitschplitsch« der Rinnsale, akzentuiert vom »Pling-Plop-Plop« verstreut fallender Tropfen. Tiefer und näher dann das »Plong« auf der Plane. Ein vereinzeltes dumpfes »Platsch«, das in einer Pfanne niedergeht, drängt sich ab und zu dazwischen, doch den Baß gibt hinter dem Zelt das »Glurk-Glurk« der Wasserader ab.

Auch beim Wall – was ich oft für eine Stimme oder ein fernes Bellen halte – das scharfe »Pling« eines fallenden Tropfens. Weiter weg, aber dennoch hörbar, das Brummen der großen Gefriertruhe.

Der Tag kündigt sich in der Grotte an durch das »Ding« und »Tick-Tick-Tock« der verschiedenen Lampen. Dann öffnet sich mit einem energischen »Ziiiip« der Schlafsack, gefolgt vom »Grumm« des roten Knopfes, der oben meldet, die neue Véronique ist da.

Doch ich würde sagen, daß das Leben erst wirklich anfängt mit dem »Pluff« des Gasherds, dem »Ting« der Pfanne auf dem Ofen, unmittelbar gefolgt vom »Blubb« »Blubb« »Blubb« des Wassers, das ich hineingieße. »Rumms« öffne ich den Herd und setze mich »Flap-Romms-Tock« an den Terrassentisch. Gegen Mittag kündigt mir häufig das »Pschschsch« aus dem Herd an, daß das Essen fertig ist. Am liebsten mag ich jedoch das »Ffft« beim Umblättern einer Buchseite. Bis zum Schluß-»Aaah« kurz vor dem »Chrrr ffft«, »Chrrr ffft« des wohlverdienten Schlafes.

Soweit in etwa meine kleine Nachtmusik. Und dafür gebe ich einen Teil des Copyrights an Francis, denn mit seiner scharfen Beobachtungsgabe hat er auch mir beigebracht, mit den Ohren zu sehen.

Licht an im Zelt. »Zyklus« Nummer 26 kann beginnen. Heute fühle ich mich in Schwung. Wie wechselhaft ich bin und wie schwer es sein muß, mit mir zusammenzuleben. Als ich das Frühstücksende melde, beschließe ich plötzlich, eine Zeitschätzung zu machen. Aufgrund zahlreicher Berechnungen und Hypothesen nehme ich an, daß etwa der 3. oder 4. Oktober sein muß. Ich bin sicher, daß ich die Mittelgrenze des Aufenthalts überschritten habe. Endlich bin ich auf der anderen Seite des Berges.

Heute haben die Fliegen ihren Tag. Keine Schnaken mehr, bis auf die, die alle viere von sich strecken – tot. Ich nehme meine zwei Kopfkissen, setze mich drauf vor meine Schreibmaschine und tippe und tippe und tippe.

Ich höre eine Fliege, die sich im Todeskampf surrend auf dem Tisch dreht. Was kann ich für dich tun, mein Kind, außer dir wieder auf die schwächlichen Beinchen zu helfen oder dich mit einem Klaps zu zerquetschen und sofort zu töten. Was ich nicht tue. Hier bekommt jeder seine Chance.

Ich mache Kaffee, und als ich mit raschen Schritten ins Zelt gehe, sehe ich, wie sich die Stoffwand am anderen Ende bewegt. Jedesmal das gleiche, ich habe den Eindruck, jemanden zu stören ... Und dabei ist es doch meine eigene Bewegung, die diese Erschütterung verursacht.

Ich tippe weiter bis zu den Tests vor dem Mittagessen. Während ich die 120 Sekunden zähle, beaufsichtige ich ein Bœuf Stroganoff im Wasserbad. Mein Gott, hab' ich einen Hunger. Sobald die Tests absolviert sind, wenn ich sie auch nicht bestanden habe, begebe ich mich ins »Eßzimmer« und schaufele entschlossen und gleichmäßig eine ganze Dose grüne Bohnen und das Bœuf Stroganoff – ich esse das heute zum ersten Mal –, Erdbeeren mit Crème fraîche und Kekse in mich hinein. Uff! Sie glauben vielleicht, daß mir das ein bißchen schwer im Magen liegt, daß ich mich leicht aufgebläht fühle? Irrtum! Das ist die Mindestmenge. Aber wo tue ich das alles bloß hin? Ja, ich weiß, Francis wird vielleicht sagen, daß ich hier ein bißchen rundlich bin und daß ich da etwas weniger haben könnte. Gut, zugegeben. Aber schließlich mache ich hier auch keine normalen Dinge durch. Also laßt mir meine Exzesse!

Als ich die Elektroden vorbereite für eine Siesta, die ich herannahen fühle, schaue ich mich im Spiegel an, in dem nackten Licht der Lampe, das mir kein Detail erspart. Man könnte meinen, ich hätte ein Büschel in Remoulade getunkten Staudensellerie auf dem Kopf, aber vor allem marmorieren Rötungen und äußerst entstellende Blattern mein Gesicht. Besonders auf dem Kinn, an das die Elektroden ihre nächtliche Botschaft weitergeleitet haben. Einige Pickel schmücken das Gesamtbild. Doch schließlich sehe nur ich allein dieses Hieronymus-Bosch-Portrait und beglückwünsche mich dazu. Wie soll man denn die Herzen erobern mit so einer Streuselkuchenvisage?

Ich weiß nicht so recht, was mit mir los ist. Erschöpft? Schläfrig? Ich horche ein bißchen in mich hinein, und weil ich die körperlichen und geistigen Bedürfnisse nicht mehr auseinanderhalten kann, gehe ich diesen Fragen aus dem Weg und mache mich auf zur Luke, wo eine kleine Tüte mit den vier letzten entwickelten Photoabzügen auf mich wartet. Mir fällt auf, daß ich die Grotte schon seit geraumer Zeit nicht mehr beachte. Ich meine damit, ich schaue mich nicht mehr um, streife nicht mehr herum, setze mich nicht mehr in einen Winkel, um mir über meine Lage klarzuwerden. Und ich bedaure das, sage mir, daß ich aus Zeitmangel – doch, das ist ja das Paradoxe – diese unterirdischen Betrachtungen und Träumereien aufgebe. Doch ich nehme mir vor, sie wieder aufzunehmen. Und zu diesem Zweck will ich den ganzen Rückstand bei meinen »menschlichen« Arbeiten durchpauken: mein Tagebuch auf den neuesten Stand bringen, Photos machen, filmen ...

Zurück im Zelt, stürze ich mich auf die Abzüge. Die Ergebnisse betrachte ich mit gemischten Gefühlen. Das, wovon ich am meisten überzeugt war (das Fest, die stalagmitische Haarwäsche) entspricht meinen Erwartungen nicht, wogegen die ganz banalen Szenen (bei der Küche, im Zelt) überraschend markant sind.

Ich will eine Siesta machen und lösche die Hälfte der Lichter. Die fehlende Helligkeit läßt die Welt sofort erkalten, und diese Totenstimmung mag ich überhaupt nicht. Das bringt mich um! Ich kann mich nicht dazu durchringen, mitten am Tag abzudunkeln. Ich vergrabe mich in meinen Schlafsack und schließe die Augen. Oder zwinge mich vielmehr dazu, die

Augen geschlossen zu halten. Ein feiner Unterschied. Denn nicht eine Sekunde lang läßt sich mein Verstand gehen. Nicht eine Minute läßt meine Wachsamkeit nach. Ich bleibe regungslos liegen und gerate langsam aus der Fassung ...

Mit einer brüsken Bewegung mache ich alle Lichter wieder an. Ich weiß, daß kaum eine halbe Stunde vergangen ist, seit ich im Bett liege, doch statt daß sich die erwartete innere Ruhe und Erholung einstellt, bin ich wieder in Weißglut, aufgebracht und voller Angst.

Ich will mich unbedingt einem äußeren Schema beugen, doch es gelingt mir nicht. Diese Siestas lösen immer ein Wechselspiel aus, das ich selbst nicht verstehe. Gegen meinen Willen – und auf Verlangen von Michel – versuche ich diese Zeiten, wo mich tagsüber der Schlaf übermannt, einzugrenzen und in die Tests einzubetten, um sie besser auswertbar zu machen, doch von wegen. Wenn ich am wenigsten darauf gefaßt bin, überkommt mich der Schlaf. Und wenn ich wie ein Jäger auf der Lauer den Schlaf in meinen Netzen einfangen will, dann verdrückt er sich.

Wieder einmal tobe und murre ich. Außerdem ist mir ganz schön kalt geworden. Obwohl ich unter einer dreifachen Daunenschicht liege und vollständig angezogen bin, hat sich die Feuchtigkeit tückisch ausgebreitet, und ich friere bis ins Mark. Wieder packt mich eine heftige innere Beklommenheit, und unwillkürlich will ich – ganz sinnloserweise – meinen Kragen lockern ...

Eine Lösung gibt es: Mich aufwärmen, indem ich etwas Heißes trinke. Also trinke ich. Und esse. Ich fühle mich abscheulich und verachte mich. Zwischen zwei gierigen Bissen, die vorübergehend das Angstgefühl bekämpfen, schäme und fürchte ich mich. Ich fürchte mich davor, daß die, die mir nahestehen, mich zurückstoßen, daß sie mich verachten würden, wenn sie mein wahres Ich sehen könnten in diesen grauenvollen und unerträglichen Augenblicken.

Ganz langsam fasse ich mich wieder und beschließe, innerhalb eines Zyklus den ganzen Rückstand aufzuholen, den ich beim Tippen meines Tagebuchs habe. Ich habe über 100 Seiten zu tippen. Wenn ich heute abend schlafen gehe, muß alles fertig sein ... Und ich fange mit der langwierigen Schreiberei an. Ich unterbreche und denke nach, ändere hier einen Satz, verstärke da eine Nuance ... Doch je weiter ich komme in der Niederschrift der Ereignisse seit dem 20. Zyklus, desto mehr läßt mein Interesse nach. Ich habe genug von meinen Geschichten und meinen Seelenzuständen ... Außerdem merke ich, daß ich mich allmählich verdammt oft wiederhole. Wenn ich jetzt aus der Distanz diese Zeilen unter die Lupe nehme, dann schälen sich nur ein paar zentrale Punkte heraus: die wiederkehrenden Freßanfälle, der Wechsel von Angst, Wut, Euphorie. Die Beschäftigungen sind immer die gleichen: zur Luke gehen, Elektroden anbringen, tippen, photographieren, lesen. Und wie könnte es auch anders sein? Es ist erbärmlich und nervtötend. Das war's! Innerhalb von 20 Zyklen habe ich die ganze Palette menschlicher Gefühlsregungen durchgemacht, und das, was noch kommt, kann nur noch das jämmerliche Wiederkäuen eines Lebens ohne Tiefe und ohne Sonne sein. Ich verliere den Mut und tippe freudlos weiter. Mal sehen, wenn ich im Schnitt ungefähr eine Viertelstunde für eine Seite brauche, dann sind 35 Seiten... 13 Stunden! Ist das möglich? Dazu kommen all die kurzen Unterbrechungen für die Tests, die Pausen zur Entspannung der Rückenmuskeln... Doch ich habe meinen Rückstand erst zur Hälfte aufgearbeitet ... Und ich kann nicht mehr. In jedem dritten Wort ist ein Tippfehler, und ich bringe keine zwei Gedanken richtig zusammen. Also höre ich auf und mache mit Thierry die Abendtestreihe. Er wartet schon ungeduldig auf die neuesten Seiten, doch ich dämpfe seine Begeisterung, denn ich habe das Gefühl, nur dummes Zeug geschrieben zu haben ...

Thierry ist erkältet, und zwar ziemlich schwer. Die Nächte da oben müssen schon ziemlich kühl sein, stelle ich mir vor ...

Ich gähne, drehe mich um und schwenke herum. Seit ich aufgelegt habe, folgt mir überall ein Schnakensurren. Ich suche das Tier, doch ich muß mich davon überzeugen lassen, daß es eine Sinnestäuschung war. Na gut.

Ich habe Hunger, weiß jedoch nicht, was ich essen soll. Quark, ja, das wäre gut, aber es ist keiner mehr da. Und außerdem habe ich heute schon genug gefressen.

Also gehe ich schlafen. Ich lese noch ein bißchen, doch ich bin in einer komischen Verfassung. Langsam und ohne daß ich es merkte, haben die Grotte und das Camp ihre Substanz verloren. Ich bin ein Fremdkörper für sie geworden und fühle mich überhaupt nicht mehr heimisch. Ich fühle eine innere Leere. Ich bin zwar hier, in meinem Schlafsack, aber das ist nur ein Navigationsfehler. Eigentlich müßte ich woanders sein. Die Apparate, Lampen, meine ganze Umgebung sind durchsichtig, körperlos geworden. Sie reagieren nicht mehr auf meine gefühlvollen Bitten. Ich habe keinen Bezugspunkt mehr, weder räumlich noch zeitlich. Ich irre zwischen zwei Welten umher, doch die, die ich verlassen habe, habe ich vergessen, und die, in die ich komme, kenne ich nicht. Ich spüre die Kälte und Gleichgültigkeit, die von der Einsamkeit ausgeht, doch ohne wirkliche Gefühlsregung. Meine Seele hat sich verschlossen, mein Geist ist verloren. Ich genieße es nicht, in meinem Schlafsack zu liegen, doch um nichts auf der Welt würde ich herauswollen. O je! Es ist Zeit, das Licht auszumachen ... Was ich auch tue. Und ich schlafe verdammt gut. Als ich die Augen aufschlage, bin ich wieder in Form. Ich fühle mich vollkommen ausgeruht und könnte jetzt gut einen neuen Zyklus anfangen. Bloß, das kommt nicht in Frage, und diesmal wehrt sich nicht mein Körper, sondern mein Inneres sträubt sich dagegen, denn ich fühle mich noch nicht bereit, wieder Kontakt mit der Grotte zu knüpfen. Und wirklich gerate ich auf dem Weg zur Toilette ins Schwimmen. Ich fühle mich wie eine formlose Masse, und es ist mir, als würde ich das Zelt und die Bücherregale durchqueren, ohne ihre Dichte und Körperlichkeit zu spüren. Nichts reagiert auf mich, und ich habe keine Lust, mich aus dieser geistigen Betäubung aufzurütteln, um mir wieder einmal zu sagen, also los, du wachst jetzt endgültig auf und fängst einen neuen Tag an! Nein, ich bin immer noch im Reich der Nacht und will dort bleiben. Ich möchte nicht wirklich schlafen, sondern fliehen. Vergessen, wo ich bin, wer ich bin, und mir nicht mehr einen künstlichen Zeitplan schaffen müssen. Ich bin in einem Übergangsstadium, und das ist der schwierigste Moment. So quälend es am Tag für mich ist, mich hinzulegen und das Licht auszumachen, so schwer finde ich es, das Licht wieder einzuschalten, wenn ich einmal im Dunkeln liege. Außerdem gibt es nichts Verlockendes, wenn ich meinen Tag plane. Zum erstenmal finde ich an nichts mehr Geschmack, nicht einmal am Lesen. Ich sehe nur die 50 Seiten vor mir, die ich noch tippen muß und empfinde dabei keine Vorfreude. Ich fühle keine Aufgabe oder Verpflichtung, im Augenblick ist das einzige, was mir zusagt, wieder die Augen zu schließen. Ich fühle mich von einer unwirklichen, eisigen Welt umgeben, ich gehöre nicht hierher, und wenn ich mich in die Zukunft versetze, bekomme ich

Angst. Ich sehe mich auf einem weiten, öden, grauen, vereisten, unfreundlichen Platz dahingehen, beziehungslos, ohne Heim, ohne Mann. Ich fühle mich so elend in diesem Abgrund, und mir scheint, ich würde mich draußen noch viel elender fühlen. Und so werde ich allem entfliehen.

Ich lese einen Kriminalroman zu Ende, denn ich bin nicht schläfrig, doch ich bewahre mir die dumpfe Erstarrung meines Körpers. Der Krimi ist übrigens nicht schlecht, der Einstieg ist zwar schwierig, aber es geht eine dichte, beunruhigende Atmosphäre von ihm aus, eine traurige Stimmung, was mir nicht gerade auf die Beine hilft ...

Mein Magen knurrt und blubbert. Ich habe vielleicht einen Hunger, und ich knabbere zwei Kekse, um mich wieder in Ruhe hinlegen zu können. Ich lösche das Licht. Ich werde Murmeltier spielen und die harten Zeiten im Winterschlaf vergessen. Selbst wenn mein Körper ausgeruht ist, brauche ich bloß bewegungslos im Dunkeln und Warmen zu liegen, um den Schlaf hochkommen zu lassen. Bevor ich endgültig abschalte, streife ich noch ein wenig durch das Land der Träume. Da spüre ich buchstäblich, wie mir das Herz stehenbleibt wegen eines seltsamen Geräuschs. Ein Geräusch, das ich nicht bestimmen kann, denn ich bin schon auf dem Weg zu den dunklen Tiefen des Unbewußten. Doch mein Geist baut aus diesem Geräusch eine halb wirkliche, halb erfundene Geschichte. Ich bilde mir ein, ich hätte eine Tür knarren hören, die in die Grotte führt. In diese Grotte hier. Es besteht kein Zweifel, denn ich sehe das Camp in allen Einzelheiten vor mir. Und ich bin überzeugt, daß es hier außer dem Eingangsschacht noch eine Tür gibt, die nur mit einem kümmerlichen Riegel verschlossen ist und mich mit der Außenwelt verbindet. Eine Gruppe junger Leute (zwei Männer und drei weitere Personen unbestimmten Geschlechts) hat sich Zugang zur Höhle verschafft, indem sie die Laboraufsicht täuschte. Sie sind bis zur Plattform herangekommen, und da ich sie auf gar keinen Fall verärgern will, biete ich ihnen ein üppiges Essen an. Ich empfange sie viel höflicher, als sie erwartet haben. Trotzdem fangen sie an das Camp zu plündern und wollen mich vergewaltigen. Ich versuche nicht, mich zu wehren, denn sie sind in der Überzahl; ich will nur, daß sie so schnell wie möglich verschwinden und mich nicht töten, ich muß das Experiment mit dem bißchen, was sie übriglassen, zu Ende führen. An dem Tag, an dem ich die Höhle endgültig verlasse, will ich nachsehen, ob diese Tür existiert, eine schwere alte Tür aus viereckigen Platten. Ja, sie ist tatsächlich da.

Ich versuche wacher zu werden und merke, daß ich wirklich geträumt habe. Der Traum hinterläßt einen bitteren Beigeschmack von Leere und nackter Verzweiflung. Und ich sage mir – ohne Schuldgefühle, denn ich bin von der Welt abgekoppelt –, daß der Schlaf, in den ich sinke, weder notwendig noch erholsam ist. Im Gegenteil, ich schlafe, um anschließend in noch schlechterer Verfassung aufzustehen. Ich weiß schon im voraus, daß ich eine leichte Migräne haben und tagsüber trotzdem nicht länger wach bleiben werde. Mit dem Schlaf ist es wie mit den Vitaminen. Was über die nötige Menge hinausgeht, ist unnütz und wertlos. Und die Verfassung beim Aufwachen steht in keinem Verhältnis zur Schlafdauer ... Aber das ist mir gleich, ich werde mich eilends in die undurchsichtigen Regionen des Vergessens flüchten. Ich brauche diesen Schlaf nicht, doch das Wegsein, das er bringt, das brauche ich. Wieder schließe ich die Augen und – o Wunder – tauche in einem Zug ins Unbekannte, bis ich fühle, als ich die Augen aufschlage, daß ich wieder ein Teil der unterirdischen Welt bin.

27. ZYKLUS

8.–11. Oktober 1988

58 h 52 – davon 49 h 04 Wachphase, 1 h 17 Siesta und 8 h 31 Nacht

Es fällt mir schwer, aufzustehen; wahrhaftig, die Nacht verfolgt mich und zieht mich an sich. Doch langsam finde ich in mein Reich und zu meinem Trott zurück. Ich ziehe mich an, mache mein Bett, erledige ein paar Dinge im Haushalt und absolviere die Morgentests. Nach und nach kehre ich in die materielle Welt zurück. Ich finde wieder zu mir, berühre die Dinge, es gibt sie wirklich, sie sind da, und ich bin in einem Abgrund. Ich bin wieder offen für die nächste Zukunft und nehme wieder Anteil an dem, was ich mache.

Meine erste Aufgabe lautet: die überfälligen Seiten zu Ende tippen, und das wird schon einige Zeit dauern. Ich bin durcheinander heute, denn ich bin sicher, daß ich sehr, sehr lange geschlafen habe, und fühle mich irgendwie schuldig. Ich fühle mich überhaupt nicht rentabel, denn ich habe den Eindruck, meine Zeit teilt sich in 50 % Wachsein und 50 % Schlaf auf. Draußen ist das Verhältnis allgemein ein Drittel Schlaf und zwei Drittel aktives Leben – bei den Glücklichen, die acht Stunden pro Nacht schlafen können.

Tatsächlich kann ich meine lange nächtliche Abwesenheit an ganz einfachen körperlichen Details ablesen: an meinen Fingernägeln, meinen Haaren und meiner Haut. Mir ist aufgefallen, daß das, was über der Erde zwei oder drei Tage zum Wachsen braucht, hier nur einem Zyklus oder sogar nur einer Nacht entspricht. An jedem Zyklusende muß ich meinen Kopf rasieren, und am folgenden Morgen sind schon wieder kleine Härchen nachgewachsen und lösen den Kleber der Anschlüße ab.

Ich werde immer verdrießlicher und wälze traurige Gedanken. Ich ziehe mich von der Grotte zurück, habe nicht die geringste Lust, die Plattform zu verlassen. Die kleinste Anstrengung kostet mich Überwindung, und ich muß mich ernsthaft dazu zwingen, das Tippen der mehr als 60 verbleibenden Seiten anzugehen.

Zuvor jedoch richte ich mir ein schönes Essen her mit warmen Spargel als Vorspeise und eingelegtem Schweinefleisch mit Maronen. Madame versagt sich nichts. Schließlich packe ich den Stier bei den Hörnern und mache mich daran, so schnell wie möglich zu tippen, um diesen verdammten Rückstand einzuholen. Ich mache ziemlich viele Pausen, um meinen Rücken zu lockern, der mich durch stechende Schmerzen warnt. Ich strecke mich auf der harten Plattform aus und lasse mich vollkommen gehen, dann recke ich im Schneidersitz die Arme nach oben und ziehe, so hoch ich kann. Das ist sehr wirkungsvoll, doch der Effekt hält nicht lange vor.

Mein Tag ist gut geplant und entspricht dem Tagesablauf, den ich über der Erde gewohnt war, und so beschließe ich, die Nachmittagstests zu machen. Dann tippe ich weiter, doch eine erneute Welle der Erschöpfung überkommt mich, und ich glaube mich reif für eine Siesta. Ich strecke mich aus, was mir ein leichtes Wohlgefühl verschafft, und schließe die Augen im gedämpften Licht, doch ich falle nicht ins Unbewußte, träume nicht, schlafe nicht.

Außerdem bemerke ich in mir eine erhöhte nervöse Spannung, denn ich kann das ungleichmäßige Gesumme einer großen, blauschimmernden Fliege nicht ertragen. Aber ich bin jetzt richtig wach, falls ich überhaupt ein Auge zugetan habe. Je mehr ich den Schlaf am Tag einfangen will, desto mehr verfliegt er. Ich fühle mich noch genauso zombiehaft wie vor dem Hinlegen und ziehe mir buchstäblich die Ohren lang, damit ich die letzten Seiten fertigtippe. Ich fühle mich immer elender und verspüre eine grenzenlose Erschöpfung. Überall habe ich Gliederschmerzen, mein Hals ist entzündet, und ich huste »abgrundtief«. Ich weise alle Symptome einer richtig schönen Grippe auf und habe nur einen Wunsch: mich ins Warme zu legen und von der Bildfläche zu verschwinden. Ich bewege mich wie in zähem Schlamm, denke an nichts mehr und frage mich doch unruhig, was ich bloß in mein Tagebuch schreiben soll. Mir scheint, dieser Zyklus wird hinauslaufen auf ein lakonisches: «Geht mir nicht gut. Lege mich ins Bett, lese, schlafe« Punkt.

Ich verkrieche mich ganz in mich hinein und ziehe mich in mein Bett zurück, den einzigen Winkel, der mir erträglich, wenn auch nicht einladend erscheint, und denke darüber nach, daß Michel vielleicht recht hatte, als er betonte, daß bei den meisten Experimenten im Zeit-Jenseits die Versuchspersonen ihr Zelt kaum schließen. Meine Fröhlichkeit ist von mir gewichen, und ich lebe meine Apathie wie ein unabänderliches Schicksal, begnüge mich damit, es über mich ergehen zu lassen, ohne aufzubegehren oder bekümmert zu sein. Und ich liebe weiß Gott solche Verfassungen nicht, wo ich doch normalerweise dauernd auf Achse bin.

Ich strecke mich aus, und statt zu lesen, bleibe ich regungslos liegen, mit starrem Blick, und denke nur daran, daß die krampfartigen Rückenschmerzen verschwinden. Ich liege wie in einer dicken Watteschicht, habe keinerlei Verlangen, keinerlei Pläne, warte nur darauf, daß dieser Zustand vorbeigeht.

Doch in der Wärme, die mich allmählich umgibt, gebe ich sanft nach, und als ein letzter klarsichtiger Zipfel meines Verstandes merkt, daß ich einschlafe, ist es zu spät, und ich habe nicht einmal die Kraft, den Zauber des Schlafes zu zerstören, um die Posten oben zu benachrichtigen. Ich wische alle Schuldgefühle oder Gewissensbisse weg und sinke ins Unbekannte. Und das tut mir gut.

Als ich Christophe mitteile, daß ich geschlafen habe, ohne es zu melden, ist seine erste Reaktion: »Na, da wird sich Michel aber freuen.«

Ja, ich weiß, ich weiß. Doch ich stecke in einer dumpfen Niedergeschlagenheit fest, und nichts dringt zu mir durch. Ich empfinde weder Fröhlichkeit noch Enthusiasmus noch Vorfreude auf irgend etwas. Und – das ist die Kehrseite dieses traurigen Zustands – ich empfinde auch nicht mehr die Wutausbrüche und die unangenehmen Folgen der Nervosität. Ja, noch schlimmer. Ich habe nicht einmal mehr das Gefühl, wie ein Tier zu leben. Ich bin aus meinem Körper verschwunden und schere mich um nichts mehr.

Ich nehme »La Pucelle« von Montheilet zur Hand und vertiefe mich langsam in das reiche und romanhafte Leben von Pietro, jenem Venetianer, der Jeanne d'Arc gekannt hat. Seit den Schlafpausen ist mein Tag vollends aus dem Takt geraten, er hat sich aufgelöst, ich habe das Zeitsteuer verloren. Ich sage mir, es sei später Nachmittag, doch ich halte nicht an dieser Behauptung fest. Ich bin nirgendwo, drifte wieder einmal auf einem endlosen, weiten, öden Meer. Ohne es zu merken, bin ich in den riesigen, zähen Strudel der Langeweile geraten. Mein Sehvermögen ist getrübt. Als ich es teste, stelle ich fest, daß ich auf dem linken Auge doppelt sehe. Es hat bestimmt um eine halbe Dioptrie nachgelassen. Doch das schockiert mich nicht; das passiert mir auch oben.

Ich esse sehr viel, eine ziemlich lächerliche Äußerung meines Überlebenstriebs. Denn ich brauche eine Stärkung für die Seele, nicht für den Körper. Nichtsdestotrotz richte ich mir eine kleine Platte her. Von dem Schinken habe ich schon einige Zeit nichts mehr genommen. Fast luftdicht in eine Tüte eingewickelt, hat er eine gesunde Schimmelschicht gebildet. Doch unter dem frischen Anschnitt bleibt ein herrlicher Schinken übrig. Ich schneide ihn in kleine Würfel und gebe sie in eine Schale. In ein zweites Schüsselchen schneide ich Gruyèrewürfel, lasse ein ganzes Glas Cornichons abtropfen, dazu Knäckebrot mit Butter, zwei geschälte Pampelmusen und ein Apfel. Was für ein schönes kaltes Büfett. Ich suche etwas, das ich als Tablett benutzen könnte, sehe den Pappkarton von der Schreibmaschine und stelle ihn neben mein Bett, nachdem ich weißen Küchenkrepp darübergebreitet habe. Dann hole ich die Eßsachen her und schlüpfe wieder in meine noch warme Daunengondel. Ich nehme mein dickes Buch und picke mal hier, mal da etwas heraus, während ich die Abenteuer unseres venetianischen Helden an der Seite von Charles VII. verfolge. Ich fühle, wie eine Wolke von Müdigkeit meinen Blick trübt. So räume ich alles weg und absolviere mit Thierry die Abendtests. Ich entnehme seinen Worten, daß Michel mir nicht begegnen will. Ja, sicher, bei unserem Streit habe ich ihn bestimmt ziemlich verletzt. Jetzt, wo der Anfall vorbei ist, ärgere ich mich über mich selbst. Andererseits finde ich, daß er es mir gegenüber an Gespür hat fehlen lassen. Und mir hat es vor allem an Verständnis gemangelt. Schließlich sitzt er zwischen zwei Stühlen: Einmal sind da die Wissenschaftler und die Presse mit ihren Ansprüchen und dann die Versuchsperson unter der Erde.

Oje, was bin ich bloß für ein Kotzbrocken. Und der Gipfel ist, daß diese unnachsichtige, rücksichtslose und autoritäre Seite meines Charakters bloß hier, in der Abgeschiedenheit, zum Vorschein kommt. Denn draußen bin ich glücklicherweise viel ruhiger und nachgiebiger und zugänglicher für die Probleme anderer Menschen. Meine Laune auf der Erde wird gemäßigt durch den Kontakt mit anderen Menschen, denn da oben kann ich *sehen,* was vor sich geht. Hier unten dagegen kann die Phantasie walten, und zwar um so freier, je deprimierter ich mich fühle. Und gegen das, was man sich einbildet, kann die Realität nur wahnsinnig schwer etwas ausrichten. Dieses Experiment und die Isolation, die es verlangt, haben aus mir nicht einen jammernden Menschen gemacht, sondern eine Tigerin mit scharfen Pranken.

Nach den Tests lege ich mich wieder hin und lese noch eine ganze Zeit, so lange, scheint mir, daß ich die Tests fast noch einmal machen will, bevor ich wirklich schlafe, aber dieser flüchtigen und ziemlich albernen Anwandlung wirkt ein leichter Anfall von Müdigkeit rasch entgegen.

Ich lese so lange wie nur möglich, um mich müde zu machen, denn ich will ganz fest schlafen und völlig vergessen. Endlich lösche ich das Licht.

Doch ich wache ziemlich bald wieder auf *(nach 13 Stunden)*, das weiß ich, denn obwohl ich vor dem Schlafengehen einen Dreiviertelliter Wasser getrunken habe, muß ich noch nicht pinkeln. Das ist ein deutliches Anzeichen. Wie traurig es hier ist. Was für ein trübes Erwachen!

Ich habe viel geträumt, und ich habe sogar zwei Träume behalten, doch dann, unmöglich, sie an die Oberfläche meines Bewußtseins zu bringen. Mein klares Denken und meine Seele haben sich in einem Winkel meines Gehirns zusammengerollt und kümmern sich um nichts mehr. Ich denke an gar nichts, kann an nichts Anteil nehmen, es ist furchtbar.

28. ZYKLUS

11.-13. Oktober 1988

47 h 58 – davon 33 h 10 Wachphase, 1 h 50 Siesta und 12 h 58 Nacht

Zunächst melde ich nach oben, daß ich das erstemal aufgewacht bin, denn ich will nicht in derselben Verfassung wieder einschlafen. Heute muß ich etwas tun, muß mich regen ... Ich will den Schacht da hinten genauer sehen, setze meine Brille auf und kann ganz schwach den Zylinder aus Lichtstaub erkennen, wie einen Scheinwerferkegel auf der Bühne. Er weckt die Hoffnung auf den Ausstieg, dieser mattgelbe Streifen über dem Wall.

Mit einer entschlossenen Bewegung mache ich alle Lichter an und stehe auf. Heute muß ich mein Leben in der Höhle wieder aufnehmen, muß ihr wieder einen Besuch abstatten, mich aus der Nähe mit ihr anlegen. Ich muß in ihr meine Seele wiederfinden, indem ich ihre wohltuenden Ströme und ihre besänftigende Dunkelheit spüre. Ich mache mein Bett und absolviere mit Christophe die Tests. Und – was ganz ungewöhnlich für mich ist – ich bleibe während des Frühstücks und des Tippens einiger Seiten in meinen Nachtkleidern. Denn wenn es etwas gibt, das ich im alltäglichen Leben nicht mag, dann Sachen anzubehalten, die mich an die Nacht erinnern, einen Morgenrock zum Beispiel. Es muß eine ganz klare Trennlinie geben zwischen Nacht und Tag, und das fängt bei der Kleidung an ...

Der Grund dafür ist, daß ich meine Aschenputtelsachen anziehen will, damit ich unbedenklich arbeiten kann. Danach gedenke ich dann eine Riesenkörperpflegeaktion zu machen. Um mir also einmal Ausziehen zu ersparen ...

Ich habe die Knäckebrote vom gestrigen kalten Büfett verspeist. Sie sind weich geworden, doch heute ist das Essen zweitrangig ...Nachdem ich ein paar Seiten geschrieben habe, ziehe ich meine leichte »Kampfausrüstung« an (was für ein Unterschied zu den schweren und einschnürenden Overalls), die vom Leben nichts mehr zu befürchten hat ... Ich singe nicht und spreche auch nicht; die ganze Hausarbeit, Abwasch, Putzen, geht schweigend vonstatten. Mit fast religiöser Inbrunst widme ich mich den Haushaltspflichten. Denn ich fühle, daß mit der Erneuerung meiner Umgebung auch meine Seele neu erblüht. Indem ich das Camp von Ballast befreie, werde ich ein neuer Mensch. Im Eifer des Gefechts verschlucke ich eine verirrte Fliege und reiße mir fast die Eingeweide aus dem Leib beim Versuch, sie wieder auszuspucken. Doch zu spät, sie wird ihre letzten Sekunden auf dem Grund meines Magens erleben, zu meinem großen Ekel.

Dann räume ich die überflüssigen Sachen aus meinem »Büro«. Ich staube ab, wische, verbreite den Geruch von Alkohol und Lavendel. Mit Besen, Lappen und Putzmitteln jage ich das Dreckgespenst von der Plattform.

Ich wasche einen gewaltigen Berg Geschirr ab, der mich an die ausweichenden Blicke am Ende jeder Mahlzeit im Oberflächencamp erinnert. Doch pfeif ich auf die Augustsonne mit meinen Freunden, jetzt kümmere ich mich endlich um meine Feinwäsche, die ich seit vier oder fünf Zyklen einweichen lasse. Sie ist sauber. Kein Rubbeln, kein Hyper- oder Ultra-Dingsbums-Waschmittel. Nein, die Lösung für makellos weiße Wäsche lautet: ein Experiment im Zeit-Jenseits ... und einige Zyklen lang durchziehen lassen ... Ich schwenke Socken und Slips nach, wringe sie aus und hänge die Sachen vor die offene Ofenklappe. Jetzt komme ich dran, reibe mich von Kopf bis Fuß ab. Aufgepaßt: Glauben Sie bloß nicht, daß ich mich nur einmal alle 50 Zyklen wasche! Ich sehe schon, wie Sie pikiert die Nase rümpfen. Doch ich pflege mich jeden Tag, allerdings stückweise. Eine Glanzleistung ist es, wenn ich alles auf einmal mache, ganz nackt, in einer Höhle, wo man naturgemäß alles machen möchte, außer sich nackt der schwarzen Sonne unter einem Gewölbe auszusetzen, das nichts Himmlisches an sich hat.

Dann bereite ich Fisch und Selleriecreme vor, so daß alles genau nach den Tests fertig ist. Gevatter Thierry bietet mir die nicht sehr abwechslungsreiche Testpalette an und erzählt mir, daß er von mir geträumt hat. Also muß er Alpträume haben. Doch nein, er verteidigt mich gegen Eingriffe von außen beziehungsweise hat einen zweiten Zugang zum Valat-Nègre gefunden und besucht mich heimlich. Langsam wird es bedenklich; er braucht dringend Urlaub. Er lebt, denkt und arbeitet nur noch für das Experiment.

Ich fühle mich wohl. Mein Geist ist unbeschwert, erfrischt

und klar, und ich kann der Zukunft relativ fröhlich entgegensehen.

Ich esse kurz (die Zitrone und die Crème fraîche passen wahnsinnig gut zum Fisch). Und weil ich meinen Körper mit seinen Tücken kenne, beschließe ich, mich hinzulegen, um meinem Rücken Erholung zu gönnen.

Mit dem befriedigenden Gefühl, meine Arbeit getan zu haben, schlafe ich ruhig ein. Ich muß einige Zeit in Morpheus' Armen verbracht haben, denn ich wache auf, weil ich dringend pinkeln muß.

Nach einer schönen Tasse Kaffee setze ich mich an die Schreibmaschine, um mein Tagebuch zu aktualisieren. Diese Schreibarbeit verschlingt unglaublich viel Zeit. Doch statt mich darüber zu freuen, ärgere ich mich. Denn ich möchte die Zeit lieber anders verbringen. Ich bin wieder in Form, mein Kopf ist klar; endlich habe ich wieder zu mir gefunden. Manchmal blicke ich von der Schreibmaschine hoch und schaue mich zufrieden in meiner Umgebung um, wo wieder Klarheit und Ordnung herrschen – wie in meinem Innern.

Während der Tests weist mich Thierry darauf hin, daß ich immerhin noch Glück habe, nicht völlig isoliert zu sein. Doch leider muß ich ihn eines Besseren belehren, und er scheint ganz zerknirscht, denn er schließt daraus sofort, daß ich mich nicht freue, ihn zu hören, was auch grottenfalsch ist. Doch für mich wird dadurch der Unterschied zwischen meinen zwei Leben nur um so krasser spürbar. Es ist, als würde man einem Verhungernden vergiftetes Essen vorsetzen. Die Stimmen, die ich am Ende der Leitung höre, sind wie Sirenenklänge, die mir von Licht, Sonne, Zärtlichkeit und Musik singen, doch ich muß mich an den starren Mast eines Stalagmiten fesseln, um nicht der Versuchung hinaufzusteigen zu erliegen ...

Ich schreibe weiter. Was kann sie denn bloß dauernd schreiben, fragt man sich da oben wahrscheinlich. Und ich korrigiere die 120 Seiten, die vor Fehlern strotzen. Ich sitze dem kleinen Spiegelschrank gegenüber und versäume es nicht – vielleicht haben Sie es nicht gemerkt, aber ich bin eine Frau –, mich ab und zu im Spiegel anzuschauen. Meine Augen sind gerötet. Wie bei einem Kaninchen. Außerdem ermatte ich. Eigentlich wollte ich meine Arbeit heute abend zu Ende bringen. Pech, mache ich es halt morgen fertig.

Mein Magen plagt mich. Ich habe Hunger, weiß jedoch nicht,

was ich essen soll. Ich bin unschlüssig und fange mit Käsewürfeln an. Dann etwas Schinken. Dann Knäckebrot. Dann ... und dann ... natürlich Kuchen ... und schon wieder zuviel. Mist! Heute nacht werde ich nicht abnehmen ...

Ich gehe zum Arbeitstisch zurück, pflanze mir die Elektroden ins Gesicht, bemächtige mich einer Packung Kekse und schlinge sie energisch hinunter, während ich noch ein paar Seiten überfliege. Doch ich mache ziemlich bald das Licht aus.

29. ZYKLUS

13.–15. Oktober

48 h 13 – davon 29 h 15 Wachphase, 4 h 12 Siesta und 14 h 46 Nacht

Ich schlafe nur mittelmäßig. Ich dürfte nicht einmal das sagen, denn ich habe weder geträumt noch überhaupt irgendeine bewußte Erinnerung an meinen Schlaf. Also weiß ich gar nicht, wie ich geschlafen habe. Aber ich weiß zumindest, wie ich aufwache. Nicht allzu schlecht. Dies eine Mal ist die Nacht ereignislos verlaufen. So. Und jetzt müßte Michel eigentlich zufrieden sein, denn ich habe keine Lust, wieder einzuschlafen. Allerdings habe ich große Lust, noch im Bett herumzuhängen, im Warmen und Weichen, um mich wieder meinen Erinnerungen und Träumereien zu überlassen und nur mit meinem Kopf zu funktionieren.

Ich gebe die drei üblichen Klingelzeichen, um darauf aufmerksam zu machen, daß ich die Augen offen habe, und krieche wieder in meinen Schlafsack. Mein Kopf liegt auf Baptistins dickem Bauch. Übrigens magert der Arme ab, weil er mir als Kopfkissen dient. Sein Hals schrumpft zusammen, und seine dicke Wampe verliert an Umfang. Und das nur auf einer Seite. Er nimmt leicht mongoloide Züge an, doch ich liebe ihn darum nur um so mehr. Francis hatte mir vorgeschlagen, eine weiße Labormaus als Haustier mit herunterzunehmen. Doch das habe ich abgelehnt, denn wieso sollte ich, logisch betrachtet, ein Tier hier haben, wenn man mir Musik verbietet, weil sie einen zu sehr ablenkt. Und warum dann nicht gleich mehrere? Und überhaupt, warum nicht menschliche Gesellschaft? Und eine Ratte ... Och. Außerdem will ich diese kleinen Viecher nicht quälen, denn drei Monate im Dunkeln wären für sie bestimmt auch nicht lustig gewesen. Und was hätte ich nach dem Experiment mit ihnen anfangen sollen? Denn bei unseren vielen Reisen können wir keine Haustiere halten.

Sachte bewege ich mich in meiner Daunenschale, um die Vollkommenheit dieses Augenblicks zu genießen. Mir ist warm, es ist weich, und ich fühle mich wohl. Wie gestern sehe ich in der Ferne den schwachen Lichtstreifen im Schacht. Ich betrachte diese helle Stelle, als sie plötzlich erlischt. Die Birne im Schacht ist ausgebrannt, hier, vor meinen Augen. Was für ein Zufall. Sie hätte irgendwann ausgehen können, während ich schlief, oder untertags, ohne daß ich es gemerkt hätte, aber nein, es mußte in einem der seltenen Momente passieren, wo ich hingeschaut habe. Da kann man schon abergläubisch werden. Glücklicherweise bin ich in positiver Stimmung, sonst hätte ich wieder eine Psychose mit Dämonen und bösen Geistern durchgemacht.

Ich rutsche auf die rechte Seite meines Betts hinüber, die zweite Matratzenhälfte, die ich nie benutze. Das ist die Seite an der Zeltwand. Sie ist etwas stärker aufgeblasen. Ja. Meine Matratze ist zweigeteilt, und man kann, wenn man will, nur eine Seite benutzen, doch ich blase immer beide auf.

Ich träume noch ein bißchen vor mich hin, horche auf die Grotte. Sie ist mir ungeheuer nah heute morgen, und ich bekomme Lust, sie noch gründlicher zu erforschen. Ich fühle mich ganz als Teil von ihr und – das klingt vielleicht überraschend – bin froh, hier zu sein.

Schön. Licht an, ich stehe auf und rufe sofort an, um das Erlöschen der Glühbirne im Schacht zu melden. Schon wieder Thierry. Wenn er Überstunden bezahlt bekäme, müßte er im Geld schwimmen ...

Ich fange wieder an mit der Blutentnahme für ein paar Zyklen. Ich bin zufrieden, denn ich weiß, daß ich heute meinen Rückstand aufholen werde. Mehr als sechs Zyklen habe ich damit zugebracht, alles in die richtige Reihenfolge zu bringen, und ich lese schon so lange in meinem unterirdischen Leben herum, daß ich ihm wirklich nichts mehr abgewinnen kann. Es drängt mich, mich anderen Dingen zu widmen.

Langsam bekomme ich Hunger, aber für ein Mittagessen ist es noch zu früh. Als Zwischenmahlzeit möchte ich Huhn mit Mandarinen. Ich gehe geradewegs zur Gefriertruhe, will mit einer souveränen Bewegung den Deckel hochheben, als meine Geste brüsk gebremst wird. Die Oberseite ist wie festgeschweißt. Ich setze die sperrige Tüte mit den Urintropfen ab und versuche unter einem donnernden »Ummmmfff« den Deckel aufzubekommen. Doch nichts zu machen. Das Eis ist stärker als Leim. Ich kann sogar die ganze Truhe bewegen, ohne daß sie sich darum öffnen ließe. Ich stehe so blöd davor wie ein Bär vor einem versiegelten Honigtopf. Ich wühle hinter dem Zelt nach ein paar Werkzeugen und komme mit einer Brechstange und einem Hammer zurück. Mit Hilfe des Hebelprinzips kann ich mir schließlich Zugang zu den tiefgekühlten Schätzen verschaffen. Und unverzüglich zerschlage ich den Eisring, der den Gummirand der Truhe regelmäßig überfriert. Natürlich ist das Huhn in der letzten Lage vergraben, und ich muß quasi in die Truhe klettern, um das begehrte Päckchen herauszuholen. Zurück auf der Plattform, gebe ich die Beutel ins Wasserbad und räume den Tisch ein bißchen ab. Das Huhn ist ein richtiger Genuß, und wie eine Katze lecke ich meinen Teller sauber. Dann vertiefe ich mich in meine Arbeit. Und ich denke nichts, spüre nichts, gerade daß ich überhaupt lebe. Ich merke nicht, wie die Zeit vergeht, sehe die Grotte nicht. Ich bin weder im Einklang noch im Streit mit meiner Umgebung. Ich stelle für Michel auch gleich noch eine Liste der Bücher zusammen, die ich gelesen habe, und merke betrübt, daß es nur ganz wenige sind. Höchstens 25. Ich hoffe, mir bleibt noch viel Zeit hier, um diesen Tatbestand zu ändern ...

Dann verordne ich mir ein Schläfchen, um wieder einen klaren Kopf zu bekommen, und schreibe das bißchen, was noch fehlt, fertig. Endlich bin ich auf dem aktuellen Stand, und ich packe meine Blätter in eine gelbe Plastikhülle. Er ist nicht sehr umfangreich, doch in diesem kleinen Papierpacken steckt stundenlange Arbeit.

Jetzt kann ich zur Luke gehen und mein Werk hinaufschaffen. Es ist ein komisches Gefühl, mit dem Tippen fertig zu sein. Ich habe nicht einmal das intensive Glücksgefühl nach vollbrachter Tat, denn ich bin doch sehr erschöpft. Und dabei habe ich das Gefühl, daß mein Tag noch gar nicht richtig angefangen hat ...

Ich fühle mich vollkommen wohl. Eigentlich habe ich damit gerechnet, daß ich Freudensprünge machen würde, weil ich jetzt nur noch eines zu tun habe, nämlich lesen. Doch ich habe Hunger und fühle eine unerklärliche Müdigkeit auf mir lasten. Ich hole mir ein Menü aus der Kühltruhe und mache die Nachmittagstests mit Christian. Schließlich lege ich mich mit einem Schmöker und ein paar Ausgaben des »National Geographic« hin. Meine Augen stechen, die Hornhaut fühlt sich wie aufgerauht an, doch als ich sie mir im Spiegel anschaue, sind sie nicht stärker gerötet als sonst. Allerdings sind sie auch nie mehr schneeweiß ... Meine Aufmerksamkeit erlahmt, nachdem ich fünf Hefte konzentriert durchgeschaut habe, und ich lege den Kopf zurück, schließe meine leicht tränenden Augen. Dabei hatte ich doch vor, ein bißchen zu zeichnen und zu lesen, doch ich glaube, damit ist es Essig. Dann richte ich mich zum Schlafengehen her, denn ich fürchte, dem Schlaf nicht widerstehen zu können, wenn ich mich erst einmal zum Lesen hingelegt habe. Ich habe einen schweren Kopf und einen Druck auf den Augen. Nichts zu machen, ich muß schlafen. Ich lese noch eine Erzählung und lösche das Licht, denn ich kann nicht mehr. Doch ich habe den Eindruck, ich habe nur einen halben Tag hinter mir.

Das war ein mittelmäßiger Zyklus, weder himmelhoch jauchzend, noch zu Tode betrübt. Ein Zyklus, dem ich das Etikett »keine besonderen Vorkommnisse« geben würde. Mehrmals wache ich an einem sonnigen Frühlingsmorgen in einem Wald auf, der von Vogelgezwitscher erfüllt ist. Und es klingt weiter, selbst als ich mich wieder in die Wirklichkeit zurückhieve. Es vermischt sich eng mit dem Klang der Wassertropfen, die ich besonders deutlich am See höre. Die Nacht ist ein Abbild des vorhergehenden Zyklus: mittelmäßig.

30. ZYKLUS

15.–17. Oktober 1988

54 h 44 – davon 31 h 07 Wachphase, 3 h 25 Siesta und 20 h 12 Nacht

Auch wenn ich froh bin, einen neuen Zyklus anzufangen, bin ich doch nicht in der rechten Stimmung zum Träumen. Ich rechne ein bißchen herum, denn ich habe ein dumpfes Stechen im Kreuz, das meine Periode ankündigt. Dabei erwarte ich sie erst in fünf Zyklen, und jetzt soll es schon soweit sein? Doch ich warte weise auf die Bestätigung ... und stehe auf.

Als erstes schalte ich den Herd ein, um meinen schönen türkisfarbenen Overall zu trocknen, denn er ist ganz aufgequollen vor Feuchtigkeit. Dabei backe ich auch gleich das kleine Brot auf, das ich gestern gemacht, aber nicht angerührt habe ...

Dann mache ich mir einen großen Becher Kaffee und fange einen neuen Abschnitt meines Aufenthalts unter der Erde an. Jetzt *fühle* ich, bin sicher, daß es dem Ende zugeht. Oh nein, nicht in unmittelbarer Zukunft, aber ich habe sehr wohl den Eindruck, das letzte Drittel meines Lebens im Zeit-Jenseits zu eröffnen. Und wie ich es mir vorgenommen habe, bereite ich mich darauf vor. Zunächst werden jetzt in jedem Zyklus meine Haare sorgfältig gepflegt. Das fehlende Sonnenlicht wirkt sich tatsächlich ein bißchen nachteilig auf die Kopfhaut aus, und Schuppen bilden sich. Kommt gar nicht in Frage, dieses Übel Wurzeln schlagen zu lassen. Also täglich die Haare mit Haartonikum einreiben. Dann sorgfältig schminken, als könnte mich jemand unvorhergesehen überraschen. Und ich spiele sogar die Eitle und hole meine Schmuckschatulle hervor. Ich ziehe Halsketten und Armbänder heraus, als würde ich mich zum Ausgehen mit Francis herrichten. Für ihn kann ich nicht schön genug sein. Und da sehe ich verblüfft, daß das Elfenbein und die schwarzen Korallen Schimmel angesetzt haben. Ach ja, auch das ist lebende Materie. Und ich sehe außerdem, daß auch der Lidschatten von einem zarten graugrünen Flaum überzogen ist. Er enthält wohl Tierfett. Walfischtran zum Beispiel ... Armes Tier.

Heute bin ich eher guter Laune. Nicht wirklich fröhlich, aber auch nicht traurig. Die Echos von oben kommen nur noch über Thierry zu mir, und kein Streß und keine Verpflichtungen beeinträchtigen mein Leben, das jetzt in einem gleichmäßigen Rhythmus verläuft. Ich lebe mit mir in einem Trott, dessen Eintönigkeit nur noch durch den Inhalt der verschiedenen Bücher oder die verschiedenen Farben der Bilder, die ich male, durchbrochen wird.

Ich betrachte mich als beurlaubt. Da oben haben sie einen Textvorrat, und ich fühle mich überhaupt nicht mehr gehetzt. Jetzt genügt es, wenn ich von einem Tag auf den anderen schreibe. Keine erschreckenden Berge mehr zu tippen. Dasselbe gilt für die Photos. Es gibt nichts wirklich Dringendes mehr zu tun.

Und so weihe ich diese unterirdischen Ferien mit einem Zyklus ein, in dem ich mich einzig und allein meiner Lieblingsbeschäftigung widme: dem Lesen.

Ich mache die Mittagstests mit Thierry. Er hat gerade die letzten Seiten, die ich hinaufgeschickt habe, gelesen und faßt seine Eindrücke zusammen: »Interessant, du erzählst von draußen.« Aber ja, ich weiß, alles, was jetzt noch hier unten passiert, ist eine Wiederholung. Selbst ich bin es leid und habe überhaupt keine Lust, im 30. Zyklus das noch mal zu sagen, was ich im 22. Zyklus schon beschrieben habe.

Anschließend esse ich grüne Bohnen. Ich liebe das. Und lege mich sogleich zu einem Schläfchen hin – aus dem ich etwas verängstigt aufwache. Ich habe geträumt, daß sich an einer der Schnüre, an denen die Glühbirnen hängen, eine kleine rechteckige schwarze Schachtel befand, die lebendig war. Sie bewegte sich auf mich zu, nie näher als einen Meter, und sobald ich sie packen wollte, entfernte sie sich wieder. Sie behielt mich ständig im Blick. Weder feindselig noch freundschaftlich, und das war grauenerregend.

Ich unterziehe mich einer neuen Testserie. Bei dem kurzen Gespräch, das sich anschließt, übermittelt mir Thierry Fragen von Besuchern, wie etwa: »Hat sie nicht sexuelle Defizite?« O ja, ich weiß genau, daß Sie darauf brennen, das zu erfahren. Eine Frau, drei Monate eingesperrt, ohne Mann, hm? Und es wäre sicher kein Mangel an mitfühlenden Seelen, die mir Trost spenden würden. Es ist nur so. Wenn ich auch verliebt bin, so bin ich deswegen doch keine Nymphomanin. Und die Trennung von meinem Mann – und ich vermisse ihn, das können Sie mir glauben – zieht mich nicht in Abgründe körperlicher Qualen, wie sie Drogenabhängige haben, wenn sie ihren Stoff nicht bekommen. Außerdem bin ich nicht zur Enthaltsamkeit verdammt. Es ist ja nur eine vorübergehende Trennung. Psychologisch gesehen ändert das alles. Daher fühle ich mich nach diesen zwei Monaten hier gut (das ist eine persönliche Einschätzung). Nicht krankhaft frustriert. Und voller Vorfreude auf ein überschwengliches Wiedersehen ...

Die Leute fragen sich auch, ob mein Körper in Mitleidenschaft gezogen wird und sich verändert. Ich verändere mich dahingehend, daß ich bleicher werde. Oh, sehen Sie jetzt nicht gleich ein durchsichtiges Wesen aus der Höhle steigen. Ich habe einfach nur meine Sonnenbräune eingebüßt. Übrigens interessiert mich mein Körper im Moment nicht sehr. Da ich ihn niemandem zeigen und er niemandem gefallen muß, kümmere ich mich nur mäßig darum und störe mich auch nicht allzusehr daran, daß mein Gewicht regelmäßig um zwei bis vier Kilo schwankt. Auch wenn der Gedanke an Diät manchmal zu einer fixen Idee wird. Ich lebe in meiner Körperhülle, das ist schon mal nicht schlecht. Und was die körperlichen Leiden anbelangt, so wollen wir doch nicht übertreiben. Ich muß mich nicht verstümmeln, und die Kälte ist erträglich. Natürlich beeinträchtigen mich die Elektroden im Gesicht, auf der Brust und am Busen. Und die Rektalsonde, die ich seit Juni praktisch ununterbrochen trage. Dann sind da noch die Schnitte in die Fingerkuppen für die Blutproben. Höchstens daß ich diese dicken, schweren Sachen immer tragen muß, die mir hinderlich sind, ist wirklich unangenehm. Und etwas traurig macht es mich, daß auf meinen Wangen häßliche Schuppenflechten entstehen. Bestimmt Licht- und Vitamin-D-Mangel. Aber das alles ist ebenfalls nur eine vorübergehende Erscheinung. Bis auf mein Sehvermögen vielleicht. Ob es wirklich nachgelassen hat?

Ich krieche in die Federn, um ausgiebig zu lesen. Ich würde Jeanne d'Arc gerne vor dem Scheiterhaufen retten (immer noch in »La Pucelle« von Montheilet), als ich draußen einen Höllenlärm höre. Es kracht und scheppert, dann erstarrt alles wieder in lähmender Stille. Was ist denn das schon wieder? Ich quäle mich aus dem warmen Schlafsack und gehe nur in Socken an den Rand der Plattform, um die Finsternis zu durchforschen. Doch das Drama hat sich ganz nah bei mir abgespielt: Mein Toilettentisch ist zusammengebrochen. Na klar, ich hatte die Platte auf einen großen Pappkarton gelegt, und in der Feuchtigkeit ... Ich lasse alles, wie es ist. Ich erledige das morgen. Heute wird gelesen, Punkt. Und ich kehre zum Scheiterhaufen zurück. Mit Keksen. Ich schäme mich zwar, aber ich habe eben einfach Hunger.

Um schnell zu meiner Lektüre zu kommen, mache ich die Abendtests. Thierry – schon wieder, der Arme – redet vom Tauchen; er würde so gerne die Welt unter Wasser kennenlernen. Ja, was das Tauchen betrifft, das werden wir dann sehen, wenn ich herauskomme ... Jetzt lege ich mich unverzüglich wieder ins Bett mit einem riesigen Bücherstapel. Endlich lösche ich das Licht. Ich habe einigen Stoff zum Träumen. Seltsamerweise träume ich nicht, oder erinnere mich zumindest nicht daran. Ich fühle mich auch nicht so besonders gut, denn ich habe sehr viel gegessen. Aber übergehen wir doch eine recht mühsame und ereignislose Nacht.

31. ZYKLUS

17.–20. Oktober 1988

67 h 30 – davon 28 h 08 Wachphase, 5 h 58 Siesta und 33 h 24 Nacht

Kreuzschmerzen plagen mich, und eine schwache Blutung kündigt mir einen großen Tag an: Zum drittenmal bekomme ich hier unter der Erde meine Periode. Daraufhin nehme ich ein Blatt Papier und einen Stift und stelle kluge Berechnungen an. In ungefähr zwölf Zyklen müßte mein nächster Monatszyklus anfangen und ich das Ende des Aufenthalts erreichen. Ich kann hoffen, daß ich spätestens beim 45. Zyklus 100 Tage im Zeit-Jenseits hinter mir habe. Also fängt jetzt tatsächlich das letzte Drittel des Experiments an. Natürlich beruhen alle die Zahlen auf der Hypothese, daß der Zeitabstand zwischen den Menstruationszyklen gleich lang ist und 28 Tagen entspricht. Aber ich fühle, daß mein Körper mich nicht im Stich gelassen hat. Und was noch entscheidender ist, wenn es wirklich eine Zeitverschiebung gegeben haben sollte, dann zu meinen Gunsten, da die Periode eher verspätet als vorzeitig einsetzen müßte. Doch vielleicht irre ich mich auch auf der ganzen Linie... Das werden wir schon sehen. Wenn es sich allerdings als richtig erweist, dann wäre ich die erste Versuchsperson, die relativ richtige Zeitwerte erstellen kann.

Ich bin guter Laune, richte mir den Tag ein, wie es mir paßt, und übergehe ohne Gewissenbisse alles, was man schon kennt. Haushalt, Gang zur Luke....

Bevor ich mich dem Lesen widme, will ich eine Reihe Polaroidphotos machen. Ich muß mich dazu zwingen, denn ich habe nicht die geringste Lust zu photographieren. Aber ich glaube, sie brauchen da oben noch Bilder. Heute habe ich nicht meinen besten Tag, denn ich verpatze alles. Ganz und gar alles. Sie sind verschwommen, unterbelichtet oder verwackelt... Das entmutigt mich.

Daher lasse ich es bleiben und kümmere mich um das Mittagessen. Es gibt frischen Lachs mit Pilzen. Und Kekse. Also, mit den Süßigkeiten muß ich aufhören, denn jetzt habe ich nur noch 15 Zyklen lang Zeit, um körperlich wieder in Form zu kommen und denen, die ich wiedersehe, Ehre zu machen.

Daraufhin gönne ich mir ein kleines Nachmittagsschläfchen, das mich vollständig mit dem Leben aussöhnt. Ich hatte Migräne den ganzen Vormittag. Wie weggeblasen. Nichts mehr. Und wieder eine unerschütterliche psychische Verfassung. Das erinnert mich daran, daß mir Thierry die Bedenken einiger Leute mitgeteilt hat: Wird sie dabei denn nicht verrückt? Doch leider – und ich bin untröstlich, vage Hoffnungen zu enttäuschen – habe ich keineswegs den Eindruck, etwas abzubekommen. Zugegeben, man muß schon einen Spleen haben, um sich drei Monate in einer unterirdischen Einöde einzusperren. Aber wenn auch nur der geringste Zweifel an meiner geistigen Gesundheit bestanden hätte, dann hätte Michel bei seiner reichen Erfahrung mit Menschen sicher nicht das Risiko auf sich genommen und eine labile Person hinuntergeschickt. Übrigens riecht diese – durchaus berechtigte – Frage, die ich mir selbst regelmäßig stelle, irgendwie nach Sensationsgier, regelrechtem Horror vor der Leere, Dunkelheit, kurz, dem, was eine Höhle ausmacht.

Ach was, ich muß trotzdem noch ein paar geglückte Aufnahmen zustandebringen, und ich will eine Photoserie beenden, die mich zwingt, die Plattform zu verlassen. Zuerst in meiner »Nische«, wo ich von Zeit zu Zeit die Verbundenheit mit den Elementen und Besinnung suche. Und ich will mit den von vielen Kerzen beleuchteten Stalagmiten aufhören. Doch auch dieses Photo wird mir nie gelingen. Und doch, was für eine Inszenierung ...

Dann ist Schluß mit den Polaroidbildern.

Ich setze mich vor meine Farbpalette, um unvergeßliche Aquarelle zu malen. Eigentlich müßte ich in Schwarzweiß malen, denn oben geht ein Gewitter nieder, und in relativ regelmäßigen Abständen fällt der Strom aus. Doch das Gewitter verzieht sich, und ich kann in Ruhe weiter hübsche Farben (wenn auch nicht schöne Formen) aufs Papier klecksen. Mir gegenüber sitzt ein Ohrwurm, den ich schon eine Zeitlang aus den Augenwinkeln beobachte, wie eine Brosche an der Zeltwand. Ja, das Hotel ist allmählich bekannt, und alle Welt strömt herbei. Gestern erst thronte auf meinem Kopfkissen eine Art braune Heuschrecke ... Ich mag ja Tiere wirklich gern, aber trotzdem ... Doch ich schaffe es nicht einmal, eine Fliege zur

Strecke zu bringen. Und diese Fliegen bringen mich auf die Palme. Alle Gefäße muß ich umgekehrt hinstellen und alle Lebensmittel zudecken. Und sie vermehren sich im Handumdrehen; auf meinem Bett wird um die Wette kopuliert.

Ich beschließe noch etwas zu lesen; um mehr Ruhe zu haben, mache ich gleich die Abendtests und blättere dann weiter in den Heften des »National Geographic«, vor mir ein Tablett voll Schinken, Käse, Krevetten (o ja), die ich mit einer hehren Geste auf eine Nähnadel aufspieße. Es kommt doch vor, daß ich genieße, ohne mich vollzuschlagen ...

Dann trage ich die Reste ab und mache es mir endgültig in meinem Daunennest bequem. Ich bewege mich nicht viel. Der Raum um mich liegt im Dunkel einer endlosen Sonnenfinsternis, und ich reise durch eine Welt, die nur ich allein kenne, durch Galaxien der Zeitlosigkeit, vorbei an Quasaren der Ungewißheit, streife die schwarzen Löcher der Langeweile. Und bald sehe ich ganz in der Ferne die leuchtendblaue Erdkugel näherkommen, zu der ich nach langer gefahrvoller Irrfahrt zurückfinde.

Dann mache ich das Licht aus und schlafe ziemlich schnell ein. Also, das ist eine Nacht! Ich bin so gut wie sicher, daß es die längste Nacht meines Aufenthalts ist. Ich schätze mit einigem Grund, daß sie mindestens 27 Stunden lang ist, aber insgeheim bin ich überzeugt, daß es annähernd 50 Stunden waren ... *(in Wirklichkeit 33 h 24!)*

32. ZYKLUS

20.–23. Oktober 1988

56 h 04 – davon 24 h 04 Wachphase, 1 h 43 Siesta und 15 h 24 plus 14 h 54 Nacht

Ich sehe, daß sie während meiner »Abwesenheit« die Glühbirne im Schacht ausgewechselt haben. Es ist heller als vorher. Ich fühle mich ausgeruht (was redest du da, nach so einer Nacht!) und kann in einen neuen Zyklus einbrechen. Dann stehe ich auf, und bei den Tests macht Thierry mich gutmütig darauf aufmerksam, daß ich jetzt ebenso viele Zyklen wie Jahre habe. Warum muß er mich an mein Alter erinnern, hm? Dabei fängt er mit seinen läppischen 19 Jahren schon an zu jammern, wie »schnell doch die Zeit vergeht« ...

Heute morgen richte ich mich her und putze mein Reich, als würde ich ... Gäste erwarten. Und tatsächlich erwarte ich sie langsam. Also keine Schlamperei, nichts liegt herum, und ich strahle wie neu.

Ich bin jetzt in der unentschiedenen Phase, wo sich gelangweiltes Warten und freudige Bereitschaft mischen. Denn 15 Zyklen (um einen oder zwei hin und her natürlich) sind für mich wie für Sie zwei Wochen. Nicht mehr und nicht weniger. Und so schwer es mir auch fällt, in einem neuen Tag aufzutauchen – denn ich muß mich immer wieder neu auf die Grotte einstellen –, so sehr versuche ich ihn optimal auszunutzen, wenn ich das einmal geschafft habe. Vor allem jetzt, wo der Streß mit den »Druckverzögerungen« vorbei ist, möchte ich jeden Augenblick genießen.

Dann tippe ich ein paar Seiten, um mein Tagebuch auf dem laufenden zu halten, und weil mich plötzlich Hunger überkommt, stelle ich mir einen Imbiß zusammen, eine dieser Mischungen, die einen Marseillaiser auf die Barrikaden bringen und einen Norweger aufheulen lassen: Bouillabaisse mit Lachs.

Ich setze mich wieder an die Schreibmaschine bis zu den Mittagstests, korrigiere die Seiten und mache einen Mittagsschlaf. Anschließend gehe ich zur Luke, um meine neue Produktion in die Freiheit zu entlassen.

Heute empfinde ich wirklich gar nichts. Ich kann noch so sehr in mich hineinhorchen und mir das Gehirn zermartern, ich habe einfach nichts zu sagen. Ich begnüge mich damit, an diesem unveränderlichen Ort, an dem ich vor zwei Monaten gelandet bin (persönliche Vorstellung), mein Leben zu fristen. Und ich habe den Eindruck, daß meine Gedanken die unzerbrechliche Schwere des Steinschmucks über mir angenommen haben.

Doch in Wirklichkeit vermeide ich das Nachdenken, denn ich fühle genau, daß sich die Langeweile eingestellt und sich ohne Umschweife in meinem Reich eingenistet hat. Ich gebe vor, es nicht zu bemerken, und lege mich hin, um meinen Geist abzulenken. Will lesen. Mich mit Lektüre zuknallen, mich mit den Lebensgeschichten anderer Menschen vollstopfen, um meine eigene zu vergessen. Diese Höhle lastet auf mir wie ein Grab. Nichts regt sich, es gibt nichts Lebendiges mehr außer mir. Und das ist wirklich das letzte Thema, das mich interessiert?

Ich bin zur Sklavin der Zeit geworden.

Ich lege mich hin und lese das Buch von Carlos Castaneda über die Lehre des Zauberers Yaki zu Ende. Und da bin ich perplex. Denn der Ethymologe Castaneda erzählt über seine schmerzhaften Erfahrungen mit »Peyotl«, besonders über seine letzte Nacht in den Bergen. Er zog aus, um »die Geister« zu suchen. Und er hat sie getroffen, hat sie gespürt. In seinem Nacken fühlte er mehrere Stunden lang die Berührung einer Hasenpfote, obwohl auf dem Land keine Hasen waren. Nach dem, was der Zauberer Yaki in seiner Weisheit sagt, scheinen wir »normalen« Sterblichen, die wir kein Peyotl rauchen, nur einen winzigen und außerdem falschen Ausschnitt der Wirklichkeit wahrzunehmen. Ist meine Höhle vielleicht voller Geister ohne daß ich es weiß?

Meine Augen sind müde, ich stehe auf und streife ziellos auf der Plattform herum. Zum ersten Mal, seit ich hier unter die Erde gekommen bin, fühle ich mich vollkommen frei. Ich spioniere nicht mehr meine Seelenzustände aus und belauere nicht mehr alles, was ich tue. Jetzt kann ich meinen Blick in andere Richtungen lenken. Und das versage ich mir nicht. Sehr lange Zeit lebe ich ganz mit Francis und meinen Freunden. Doch auch diese Erinnerungen passe ich nicht ab, um sie zu Papier zu bringen. Sie gehören mir.

Mit einem Stapel Bücher lege ich mich wieder hin. Dann lösche ich das Licht, doch ich habe ziemliche Mühe einzuschlafen. Mein Verstand ist nicht müde, aber mein Körper weigert sich, sich zu bewegen. Schwieriger Kompromiß.

Ich schlafe ziemlich schlecht bis zur düsteren Morgendämmerung eines neuen Zyklus im Zeit-Jenseits.

33. ZYKLUS

23.–26. Oktober 1988

79 h 41 – davon 44 h 44 Wachphase, 3 h 04 Siesta und 14 h 27 plus 17 h 26 Nacht

Ich behaupte, daß heute ein Wochentag ist. Jetzt kommt es nur noch darauf an, die Zeit gut zu verbringen. Denn sie ist da: die *Langeweile.* Nur ganz oberflächlich, wie ein Fussel auf einem Kragen, oder aber schwer und lastend wie eine Bleikugel. Sie ist Partner, Feind, Verbündeter, Hindernis.

Wir belauern uns hinter einem Buch, einem Teller mit Essen, einem getippten Satz. Ich warte auf sie, nehme sie seufzend auf oder ignoriere sie. Also schikaniert sie mich. Meistens erwischt sie mich, doch mit einem Griff stecke ich sie in ein Buch hinein. Das mag sie gar nicht. Sie hat kein Gesicht, doch sie ist da. Ich weiß immer, wo ich sie finde, doch nicht immer, wo ich sie einsperren soll. Die Langeweile ist chronisch, hartnäckig, manchmal ungehobelt. Sie drängt sich einem auf, ganz unhöflich. Sie läßt mich nicht immer fertigessen, aber Gott sei Dank kommt sie selten bis in mein Bett. Sie nimmt sich Freiheiten heraus, schwimmt in meiner Tasse oder hüpft von der Schreibmaschine. Sie ist grau oder farblos, ohne Reiz, fade. Sie schmeckt immer gleich, ziemlich unangenehm. Manchmal ziert sie sich, blinzelt und fragt mich: »Na, was ist?«

Sie breitet ihren weiten, kalten, durchsichtigen Umhang über mich. Doch nicht lange; meistens streift sie mich, ohne daß sie es wagen würde, allzu nahe heranzukommen. Die Bücher halten sie in Schach. Ich fühle, wie sie herumstreicht. Sie kommt und geht, ruht sich da hinten im Steinwald aus, entfernt sich und kommt unweigerlich zurück. Neugierig, allgegenwärtig, lästig.

Allmählich gewöhnen wir uns aneinander. Wir kennen uns jetzt. Wenn ich mich hinlege, setzt sie sich auf den Fußboden, direkt neben mich, und schaut mich an mit einem Blick wie ein geprügelter Hund, abwartend und dienstbereit. Wir versuchen nicht, uns gegenseitig umzubringen, wir halten uns am Leben.

Daher habe ich keine Eile, etwas zu tun. Nichtsdestotrotz muß alles einen Anfang haben, und so stehe ich auf, um den 33. Zyklus einzuweihen.

Ich verabscheue mich, wie immer, und nachdem ich meinen »zyklischen« (ich kann nicht sagen »täglichen«) halben Liter Kaffee getrunken habe, bleibe ich vor meinem Spiegelschränkchen sitzen und konzentriere mich darauf, mit meiner Verstandeskraft die gräßlichen Schuppenflechten in meinem Gesicht auszumerzen. Doch schlimm, es klappt nicht gerade gut. Ich schaue nach links und überfliege die Buchrücken der Taschenbücher und ziehe ein Buch von Umberto Eco heraus. Dort stoße ich auf einen Artikel über den Zusammenhang von Körper und Denken. Eco legt darin dar, daß unsere Art zu denken unmittelbar davon abhängt, welche Kleider wir anhaben. Wenn man eine enge Jeans trägt, verkümmert der Verstand, und man ist zu sehr um sein äußeres Erscheinungsbild besorgt. Zieht man dagegen ein weit fallendes Gewand an, das einen nirgends einschnürt, ist man eher geneigt, sich auf sich selbst zu besinnen und über wirklich lohnende Themen nachzudenken. Weil Frauen immer in Büstenhalter, schmale Röcke, hautenge Hosen und sonstigen Plunder eingezwängt waren, neigten sie weniger zu »Verinnerlichung« und haben deshalb weniger dauerhafte Werke hervorgebracht als Männer.

In gewisser Hinsicht sehe ich ein, daß man in einem eleganten Kostüm, hübschen Strapsen und Stöckelschuhen nicht so dazu aufgelegt ist, über sein verborgenes Ich oder die Geheimnisse des Universums zu philosophieren, wie in ausgelatschten Tretern. Aber schließlich ist es besser, die Muse eines Mannes zu sein, der denkt, als in Gegenwart eines Mannes zu denken, den man nicht mehr reizt.

Das war mein morgendliches Studienthema. Dadurch bekomme ich das vage Gefühl, Zeitung zu lesen. Momentan fühle ich mich so vollkommen abgeschnitten von der Welt, daß ich nicht mehr weiß, auf welchem Weg ich zurückkehren soll. Manchmal habe ich den Eindruck, daß die Welt draußen mit ihrem hektischen Treiben nur eine Fiktion ist. Eine seltsame Erfindung meiner Phantasie. Ich habe mich von der Menschheit abgelöst und treibe auf einer Umlaufbahn um die Erde, die mir fremd geworden ist und fast keine Bedeutung mehr hat.

Ich suche nicht mehr nach dem Sinn meines Lebens. Ich bin, das ist alles. Ich verändere mich nicht mehr, sondern schmelze in meine auf ewig unerschütterliche Umgebung hinein.

Ich merke es genau. Wenn ich mitten in der Nacht aufwache, empfinde ich keinen Widerwillen mehr gegen die Grotte, fühle nicht mehr diese Distanz, die mich schnell in die schützende Wärme meines Schlafsacks zurücktrieb. Nein, die Höhle ist da, und ich bin da. Wir sind Teil derselben Welt, wo Zeit nicht mehr gebräuchlich ist. Selbst die fernen Stimmen, die mich so erschreckten, höre ich zwar manchmal, doch sie sind nicht mehr in der Lage, mich zu beunruhigen. Oder die eigenartigen Geräusche. Ich nehme sie mit halbem Ohr wahr, wie in einem Wohnhaus, das lebt und knarzt. Doch zum Teufel mit diesen Überlegungen. Ich will filmen. Zuerst eine Gymnastikstunde, ich bemühe mich, mich anmutig und schwerelos zu bewegen, indem ich den Bauch einziehe und so wenig wie möglich atme. Doch das pumpt mich zehnmal mehr aus als ein richtiges Muskeltraining.

So drehe ich weiter bis zur Siesta, die – wie im Süden – eine unabdingbare Notwendigkeit geworden ist.

Ich schlafe gut und träume, ich sei eine Magd im Mittelalter, sehe mich in rohen, zusammengeflickten und abgewetzten Lumpen. Mein Herr ist alt, häßlich und griesgrämig. Er ist unzufrieden und schickt mich ins Bett, weil ich auf dem Hof schlechte Arbeit geleistet habe. Und das ist noch eine milde Strafe, denn er könnte mich schlagen oder mißbrauchen, wie er es gewöhnlich tut. Dieser Traum verblüfft mich. Vielleicht war ich in einem früheren Leben eine Magd? Was für ein Stammbaum!

Nach dem Aufwachen nehme ich wieder die Kamera zur Hand, um mich beim Umziehen und beim Tippen zu filmen. Irgendwie fühle ich mich verpflichtet, ein Aquarell zu malen, eines, das das ganze Camp zeigt, aber dann habe ich doch nicht die geringste Lust, die Höhle abzupinseln. Diese Wände, diese Tropfsteine, diese Wassertropfen, dieses Braun und Ocker und Schwärzlich und Beige, dieses ganze kackfarbene Gestein, es hängt mir zum Hals heraus. Und es dann auch noch abmalen ... Also gebe ich mir frei. Ich schreibe noch ein bißchen und nehme dann einen dicken Wälzer von unserem Freund Robert Stenuit zur Hand.

Als ich das Buch wieder zuschlage, ist mein Kopf klar, und ich fühle mich wohl. Ich habe ein bißchen Hunger, weiß jedoch nicht so recht, was ich essen soll. Also gut, dann mache ich mir ein richtiges Menü mit Vorspeise, einem soliden Hauptgericht mit Nudeln, Nachtisch, und was sonst noch dazugehört. Aber ich bin vernünftig; das Essen ist perfekt ausgewogen. Zumindest im Moment. Denn auf einmal überfällt mich tiefe Niedergeschlagenheit, ein schrecklicher Kummer darüber, daß ich weit weg bin von den Meinen, daß ich allein bin und nicht mehr weiß, was mit mir los ist.

Doch es ist eine unbewegliche, klare und leidenschaftslose Niedergeschlagenheit, als hätte ich eine Tür aufgehen lassen, die in ein kaltes Zimmer führt. Alle meine Gefühle sind abgestorben, und ich selbst bin erstarrt. Ich könnte Widerstand leisten, doch ich lasse mich ganz sanft besiegen und hole mir eine große Schachtel Kekse ins Bett, lege mich sanft hin und lese weiter. Raymond Chandler.

Seltsam, ich fühle mich schon hundemüde, dabei habe ich noch kaum gelesen. Um meine Ruhe zu haben, mache ich die Abendtests und lege mich wieder hin, um noch ein paar Stunden mit Lektüre aufzulösen. Doch ich habe kaum zwei Zeilen angefangen, da plötzlich, die Müdigkeit. Die Augen fallen mir zu. Ich traue ihnen nicht, doch als ich das Licht ausmache, dämmere ich sofort in eine andere Welt hinüber.

Ich bin überrascht, aufzuwachen, denn ich kann es immer noch nicht fassen, daß ich das Licht gelöscht habe, sowie ich im Bett lag. Ich bin in einem unbestimmbaren Seelenzustand, und mein Körper ist weit weg. Mit zwei Packungen Kuchen mache ich es mir wieder in meinem Schlafsack bequem, lasse nur eine Lampe in Gesichtshöhe brennen und trete in Philippe Djians Welt ein. Nach Djians Aufmarsch der Tussis, von deren intimen Körperteilen einem nichts verborgen bleibt, stromere ich durch ein paar Erzählungen von Colette und Roald Dahl mit seinem »Bizarre! Bizarre!«, die alle ein schwer erträgliches Gefühl des Unbehagens hinterlassen.

Ich liebe diese wenigen Lesestunden, die ich der Nacht stehle, wenn mein Körper erschlafft und gefühllos ist. Dann fühle ich mich zu Hause. Das ist die Zeit, wo ich am stärksten von der Welt oben getrennt bin.

Zweimal höre ich ein dumpfes Hallen beim Arbeitstisch. Doch gepackt von den Büchern, bemerke ich diese neuen Geräusche erst verspätet. Ich beobachte mich und stelle fest, daß ich keine Angst habe vor dem Eindringen dieser unbekannten Töne in meine Welt. Sie sind mir vollkommen gleichgültig.

Es ist komisch. Ich kann nicht mehr lesen, die Wörter tanzen ohne Bedeutung auf den Seiten. Doch schläfrig bin ich nicht.

Zum zweitenmal mache ich das Licht aus. Ich schlafe ziemlich schlecht, träume eine Menge Zeug von zerfressenen Nashörnern mit löchrigen Hörnern, in die man seinen Finger hineinstecken kann, springe von Wipfel zu Wipfel wie ein Affe im Wald bis zur Lichtung des Aufwachens. Doch ich bin noch nicht auf Tuchfühlung mit der Höhle und warte noch ein bißchen im Dunkeln.

34. ZYKLUS

26.–30. Oktober 1988

74 h 03 – davon 46 h 30 Wachphase, 14 h 27 und 13 h 06 Nacht

Ich brauche mich gar nicht darauf zu versteifen, denn heute morgen werde ich es nicht schaffen, mich zurechtzufinden. Ich verstehe die Kluft nicht zwischen der Tatsache, daß ich von der Grotte vollständig aufgezehrt werde, und diesem Zurückschrecken, das ich jeden »Morgen« vor dem Aufstehen empfinde. Und heute um so mehr, als ich kein Programm habe, nichts Fesselndes, das mich erwartet. Ich langweile mich schon, bevor ich meinen Tag überhaupt angefangen habe. Und dabei weiß ich doch, daß ich, sobald ich einmal auf bin, den Zyklus sehr gut mit Beschäftigungen ausfüllen kann, denn es bleiben mir ja noch 900 Bücher, die ich lesen kann. Am meisten macht mir dieser dauernde Widerspruch zu schaffen zwischen dem Gefühl, schon Jahrhunderte hier zu sein (bestimmt ein Vorgeschmack auf die Ewigkeit), und der Leere und Brüchigkeit meiner Anwesenheit unter der Erde. Denn von der Zeit, die ich hier verbracht habe, bleibt nichts übrig, worauf ich stolz sein könnte, nichts, woran ich wirklich mit Freude zurückdenke. Nichts Bleibendes, Konkretes, Dauerhaftes. Das gibt mir das Gefühl, mit meinem unterirdischen Aufenthalt noch gar nicht recht angefangen zu haben; und dabei bin ich doch schon so lange hier ...

Ich stehe mit migräneartigen Schmerzen hinter dem linken Auge auf, wasche das Geschirr fertig ab und schreibe ein bißchen. Ich versuche, gewisse Zeitbegriffe auszudrücken, doch ich komme mir vor wie eine Studentin, die bei einer Philosophieprüfung steckenbleibt. Dabei bin ich hier, im Zentrum der Zeit. Oder vielmehr der Nicht-Zeit.

Ich mache mir ein schönes Essen mit Räucherlachscreme und lege mich zum Lesen hin. Das Lesen entspannt mich, und ich brauche nicht mehr zu schlafen. Dabei ist der Text, den ich vor mir habe, ein richtiges Schlafmittel. Theaterstücke von Michael Deutsch. Ich verstehe nur jeden zweiten Dialog, und es überträgt sich keine Gefühlsregung auf mich von diesen

Stücken, in denen alles künstlich wirkt. Sowie ich das Buch zugeschlagen habe, räume ich es endgültig weg.

Ich fühle mich fit und ziehe mir Gymnastiksachen an. Schenkel und Bauch brennen, mein Herz klopft zum Zerspringen, ich schwitze und kippe fast um. Ach, tut das gut, aufzuhören! Dann schlüpfe ich wieder in warme Sachen und mache mir einen Kaffee. Ich bin sicher, daß Todesmattigkeit mich überfällt und ein Schläfchen meinen Zyklus zweiteilen wird. Während ich auf der Terrasse mein Gebräu schlürfe, höre ich plötzlich deutlich, wie drüben auf dem Wall ein Stalagmitenbrocken herunterfällt. Es klingt gleichzeitig klar und dumpf. Ich habe gehört, wie die Grotte lebt, sich ausformt. Doch dann kehrt alles wieder zur gewohnten Ordnung zurück. Ich wünsche mir nur, daß sich dieses entwicklungsgeschichtliche Phänomen nicht über meinem Zelt abspielt ...

Ich bin nicht einen Moment lang untätig, und dennoch langweile ich mich. Seelisch. Ich verzehre mich nach Francis, meiner Familie, meinen Freunden, nach der Welt draußen ganz einfach. Doch wenn ich mich auch danach sehne, Gesichter zu sehen, Stimmen zu hören und Hände zu drücken, so möchte ich andererseits keineswegs jeden x-beliebigen treffen. Ganz im Gegenteil. Ich lege Wert darauf, mir die Menschen, die am Ende meines Aufenthalts in meine unterirdische Behausung kommen, äußerst sorgfältig auszusuchen. Denn dieser Ort ist zu einer Art Heiligtum geworden, und es können nur die Wesen den Boden der Plattform betreten, mit denen ich gefühlsmäßig verbunden bin. Ich will nicht, daß Fremde einfach so meine Bleibe besuchen, mich wie ein Tier im Zoo begutachten und sich taktlos auf mein Bett setzen. Wenn ich einmal oben bin, dann ist das kein Problem mehr, aber solange ich hier lebe, ist es mir wichtig, von diesem Ort einen ungetrübten Eindruck zu behalten. Das erinnert mich an ein paar unverschämte Leute, die während der Vorbereitungsphase des Experiments ins Camp gekommen sind und sich wie Muscheln an einem Felsen eingenistet haben.

Ich möchte auch nicht auf irgendeine beliebige Weise wieder mit der Zivilisation in Kontakt treten. Wie bei Säuglingen sind vor allem die ersten Worte und die ersten Blicke entscheidend. Und davon hängt es ab, wie meine Wiedergeburt verläuft.

Aber so weit sind wir noch nicht ...

Die Abendtests und wieder Messung am Adipometer. Ach! Dieser gräßliche Apparat meldet mir alptraumartige Fettgewebeanteile.

Dann lege ich mich ins Bett. Das Ende eines Zyklus besteht auch in der Kunst, das Licht stufenweise abzuschalten. Denn jedem Zeitpunkt entspricht eine ganz bestimmte Helligkeit. Mitten am Nachmittag muß alles an seinem Platz strahlen. Gegen Abend dann verändere ich eine einzige Beleuchtung. Ich drehe nämlich die Lampe an meinem Arbeitstisch zum Bett, und sie gibt zusätzliches Licht zum Lesen. Wenn schließlich die Nacht heranrückt, schalte ich alle Lampen aus bis auf eine Glühbirne, die einen gelben Kreis genau bis zum Buchrand verbreitet. So konzentriert sie die Wärme in meiner Augenhöhe und beschränkt das Grottenleben auf einen kleinen leuchtenden Kreis.

Vor dem Einschlafen mache ich sie aus, und es bleiben nur ein paar grüne und rote Dioden im Zelt übrig, die die Finsternis mildern.

Ich wache ziemlich bald wieder auf. Ich glaube, ich habe nur etwa sieben Stunden geschlafen *(14 h 27!)*. Eigentlich könnte ich aufstehen, doch ich zögere, denn ich habe keine Lust, mich mit der Grotte herumzuschlagen. Nein, ich werde lesen.

Ich schlinge eine Dose Rindfleisch mit Karotten hinunter, denn ich bin unglaublich hungrig. Dann lese ich die Geschichten von Roald Dahl aus »Bizarre! Bizarre!« (»Küßchen, Küßchen«) zu Ende, gräßliche und grausame Geschichten, die in einer schlichten, bissigen Sprache geschrieben sind. Jede Erzählung ist wie eine exakt geschnitzte Holzminiatur.

Dann schlafe ich wieder ein. Ich träume sehr viel, doch erinnere mich an nichts und wache ziemlich bald wieder auf *(nach 13 h 06!)*.

Das ist keine lange Nacht, und das war kein langer Zyklus. Wenn ich diesen Takt beibehalte, dann muß ich noch mindestens 25 Tage unter der Erde leben, und nicht 15, wie ich angenommen habe ...

35. ZYKLUS

30. Oktober – 1. November 1988

57 h 50 – davon 14 h 18 Wachphase, 6 h 39 Siesta und 15 h 58 Nacht

Ich fühle mich gut und bin recht froh, in meinen 35. Tag zu kommen. Jetzt ist wirklich Routine eingekehrt. Nichts bringt mich aus der Ruhe, und ich steuere mit der Gelassenheit einer rüstigen Rentnerin auf das Ende des Experiments zu. Um das entsprechende Bild abzugeben, fehlen mir nur noch eine Angelrute und ein treuer Hund ...

Aufstehen, Tests, und so weiter.

Ich fühle mich immer mehr in Ferienstimmung und gerate in eine Routine, die allerdings schnell bedrückend werden kann. Tatsächlich gibt es heute nichts weiter zu vermelden als eine Hausarbeitsphase mit Geschirrspülen, Haare waschen (ich wasche mir jeden zweiten Zyklus die Haare, so schnell werden sie unansehnlich in dieser feuchtigkeitsübersättigten Luft ohne Sonnenlicht), schminken und nur ein paar (wenige) Polaroidphotos.

Dann widme ich mich – auch nur ein wenig – dem Schreiben. Nach einem Schläfchen zeichne ich – auch nicht besonders viel – und gebe mich dann – immer mehr – dem Lesen hin.

Ich höre nur auf, um eine kleine Gymnastikstunde zu machen, die ziemlich qualvoll ist, nach der ich mich jedoch unbeschreiblich wohl fühle. Meinen »Nachmittag« verbringe ich damit, die im 13. Jahrhundert spielenden, wunderbaren Abenteuer des schönen Lancelot in einem Zug auszulesen. Diesen Erzählungen haftet etwas Unmoralisches an, doch die Kunst des Autors liegt darin, die »schuldigen« Personen so sympathisch zu machen, daß man einfach für sie Partei ergreifen muß.

Enttäuscht stelle ich fest, daß ich die Fortsetzung des Romans nicht hier habe, und dabei brenne ich darauf, die Suche nach dem Gral und das ganze Drum und Dran zu lesen. Na ja, das mache ich, wenn ich draußen bin ...

Jedenfalls hat er eine eiserne Gesundheit, dieser Lancelot, denn obwohl er durchbohrt und verletzt und von allen Seiten mit Schlägen traktiert wird, gelingt es ihm doch, aus allen Kämpfen als Sieger hervorzugehen. Fortsetzung folgt in einigen Wochen ...

Als ich das Licht ausmache, weiß ich noch nicht, daß es eine kurze Nacht wird; ich nehme an, es ist die kürzeste Nacht meines Aufenthalts, vielleicht sechs bis sieben Stunden *(in Wirklichkeit 15 h 58!)*.

36. ZYKLUS

1.–4. November 1988

71 h 10 – davon 36 h 40 Wachphase, 3 h 10 Siesta und 31 h 20 Nacht

Kurz vor dem Aufstehen habe ich einen hübschen Traum. Drei junge, bildschöne Frauen, wahre Gazellen, zeigen auf einer Bühne ihre Anmut und ihre Geschmeidigkeit. Ihre Trikots sind Wunderwerke aus Satin, Musselin und Goldstickerei. Am Schluß stehen sie mit dem Profil zum Zuschauer ... splitternackt. Doch in ihrer Haltung liegt nichts Anstößiges, sie sind schön ...

Heute werde ich nichts anderes tun als lesen. Und je länger ich lese, desto kürzer werden meine Aufzeichnungen. Denn ich habe wirklich nichts Neues mehr zu sagen über meine seelische Verfassung oder das, was ich tue. Also werde ich am Leben anderer Menschen teilnehmen.

Indessen haben sich anläßlich eines Satzes, den ich in meinem Tagebuch nachgelesen habe, Zweifel in meinem Kopf erhärtet. Ich habe mich auf der ganzen Linie geirrt, was die Zeit anbetrifft, die ich noch unter der Erde vor mir habe. Und zu meinen Ungunsten obendrein ... Denn ich bin von einer einzigen Hypothese ausgegangen, nämlich, daß zwei Menstruationszyklen vier Wochen auseinanderliegen. Das ergab einen Schnitt von drei Tagen pro Zyklus. Nun habe ich allerdings sehr wohl gespürt, daß nicht jeder »unterirdische Tag« so lange gedauert hat. Es gibt mehrere Anzeichen dafür, daß ein Zyklus höchstens zwei Tagen entspricht (die Zeit, die man für ein Buch braucht, die Urinmengen ...). Also gehe ich von der neuen Annahme aus, daß ein Zyklus grob gerechnet zwei Tage sind, dann muß ich ab heute nicht mehr zehn Zyklen, sondern noch 20 oder etwas mehr durchlaufen, was in etwa fünf Wochen sein dürfte. Ach. Jetzt muß ich also noch drei Wochen mehr in meine Berechnungen miteinbeziehen.

Diese Feststellung macht mich keineswegs traurig, sie freut mich eher. Komisch, nicht? Doch diese kommenden Tage stellen sich eher wie angenehme Ferienzeit dar, nicht wie Zyklen, die ich mit lästigen Verpflichtungen füllen muß. Ich kann mich jetzt nach Herzenslust beschäftigen, und – Sie haben es sicher schon erraten – das heißt im wesentlichen: schmökern. Bis mein Durst gestillt ist. Und dieser Durst, das kann ich versichern, ist noch lange nicht gelöscht. Gleich nach dem Frühstück nehme ich die Kriegserinnerungen von Charles de Gaulle mit ins Bett, und es gibt keinen besseren Anknüpfungspunkt nach Lancelot gestern. General de Gaulle tritt auf wie ein moderner Ritter, der seinen Mut, seinen Glauben und seinen Eifer daransetzt, seine »Herrin Frankreich«, wie er wörtlich schreibt, zu retten. Ich lese den packenden ersten Band in einem Zug durch.

Mein Magen gibt mir deutlich zu verstehen, daß er seine tägliche Ration bekommen möchte, und ich gehe in meiner schrecklichsten Daunenjacke zur großen Gefriertruhe, um ein bißchen auszusortieren. Der Sack mit den tiefgekühlten Urinproben nimmt fast die Hälfte des Platzes ein und deckt die eßbaren Sachen zu. Die Brechstange liegt noch neben der Kühltruhe, denn ohne sie besteht keine Chance, den Deckel aufzubekommen. Wieder einmal zerschlage ich den Eisrand um die Kühltruhe und packe die Fertiggerichte, die Tüten mit Gemüse und Fisch in eine Ecke. Es wird zwar weniger, doch es ist immer noch genügend übrig, um gut zu essen.

Heute habe ich den festen Willen, mich zu beherrschen, und ich esse etwas Leichtes (Fisch, Karotten, Pilze). Dann wende ich mich unverzüglich dem zweiten Band der Kriegserinnerungen zu.

Doch um einen Anflug von Migräne zu vertreiben, gebe ich mich einem kleinen Mittagsschläfchen hin.

Dann reiße ich mich am Riemen und verordne mir mutig eine Gymnastikstunde. Der Muskelkater hindert mich daran, zu lachen und mich hinzusetzen, ohne mit den Muskeln zu knirschen.

Ich lese John Irving zu Ende, fange mit Maugham an und mache endlich das Licht aus (ach, da wären wir wieder!).

37. ZYKLUS

4.–7. November 1988

74 h 58 – davon 46 h 01 Wachphase, 4 h 23 Siesta und 10 h 26 plus 14 h 08 Nacht

Ich liege schon ziemlich lange wach im Dunkeln, und ich genieße diese Zeit. Ich durchlebe alle meine Erinnerungen, und Einzelheiten aus meiner Kindheit kommen hoch, ohne daß ich es will. Unaufhörlich lasse ich angenehme Bilder aufleben, Szenen mit Francis, beim Tauchen, mit Mama, in Paris, und fühle mich wohl hier, wo es warm und weich ist. Doch ich merke, wie trübsinnige Gedanken aufblitzen. Jetzt bin ich wieder in der Phase, in der meine Nerven zum Zerreißen gespannt sind, nur weil die Hormone ihr mühseliges kleines Werk verrichten.

Schon beim Aufstehen spüre ich, daß die geringste Unannehmlichkeit die schlimmsten Folgen haben kann. Also werde ich es so einrichten, daß ich sowenig Kontakt wie möglich mit oben habe. Und außerdem verweigere ich mich heute allen Tests total. Oh, wie habe ich es satt, diesen Untersuchungen, Blutentnahmen, Urinproben, diesen Frage-und-Antwort-Spielen über die Zeit unterworfen zu sein. Es kotzt mich an! Ich möchte wieder mein eigenes Leben führen, alles für mich behalten, ein paar Geheimnisse haben, möchte nicht mehr Rechenschaftsberichte abgeben müssen über meinen Schlaf, meine Konzentrationsfähigkeit, über Urin- und Speichelmengen, über mein Blutbild, meine Haut, meinen Stuhlgang (ja, ich wiege meine Exkremente), meine seelische Verfassung, über das, was ich tue, meinen Herzrhythmus, meine Körpertemperatur, meine Träume und über meine sexuellen Bedürfnisse. Und warum nicht über meine Phantasien, hm, wenn wir schon mal dabei sind!

Und bei der geringsten Abweichung des Stimmungsbarometers oder hinsichtlich der Regelmäßigkeit beim Urinieren spüre ich sofort, daß sie oben beunruhigt sind. »Alles in Ordnung?« ... Der bloße Gedanke daran bringt mich auf!

Und heute darf man mich noch weniger als sonst irgend etwas fragen ...

Dennoch bin ich tief in meinem Innern überzeugt, daß diese ganzen Tests einen Sinn haben. Selbst wenn nur ein winziger Teilbereich neuen Wissens dabei herauskommt, dann sind all diese Anstrengungen wenigstens nicht umsonst gewesen. Und das hält mich aufrecht. Denn wenn es nur darum gegangen wäre, drei Monate unter der Erde zu leben, um Lorbeeren zu ernten, dann wäre ich schon längst woanders, würde im warmen Meer tauchen oder neue Höhlen erforschen.

Es ist immer das gleiche. Da behaupte ich, daß Schluß ist mit dem Photographieren, aber nein, nichts zu machen. Das Gefühl, eine Aufgabe nicht erfüllt zu haben, läßt mir keine Ruhe, ich muß mich einfach daranmachen. Und so werde ich mir auch heute wieder das Leben schwermachen mit Apparaten, die immer anders wollen, als ich will, mit Stativen, die es unrettbar zu Boden zieht, und Blitzlichtern, die einfach machen, was sie wollen.

Doch vorher ein paar schriftliche Neuigkeiten, um die da oben zu beruhigen. Ja, ich lebe noch! Ich nehme ein paar Sachen auf: die Messung des Körperfetts (ach!), das Anbringen der Elektroden im Gesicht, in der Herz- und Lungengegend ...

Diesmal langweile ich mich nicht, weil ich nichts zu tun habe oder mich innerlich leer fühle. Nein, ich ärgere mich, weil ich leidenschaftslos und ohne innere Anteilnahme arbeite. Ich erledige es nur, bringe es hinter mich.

Meine Augen schmerzen heftig. Ab und zu klebe ich mit der Nase am Spiegel und schätze das Ausmaß der Verwüstung ab. Meine Augen sind blutunterlaufen, und zu allem Unglück hat sich auf dem linken Augenlid ein Gerstenkorn gebildet. Alles brennt, und ich will schnell hier herauskommen, um zu einem guten Augenarzt zu gehen. Ich vermeide es übrigens, ans Hinauskommen zu denken. Im Moment fühle ich mich erschöpft und gehe schlafen. Ich wache auf und lege eine schöne Lesepause ein. Ohne von meinen Gewohnheiten abzuweichen und wieder mit festem Boden unter den Füßen, schlafe ich dann in eine zweite Reise ins düstere Reich des Unbewußten hinein.

38. ZYKLUS

7.–10. November 1988

74 h 37 – davon 38 h 08 Wachphase, 1 h 20 und 1 h 09 Siesta, 34 h Nacht

Gut, es ist beschlossene Sache, heute komme ich zum Ende mit dem Photographieren. Ich kann nicht mehr länger warten und stehe auf.

Sobald ich gefrühstückt habe, bin ich bereit. Zum erstenmal öffne ich die Zeltseite neben meinem Schlafsack. Ich schlage die beiden Nylonbahnen weit zurück, so daß mein Bett nur noch 50 Zentimeter vom Lehmboden, von der Unterseite der Höhle entfernt ist. Dadurch zieht ein riesiger Schwall Feuchtigkeit herein und verändert die ganze Umgebung. Verrückt, was für ein Gefühl der Sicherheit einem so ein dünnes Stück Stoff geben kann. Ich könnte unmöglich so dicht über dem Boden schlafen. Und die Zeltplane, die mich, wenn auch nur scheinbar, von der Grotte trennt, bekommt den Charakter einer Festungsmauer. Ich lasse das Zelt auf dieser unbekannten Rückseite während einiger Aufnahmen offen.

Nachdem ich mich ausgiebig photographisch betätigt habe, fühle ich mich erschöpft und glaube mich reif für einen Mittagsschlaf.

Ich lege mich hin mit »Lolita« von Nabokov, lese ein paar Kapitel, versuche mich davon zu überzeugen, daß ich schläfrig bin, mache fast alle Lichter aus und drücke auf den Knopf für »Nachmittagsschlaf«. Ja, ich schließe zwar die Augen, presse sie ganz fest zu, versuche es mit autogenem Training: Ich bin müde, ich bin gaaaanz müüüde. Ich bleibe zwar reglos liegen, erstarrt in Erwartung einer hypothetischen Geistesabwesenheit, aber an Schlaf ist nicht zu denken.

Resigniert stehe ich auf, und nach einem großen Kaffee fängt der Photozirkus wieder an. Meine Güte, jetzt überfällt mich wirklich die bleierne Müdigkeit, und diesmal kann ich endlich schlafen.

Ich erhole mich gut, doch beim Aufstehen fühle ich plötzlich, wie mich eine heftige Wut und schreckliche Angst packt. Ich habe Hunger und Durst, habe genug von diesen Elektroden, und jetzt muß ich schon wieder diese verfluchten Tests machen. Eine unerklärliche Woge von Haß überspült mich. Und zerrt an meinen Nerven. Ich mache die Elektroden vom Aufnahmegerät los, nehme den Apparat und hole weit aus in dem unwiderstehlichen Drang, ihn auf den Boden zu schmettern. Doch die Vernunft gewinnt im letzten Moment die Oberhand, und ich lege das Gerät auf den Tisch. Meine Hände zittern, und ich habe das unbezwingbare Verlangen, alle Gerätschaften und Apparate kaputtzuschlagen, ihnen Gewalt anzutun, sie zu mißhandeln.

Ich reinige die Elektroden für den Abend, stehe auf, um aufs Klo zu gehen, da verfängt sich mein Ärmel in den Steckern dieses verhaßten Apparats. Mit einem metallischen Geräusch zerschellt er auf dem Boden. Ich bin weder verblüfft noch traurig, ich schaue nur zu. Dann hebe ich das Ding auf, dessen Deckel abgesprungen ist, und probiere es aus: Es funktioniert noch. Es ist nicht einmal kaputtgegangen. Bei den Tests nach der Siesta fühle ich mich sehr schlecht. In einem Anfall von Pflichtbewußtsein möchte ich diesen schweren Augenblick aufzeichnen, nicht mit der Kamera, sondern mit dem Mikro, und ich bitte Christophe, das Tonband einzuschalten. Doch er antwortet nur: »Unmöglich.« Ohne weitere Erklärung. Ich bin wütend, denn ich hätte eine ganze Menge zu sagen unter dem Einfluß der Depressionen und Angstzustände. Ich verfluche sie alle, die ganze Welt und natürlich zuallererst mich selbst. Um mich wieder zu beruhigen, verschlinge ich eine astronomische Anzahl verschiedenster Erzählungen ... So komme ich Zeile um Zeile zu den Abendtests.

Heute abend hasse ich mein Gesicht. Meine Haut spannt, brennt und schuppt sich in hartnäckigen roten Blattern. Ich werde allergisch gegen die Nachtcreme und die Tagescreme, vertrage nichts mehr auf der Haut, auf die ich doch so stolz war. Samtige Pfirsichhaut ...

Vor dem Spiegel, der nicht lügen kann, reiße ich an mir herum, traktiere mich, verwüste mir buchstäblich den Kopf. Ich verabscheue mich, und deshalb tue ich mir weh. Als letzte Zuflucht versuche ich die Krater mit einer Creme auszumerzen, die bei Hautverhornungen helfen soll, die jedoch nur die Akne reizt, die seit der Mitte des Aufenthalts nicht mehr weggeht. Schließlich wende ich mich von meinem Spiegelbild ab und lege mich schlafen.

Doch auch beim Lesen finde ich keine innere Ruhe. Wider Erwarten hat die heutige Photoarbeit mein Gewissen nicht erleichtert, im Gegenteil. Ich fühle mich unter Streß und gehetzt. Und überlastet. Heute wollte ich sie eigentlich beenden, doch ich konnte meine eigenen Fristen nicht einhalten.

Ich schlafe in zwei Phasen, doch ich gestatte mir nicht das Vergnügen, dazwischen zu lesen. Es muß so schnell wie möglich Morgen werden, damit ich die Arbeit ein für allemal beenden kann.

39. ZYKLUS

10.–14. November 1988

82 h 24 – davon 50 h 36 Wachphase, 2 h 34 Siesta und 14 h 09 plus 15 h 05 Nacht

In dieser Gemütsverfassung wache ich auf. Sobald ich gefrühstückt habe, packe ich meine Foltergeräte: Photoapparate und Videokamera. Denn ich kann mir nicht mehr ins Gesicht sehen, wenn ich heute abend einschlafe und auch nur eine einzige Aufnahme noch zu machen oder zu drehen ist. Klar?

Ich verknipse alle Filme, die noch übrig sind. Und fange mit den Videoaufnahmen an. 16 Zyklen später hole ich den berühmten Film nach, den ich im Zyklus Nummer 23 bei meinem kleinen Fest zwischen den Stalagmiten im Kerzenlicht nicht drehen konnte. Ich habe Räucherlachs und Jakobsmuscheln aus der Truhe geholt und das gleiche Brot wie im 23. Zyklus gebacken. Wieder habe ich den Tisch zwischen den steinernen Kandelaber gestellt und endlich das Festessen und meinen Tanz mit Baptistin zwischen den Tropfsteinen auf die Melodie »Only you-ou-ou« gefilmt.

Ich habe einen Bärenhunger, als ich nach all diesen filmischen Höchstleistungen meinen ersten Bissen Lachs verschlinge. Noch nie ist mir Fisch so köstlich vorgekommen. Dann mache ich einen schönen Mittagsschlaf und mache gut erholt weiter. Wie bei den Photos bemühe ich mich um Vollständigkeit und filme alles. Es gibt keine Beschäftigung, keine Bewegung, keine Stimmung, die ich nicht auf starren oder bewegten Bildern festgehalten habe. Jetzt sehe ich Licht am Ende des Tunnels. Ich mache noch Aufnahmen bei den Gefriertruhen; das ist live, denn als ich das Eis mit dem Hammer zerschlage, schleudere ich einen Eisbrocken auf meinen Overall, und es ist mir ein bißchen peinlich, vor der surrenden Kamera einen Eiswürfel aus meinem Dekolleté zu fischen.

Ich komme ans Ziel. Ich richte ein Päckchen her und mache mich vergnügt auf den Weg zur Luke. Endlich frei!

Nein, noch eins: das Camp. Matt, aber glücklich bringe ich noch die Energie auf, Zelt und Plattform gründlich zu putzen. Es riecht nach Sauberkeit.

Ich bin erledigt, aber ich verspeise genüßlich Stück für Stück das Kilo Jakobsmuscheln, das seit Mittag meiner harrt. Ach, schmeckt das gut!

Sieh mal an, Michel ist am Apparat bei den Abendtests. Unfehlbar findet er eine Möglichkeit, mich zu fragen: »Weißt du, wir hier wissen nicht, was du machst ...« Kein Kommentar. Mein Tagebuch, das sie da oben haben, geht bis Seite 390, aber sie wissen immer noch nicht, was ich mache ...

Gott sei Dank wird seine Bemerkung durch meine Müdigkeit gedämpft. Schließlich mache ich es mir in meinem Schlafsack bequem, um einen kurzen, aber genüßlichen Abend zu verbringen, lese noch ein paar Zeilen und dämmere dann in Morpheus' Arme hinüber.

Ich habe meine Pflicht erfüllt, und jetzt heißt es: Wilkommen im Urlaub!

Mitten in der Nacht stehe ich auf und koste dieses Gefühl der Freiheit aus, wo nur noch Lesen ansteht. Ich lese fünf oder sechs Bände mit Erzählungen zu Ende und schlafe wieder ein.

40. ZYKLUS

14.–18. November 1988

98 h 01 – davon 50 h 22 Wachphase, 18 h 15 Siesta und 29 h 24 Nacht

Ich stehe auf, und der leichte Lavendelduft, der noch über dem glänzenden Fußboden liegt, verschafft mir ein tiefes Gefühl der Befriedigung, das allerdings von einem Anflug von Unruhe getrübt wird. Langweile ich mich also von jetzt an?

Doch ich brauche bloß die Bücherregale anzuschauen, um diese vage Unsicherheit zu verjagen. Außerdem meldet mir die Waage eine gute Neuigkeit: Ich nehme weiter ab. Ich muß die Wette mit Thierry halten, daß ich insgesamt drei Kilo abgenommen habe, wenn ich herauskomme.

Nach dem Frühstück wasche ich einen ziemlichen Berg Geschirr und räume die Plastikflaschen mit Schmutzwasser sorgfältig weg. Dann lasse ich meinen Blick über die Plattform schweifen. Nichts dagegen zu sagen. Alles ist an seinem Platz und tadellos sauber. Jetzt können sie kommen. Jetzt können sie mir ankündigen, daß alles vorbei ist. Und doch nicht sofort. Ich will mich zerstreuen, bevor der große Menschenansturm kommt. Denn nicht ohne eine gewisse Beklommenheit sehe ich den Tag meines Ausstiegs näher rücken. Noch so ein Paradox: Einerseits bin ich glücklich, meine »Rückkehr ins Leben« zu planen, wenn ich an Francis, Mama und meine Freunde denke. Doch unter der ruhigen Oberfläche des Optimismus schwelt eine große Furcht. Ich habe Angst vor meinesgleichen oder – besser gesagt – vor den von mir Verschiedenen, und mehr als alles andere fürchte ich meine eigenen Reaktionen. Diese Vorbereitung auf den Zivilisationsschock erfordert viel mehr Konzentration und Anstrengung als die Phase vor dem Experiment. Vielleicht bin ich im Grunde dafür geschaffen, in einer Höhle zu leben wie ein Eremit?

Es gelingt mir nicht besonders gut, meine »Wiedereingliederung in die Gesellschaft« zu planen, denn ich habe überhaupt keinen Anhaltspunkt. Ich weiß nicht einmal, wann das Experiment zu Ende geht. Hat Michel nicht noch irgend etwas von einem Krankenhaus gesagt, von Elektroden, die nach Nizza, nach Lyon und nach Chamonix gebracht werden müssen? Wie lange wird das alles dauern?

Und wie wird das Leben für Francis und mich weitergehen? Hat er vielleicht neue Gewohnheiten? Werde ich meinen »Pariser« Lebensrhythmus wieder aufnehmen können?

So viele offene Fragen, die erst im Verlauf meines neuen Lebens Antwort finden werden.

Doch Schluß jetzt mit diesen ungewissen Perspektiven, nutzen wir den Augenblick. Ich greife nach »Lolita« und lese den Roman, der seinerzeit für einen Skandal gesorgt hat, zu Ende. Dann paradiere ich eine Zeitlang auf der Terrasse, streiche herum und koste diese Mußestunden in vollen Zügen aus.

Und nach einem Mittagsschlaf, der mir vorkommt wie eine ganze Nacht *(18 h 15!)*, nehme ich wieder meine Bücher zur Hand. Zur Abwechslung übe ich mein Englisch und nehme mir vor, morgen an der Verbesserung meiner Spanischkenntnisse zu arbeiten. Je mehr ich lese, desto unersättlicher werde ich. Und da wird mir klar, wie müßig es ist, sich den Kopf mit einem Haufen Geschichten vollzustopfen, denn letztendlich bleibt nur das, was man den anderen gibt, nicht das, was man lernt ... Oh, werd' bloß nicht philosophisch ...

Aus Neugier hat mich Thierry um eine Zeitschätzung gebeten. Ich glaube, wir haben Anfang November. Denn ich habe wieder meine Periode, daran merke ich, daß meine Maschine aus dem Zeittakt ist, wenn auch nicht außer Gebrauch. Meine letzte Periode war im 31. Zyklus, nur neun Zyklen auseinander. Bald werde ich ununterbrochen bluten.

Ich lebe jetzt ganz und gar in der Gegenwart, klammere mich nicht mehr an das Vergangene, selbst wenn Erinnerungsfetzen für lange Zeitspannen meinen Kopf belagern. Und ich versuche auch nicht mehr vergeblich, die Zukunft in den Griff zu bekommen. Ich warte nur geduldig, indem ich mich ganz in meine Bücher hineinversenke.

Schließlich lege ich mich mit einem Stapel Büchern ins Bett, Pagnol, Boris Vian, Roald Dahl ...

Ich schlafe schlecht, denn ich bin körperlich nicht besonders müde, doch ich beschließe, diese Nacht nicht durch eine Lesepause zu unterbrechen; denn ich habe ja noch morgen und übermorgen ...

41. ZYKLUS

18.–21. November 1988

79 h 07 – davon 46 h 31 Wachphase, 4 h 30 Siesta und 8 h 03 plus 20 h 03 Nacht

Der Hunger treibt mich hoch. Ich habe schon wieder ein Kilo abgenommen. Na, das geht zu schnell. Thierry wird sich freuen, daß er seine Wette verliert ... Doch man soll den Tag nicht vor dem Abend loben ...

Und wieder ein schöner Lesetag. Also vorwärts. Ich springe in meine Kleider, haste im Eiltempo durch die Tests und hüpfe wieder zu meinen Büchern. Ach, vorher noch schnell das Tagebuch aktualisieren, und dann, liebe Bücher, stehe ich ganz zu eurer Verfügung. Allerdings fühle ich mich sehr ermattet. Kaum bin ich auf den Beinen, bin ich alles leid, und trübe Gedanken verdüstern meine Stimmung. Ich bin vollkommen unschlüssig, habe weder eine Idee noch Lust und Geschmack an irgend etwas. Nichts, Leere. Ich komme mir vor wie ein substanzloses Rieseninsekt, dessen ausgehöhlter Panzer unter der Wucht des Windes bald hierhin und bald dorthin fliegt. Ich bin niedergeschlagen, habe Hunger und doch wieder keinen. Um dem ein Ende zu machen, esse ich und kehre in meinen Schlafsack zurück. Kaum ist das Licht aus, schlafe ich in glückseliges Vergessen hinüber. Ohne Elektroden. Nicht nur, daß ich sie nicht mehr sehen kann, diese Dinger. Nein, ich habe auch noch brennende Flecken im Gesicht. Also, zum Teufel mit der Neuronenkontrolle während der Siesta!

Wegen eines wohlbekannten körperlichen Bedürfnisses stehe ich auf, mit dem Gefühl, nicht richtig ausgeschlafen zu sein.

Ich fühle mich imstande, den Rest des Experiments im Bett zu verbringen. Das würde alle Angaben verfälschen. Zynischerweise spielt das für mich überhaupt keine Rolle mehr, und ich habe keine Schuldgefühle mehr. Ich möchte gerne mein Leben wieder in die Hand nehmen und kümmere mich nicht mehr darum, ob die Wissenschaft mit meinem Verhalten zufrieden ist oder nicht. Ich glaube, ich habe genug von mir hergegeben. Jetzt reicht es mir. Mir geht es darum, wirklich zu leben. Und ich warte mit starker innerer Anspannung auf den Augenblick, wo ich endlich vom Joch der Tests, Blutproben und dem anderen Wissenschaftskram befreit bin. Ich muß mich regelrecht dazu zwingen, die Kamera und den Halogenscheinwerfer zu nehmen und in der Grotte eine Aufnahme zu machen. Und ich tue es mit so wenig Überzeugung, daß ich den Scheinwerfer mehrmals fallen lasse. Beim letzten Fall passiert es dann, die Birne geht kaputt, und ich habe keine mehr zum Auswechseln. Ich schimpfe, meckere, stöhne, die Galle geht mir über, und mir bricht der Schweiß aus. Ich schwinge drohend meine Faust gegen die Götter da oben, sie, die sich vor einer Versammlung staunender Besucher vergnügen und Schokoladentrüffel essen. Sie haben ja keine Ahnung davon, was ich durchmache, in welche Abgründe tiefer Verzweiflung mich eine erbärmliche Panne wirft!

Ich bringe alles ins Zelt zurück und verausgabe mich in einer gediegenen Serie von Bauchmuskelübungen. Mein Körper zittert, aber als ich mich wieder ins Bett lege, um einen richtig guten, zerstreuenden Roman zu lesen, fühle ich mich wenigstens besser. Dann mache ich das Licht aus und schlafe durch, bis mein Magen sich meldet.

Ich fange an »Le Rouge et le Noir« (»Rot und Schwarz«) von Stendhal zu lesen und überlege mir, ob es vielleicht doch vernünftig wäre, ein bißchen zu schlafen, was ich auch tue, trotz der fünf oder sechs Lichtblitze, die das Zelt mit einem Schlag beleuchten und mich aus dem Schlaf hochschrecken lassen. Stromausfall. Ich liege am Ufer, und mein Zimmer wird vom Küstenleuchtturm erhellt ...

42. ZYKLUS

21.–24. November 1988

73 h 21 – davon 46 h 27 Wachphase, 4 h 45 Siesta und 16 h 11 plus 5 h 58 Nacht

Ich versuche, so wach wie möglich zu werden, bevor ich mich zum Aufstehen entschließe. Ich betaste meinen Bauch. Er ist zwar eingefallen, aber ein bißchen weich. Abnehmen ist keine schöne Sache, und man muß durch eine schreckliche Zeit mit faltiger, wabbliger Orangenhaut, bevor man den begehrten Zustand erreicht, wo sich die Haut geschmeidig über die markant hervortretenden Muskeln spannt.

Im übrigen will ich nur eins: mich vor eine große Tasse Kaffee setzen und belegte Brötchen essen. Aber schon wieder Tests. Und ich bin schon genervt, noch bevor ich das Licht einschalte. Das fängt ja gut an. Ich verschließe mich vor der Welt, und man darf mir nicht zu nahe kommen.

Also, ich pack's und mache Licht. Jedesmal wenn ich die Elektroden ablege, bin ich wie neugeboren; meine Haut ist runzlig und rot wie bei einem Baby. Und heute morgen hasse ich mein Spiegelbild ganz besonders. Was für ein abscheuliches Gesicht! So eine grauenvolle Visage! Wenn ich nur meinen Kopf abtrennen und austauschen könnte ...!

Und dann kommt, was kommen muß. Beim ersten Anruf des Tages fragt mich Christian etwas. Ob ich heute eine Speichelprobenserie in der Zentrifuge machen könnte. Meine Antwort, unvorhergesehen und nicht zu unterdrücken, kommt kalt und lakonisch: »Ihr kotzt mich an.« Und ich lege auf. Natürlich ärgere ich mich sofort über mich selbst und versuche mich vor mir zu rechtfertigen. Ich mache diese Torturen, wann ich will. Die sollen mich bloß nicht für geisteskrank halten, ich weiß schon, was ich zu tun habe. Mich plagt der Hunger, und deshalb bin ich mit meinen Nerven am Ende (das stimmt übrigens), usw.

Jedenfalls bin ich voller Angst.

Armer Christian. Immer äußert er eine armselige Bitte kurz bevor ich schlafen gehe oder vor dem Aufstehen, und das sind die schlimmsten Momente.

Beim nächsten Anruf ist Christian weg, und Thierry ist am

Apparat. Habe ich ihn so eingeschüchtert? Ich bitte Thierry, ihm auszurichten, daß ich mich entschuldige, es ist einfach unverzeihlich. Und um freundlich zu sein, mache ich natürlich die Speichelserie.

Langsam schleicht sich ein Zweifel ein. Vielleicht dauert das Experiment sogar bis zum 60. Zyklus. Ich habe das Gefühl, die Zeit, die ich hier bin, zu überschätzen. Doch wenn ich alle möglichen Anhaltspunkte zusammentrage, die Lesezeit für ein Buch, das Tippen einer Seite mit 1500 Anschlägen, die Gymnastikzeiten, bei denen ich mich bemühe, immer gleich viele Bewegungen auszuführen, komme ich nicht auf weniger als 20 Stunden für einen »Tag«; und dabei sind die Siestas noch gar nicht mitgerechnet. Also, was plagt mich dann so?

Ich bin ein Nervenbündel. Jeder Anruf kostet mich mehr Überwindung. Jetzt ist die Gewohnheit in ihr Gegenteil umgeschlagen. Bisher hat sie mich durch den Tag begleitet und mir geholfen, die einzelnen Etappen des Zyklus leicht zu durchlaufen; jetzt ist sie wie eine böse Stiefmutter, die mein Leben regiert, und ich will nur noch eines: mich verstecken. Mit einer riesigen Tafel Schokolade. Vor der Welt fliehen, vor den Stimmen, vor mir selbst.

Am Vormittag beschäftige ich mich, um diese aufkommenden Angstgefühle zu vertreiben. So tippe ich ein paar Seiten, um das Tagebuch auf dem laufenden zu halten. Ich nehme sogar den Pinsel zur Hand, um mich an ein paar Schwänen vor einem azurblauen Himmel zu versuchen. Doch sie sind plump ... Und je mehr ich mich beschäftige, desto weniger kann ich mich zerstreuen. Ich halte es nicht mehr aus, ich ersticke. Ich fühle mich sehr schlecht. Der Mittagsschlaf, den ich eingelegt habe, hat die tiefen Depressionen nur aufgeschoben. Noch nie war ich so weit unten.So weit weg. So allein ...

Ich will lesen, doch meine Aufmerksamkeit erlahmt sofort. Ich liege regungslos mit starrem Blick im Bett und warte darauf, daß heftiges Schluchzen mich aus dieser gräßlichen Dumpfheit aufrüttelt. Ich brauche Francis, seine Wärme, seine Liebe. Oh, warum ist er jetzt nicht da!

Ich fühle, wie eine Welle von Aggression mich übermannt. Und ich kämpfe. Eins nach dem anderen schaue ich mir meine Foltergeräte an, und mich packt eine wahnsinnige Lust, alles zu zerschmettern, alles in Scherben springen zu sehen. Damit nichts mehr funktioniert. Ich schwanke, liege so steif wie eine

Statue, den Hals tief in meine Daunenjacke eingezogen, und mir wird warm bei dem Gedanken, daß es seine Jacke war, bis ich in diese Höllengrotte gestiegen bin. Und ganz laut frage ich mich, was mit mir los ist. Warum geht es mir so schlecht? Ich fühle mich zum Zerreißen gespannt, wie eine Bogensehne, die bei der kleinsten Bewegung in Schwingung gerät. Es soll bloß niemand etwas von mir wollen.

Ich muß mich austoben und ziehe mich um, um eine Serie brutaler Bauchmuskelübungen zu machen. Ich martere mich, doch nichts wirkt. Dann erkenne ich, daß ich vielleicht deswegen so ein Nervenbündel bin, weil ich nicht genügend gegessen habe, in der Sorge, ein bißchen abzunehmen. Oder daß ich mich schlecht ernährt habe. Und ich bin wie besessen von dem Gedanken an eine gesunde Ernährung. Aber ich weiß nicht, was ich essen soll. Es gibt nichts, das mir zusagt.

Ich streiche lange vor dem Regal auf und ab und sehe die Konservendosen durch. In der oberen Reihe steht eine Packung Fertigpudding. Mit viel Milch. Genau, Milch. Ein Beruhigungsmittel. Ich rühre den Pudding an und lasse ihn während der Nachmittagstests kochen. Wir sprechen nur das Nötigste. Als Christophe meine Stimmungsnote erfährt (zwei von zehn Punkten), weiß er nicht recht, wie er reagieren soll. Er unternimmt einen schwachen Versuch. »Zwei Punkte, so, so.« Was mich zu einem Kommentar herausfordern soll. Doch nichts, eisige Leere, und Christophe ergeht sich nicht mehr in weiteren Fragen. Ich kann nicht sprechen, meine Stimme versagt, ich finde es erniedrigend, eine Schwäche zu zeigen. Um so mehr, als ich nicht weiß, wer da oben im Zelt ist. Und ich habe keine Lust, sie vor Unbekannten auszubreiten, die sich unter dem Deckmantel des Mitleids an meinem Unglück freuen und sich anschließend damit brüsten, sie hätten mitbekommen, wie das Mädchen da unten zusammengebrochen ist. Lieber draufgehen! Also schweige ich und lasse zum x-ten Mal die Tests über mich ergehen, die mir zu den Ohren rauskommen.

Dann gehe ich meinen Pudding essen, ich hole ihn kochend heiß aus dem Herd, doch ich schlinge nicht gierig. Ganz im Gegenteil. Löffelchen für Löffelchen esse ich ihn, wie einen magischen Trank, von dem man eine wundersame Wirkung erwartet.

Endlich lege ich mich mit meinen Büchern hin, wende mich wieder den Sorgen von Charles de Gaulle während des Krieges zu, die so viel drückender und berechtigter waren als meine und viel größere Tragweite hatten. Und dabei finde ich langsam wieder zu mir selbst, finde mein Gleichgewicht wieder in meinem behaglichen Schlafsack. Doch wenn ich in die Grotte zurückkehre oder aufstehe, um eine Speichelanalyse zu machen, gerät alles wieder ins Wanken; ich bin seelisch immer noch so weit unten und allein mit der Angst ...

Ich stehe auf und esse den Rest des Puddings, der inzwischen fest geworden ist, lege mich wieder hin, lese noch ein bißchen und entschließe mich dann zu den Abendtests. Danach werde ich endgültig weit weg von der Welt sein; ich möchte gerne so vollständig wie möglich von der Oberfläche abgeschnitten sein. Ich kann das Gefühl, daß man mich da oben beobachtet, nicht mehr ertragen, habe das Bedürfnis, mich ganz einzuschließen. Wieder melde ich die katastrophale Stimmungsnote (zwei von zehn), doch Christian fragt nicht nach. Sie haben verstanden. Ich möchte mich mündlich bei ihm entschuldigen, denn der Arme hat es nicht verdient, daß ich ihn heute morgen so vor den Kopf gestoßen habe. Doch es ist mir unmöglich, auch nur ein einziges Wort herauszubekommen. Und so verschiebe ich es auf später.

Dann weiß ich nicht mehr weiter. Meine Kehle ist wie zugeschnürt, und ich sehe alles in düsterem Licht. Du meine Güte! Noch ein bißchen Milch, komm, das hilft. Ich setze mich an den Küchentisch unter die Lampe, finde es jetzt zu dunkel auf der Terrasse und frage mich, ob ich vielleicht erblinde. Ich wage nicht, daran zu denken. Und doch kommen mir die Lichter auf der Plattform immer schwächer vor ...

Ich hole mir ein paar Knäckebrote und mache einen halben Liter Milch heiß. Mechanisch streiche ich Butter auf die Scheiben, und da endlich brechen die Tränen hervor, doch sie bringen nur wenig Erleichterung. Ich lasse sie fließen, weine, das Gesicht mit den Elektroden in beide Hände vergraben, zwischen Lebensmitteln und Mülleimer. Ich fühle mich wie ein Nichts.

Ich gehe schlafen, überfliege noch ein paar Zeilen und mache schließlich das Licht aus.

Ich wache auf, weil ich aufs Klo muß, glaube, daß ich weiterschlafen kann, lösche das Licht wieder, wälze mich von einer Seite auf die andere und schalte das Licht wieder ein, denn ich will eine Zeitlang lesen. Ich leere noch einmal meine Blase, richte mir einen Happen zum Essen (grüne Bohnen, mitten in der Nacht!), etwas Heißes zum Trinken und mache es mir bequem. Doch die Fliegen sind auf diesem Ohr taub (haben sie übrigens überhaupt welche?). Sie kommen angeflogen und schwirren um den gelben Schleier, den das Licht über mein Buch breitet. Sie rösten sich den Hintern an der Glühbirne oder rutschen auf dem lackierten Rand der Lampe aus und fallen mir in den Nacken oder in die Haare und summen vor meiner Nase herum, daß ich zu schielen anfange. Ich folge ihnen mit mordlüsternem Blick und will weiterlesen, als eine kommt, um sich zwischen meinem Brillenglas und meinem Auge zu vergnügen. Das geht zu weit, und im Dunkeln sehe ich Rot! Koexistenz, ja, aber Unverschämtheit, nein! Entschlossen zu einem gewaltigen Schlag, stehe ich auf, packe rachedurstig die Fliegenklatsche und beginne meinen Rachefeldzug. Ich führe einen gnadenlosen Kampf und dezimiere mit voller Wucht die ungeordneten Reihen der zweigeflügelten Sippschaft. Dann lege ich die Leichen als Trophäen nebeneinander. 54 Tote, die ich im Massengrab des Mülleimers sammle. Und ich gehe zurück ins Bett.

Ich vertiefe mich wieder in die packende Beschreibung von Herrn Bukowskis Hämorrhoiden, als das Telefon ein erstes Mal, dann ein zweites Mal klingelt. Ich wage es kaum zu glauben. Mich mitten in der Nacht anzurufen, nach einer wilden Fliegenjagd und zu einer Zeit, wo ich mich am meisten gegen die Außenwelt abschotte, ist ziemlich gewagt von dem Gesprächsteilnehmer. Oder aber ... Wenn es Michel ist, dann, um mir die große Neuigkeit zu verkünden ... Ich nehme den Hörer ab und antworte zurückhaltend, doch bereit zum Gegenschlag. Einen Augenblick lang werde ich unsicher. Vielleicht ist es auch ein Kurzschluß. Aber nein, es ist Michel. Da weiß ich es sicher – und warte. In einem Ton, dem er einen natürlichen Klang geben möchte, fragt er: »Wie geht's dir?« So als würde man mitten in der Nacht anrufen, um sich nach dem Befinden zu erkundigen, was die Kinder für Fortschritte machen und wie hoch die Miete ist. Und er fragt weiter: »Liegst du im Bett?« Am liebsten würde ich antworten: Nein, ich mache Kopfstand. Doch ich halte mich zurück. »Liest du?« fährt er in leichtem Ton fort. Ich würde gerne einen Scherz machen, aber ich bin wie auf dem Anstand, und statt lässig zu sagen, daß ich Gleitschirm fliege von der Böschung am Wall, bejahe ich einfach. Schließlich hält er es selbst nicht mehr aus und sagt den Satz, den ich so herbeigesehnt habe. Das war's. *Es ist vorbei, du hast gewonnen.* Mit einemmal wird mir kalt, meine Hände sind klamm und feucht, und ich stoße einen abgrundtiefen und durchdringenden Seufzer der Erleichterung aus. Es ist vorbei! Kann das sein? Schon? Dann hatte ich mich also mit meinen ersten Berechnungen doch nicht getäuscht? Und dieser unschätzbare Anhaltspunkt, meine Periode, war doch gültig! Voller Ungeduld frage ich, welchen Tag wir haben. Den 23. November. Und wieviel Uhr? 14 Uhr 19. Seit wann bin ich wach und lese? Seit acht Uhr früh. Seit acht Uhr? Ich kann es nicht fassen, wo ich doch angenommen habe, daß ich erst knapp drei Stunden schmökere!

Michel gibt mir die Teilnehmer des Experiments einen nach dem anderen. Thierry, Christophe, Christian. Ich rede mit ihnen, und ich bin glücklich. Ohne daß es mir jemand gesagt hätte, habe ich im Hintergrund sofort das Echo der Stimme erkannt, die ich liebe und auf die ich, ungeduldig von einem Fuß auf den anderen tretend, warte: die Stimme von Francis. Michel nimmt den Hörer wieder und erklärt mir, wie die Etappen der Wiederanpassung verlaufen sollen. Ich muß jetzt bis nächsten Dienstag, dem offiziellen Tag des Ausstiegs, im Rhythmus der normalen Tage »draußen« leben. Dann reicht er mir verschwörerisch »die Überraschung«. Zitternd vor Freude höre ich endlich die Stimme, die mir so vertraut und doch noch so fern ist, Francis. Wir tauschen ein paar Belanglosigkeiten aus, denn wir sind zu gerührt für weitschweifige Unterhaltungen. Er erzählt mir, daß er nachts fast kein Auge zugetan habe und daß er selbst ganz mutlos gewesen sei, als er meine niedrigen Stimmungswerte gestern gehört habe. Aber jetzt ist alles wieder gut. Ich frage ihn, was er gemacht hat. »Dreimal um die Welt.«

Ich bin sprachlos vor Glück und Neid, weil ich hier nur um diese verdammte Grotte und um mich selbst gekreist bin, und ich verzehre mich vor Ungeduld, ihn in meine Arme zu schließen.

Ich bin in euphorischer Stimmung, und mein Herz schlägt zum Zerspringen. Es tut so gut, ihn endlich dort oben zu wissen. Morgen oder übermorgen kommt er herunter. Ich wünschte, es wäre schon soweit. Doch jetzt muß ich mein unterirdisches Leben weiterführen. Wir haben vereinbart, daß ich weiterlesen und zu einer Zeit schlafen kann, die dem Abend draußen entsprechen sollte. Dann nehme ich die Elektroden ab und reinige meine Haut, die wie üblich spannt und brennt. Allmählich sammle ich mich wieder und setze mich an die Schreibmaschine, der ich meine allerersten Eindrücke anvertraue. Als ich gerade eben zur Luke gegangen bin, überkam mich ein merkwürdiges Gefühl. Ich habe auf das in goldenes Licht getauchte Camp hinuntergeschaut und mir gesagt: Jetzt geht es also zu Ende, und all das wird wieder verschwinden. Mit dem Abbau des Camps wird eine neue Seite aufgeschlagen. Dort habe ich einzigartige Augenblicke durchlebt und Gefühle empfunden, die nur ich allein nachvollziehen und wachrufen kann. Ich habe einen Einblick in die drückende Last der Ewigkeit bekommen und vergeblich nach dem Zeitschlüssel gesucht, dem Schlüssel, den man nach Belieben drehen kann, um die Gefühle schneller oder langsamer ablaufen zu lassen. Ein Abschnitt in meinem Leben ist vergangen. *Vergehen,* das ist das Schlüsselwort. Wir haben geglaubt, man könnte der Vergänglichkeit den Rücken kehren, wenn man sich so tief einschließt. Sie wollten mich loslösen von der Vergänglichkeit, indem sie mich offiziell an eine unveränderliche Landschaft gebunden haben. Sie haben alles darangesetzt, uns auseinanderzubringen, doch die Zeit und ich, wir haben uns nie verlassen. Ich war nicht wirklich *jenseits der Zeit,* ich war nur jenseits ihrer farbenfrohen, schnell verblassenden Erscheinungsbilder. Denn durchlebt und gefühlt habe ich intensive Glücksmomente und abgrundtiefes Leid. Und immer war die Zeit gegenwärtig, wenn auch nicht faßbar in ihrem durchsichtigen Gewand. Sie hat mich zum Narren gehalten, mir vorgemacht, gestern sei heute und morgen werde vielleicht niemals sein, und so das starre Antlitz aufgegeben, das sie normalerweise an den Tag legt. Letztendlich hat sie jedoch mein Leben verkürzt. Denn schließlich habe ich in drei Monaten nur 42 Tage durchlebt. Wo sind die 58 Tage geblieben, die für die Menschen »da oben« aufgegangen sind. Für mich sind sie für immer verloren. Ich habe mich winzig klein gefühlt in dem riesigen Abgrund, der so viel von mir verschlungen hat.

Ich bin aufgewühlt. Dennoch lege ich mich hin und lese die Erzählung von Bukowski zu Ende, die nur drei Seiten lang ist.

Das Telefon klingelt, diesmal, um mich zum Schlafen aufzufordern. Es ist nach Mitternacht ...

43. ZYKLUS

24.–25. November 1988

26 h 51 – davon 9 h 51 Schlaf

Zum ersten Mal seit langer Zeit werde ich einen Tag im Dienste der Gemeinschaft zubringen. Denn ich will so schön wie möglich aussehen für Francis und meine Freunde. Trotz der Kälte – die ich sogar äußerst dürftig bekleidet nicht mehr spüre – betrachte ich mich von allen Seiten im Spiegel. Na ja, gar nicht so schlecht. Bis auf meinen Kopf.

Ich wasche, enthaare, glätte, feile, poliere, parfümiere meinen Körper. Und ziehe selbstverständlich frische Wäsche an. Und ich erstrahle in neuem Glanz. Dann bringe ich die Plattform in Ordnung, nehme das Geschirr in die Mangel, räume auf, lege letzte Hand an.

Ich arbeite in freudiger Erregung. Gerührt lasse ich den Blick auf meinen Büchern ruhen. Was waren sie mir doch für treue Freunde. Wie sehr ich sie doch geliebt habe als treue Begleiter während meiner Gefangenschaft. Ich weiß, daß es ab heute mit dem Lesen für geraume Zeit vorbei sein wird, denn jetzt komme ich in den Wiedersehenstrubel und vor allem in den Strudel eines Lebens mit Francis. Reisen, Expeditionen, Forschungsunternehmen ...

Darüber wird es Abend. Man sagt mir noch nicht die Uhrzeit, doch man »rät mir, daß es Zeit zum Schlafengehen ist«. Ein dicker Kuß noch für Francis, und schon liege ich im Bett. Um etwas ruhiger zu werden, lese ich eine Erzählung. Sie ist zwar nur fünf Seiten lang, aber ich schaffe sie nicht bis zu Ende. Mein Gehirn ist ein regelrechtes Minenfeld. Gedankensprünge, Erinnerungen, Hoffnungen (die jetzt so nah sind) vermischen und durchdringen sich. Ich bin auf angenehme Weise aufgewühlt. Doch als ich das Licht ausmache, kann ich nicht einmal mehr »Uff« sagen, da dämmere ich schon ein. Gerade träume ich, daß mich eine Lebensmittelhändlerin beschuldigt, bei ihr Süßigkeiten gestohlen und sie zum Pferdemetzger nebenan gebracht zu haben, als das Telefon klingelt. Man weckt mich. Ist das hart! Wenn man Nächte von 38 Stunden hinter sich hat, was sind dagegen lächerliche sieben Stunden Schlaf? Meine Güte, was für ein komisches Gefühl, sich zum Aufstehen zwingen zu müssen, und ich merke, daß ich damit die Verbindung zur Zivilisation wiederherstelle. Doch ich bin weit davon entfernt, mich zu beklagen. Das ist ein großer Tag, und ich bringe eilig die Tests zu Ende, um den Empfang für meine »Gäste« vorzubereiten, denn ich will ein schönes Fest geben. Mit einer schönen Lichtertafel voller Essen, um Francis und meine Freunde willkommen zu heißen. Und ich arbeite in so fieberhafter Eile, daß ich richtig zittere. Meine Bewegungen sind rasch, präzise, hektisch.

Die Zeit verstreicht (Mittag ist vorbei, doch ich kann nichts essen, denn mein Magen ist dünner als eine Violinsaite). Ich knete drei große Walnußbrote und backe einen Kuchen nach Art des Hauses, in den ich Crème fraîche, Zucker, Mehl, Öl und Hefe bunt durcheinandermixe. Dann schneide ich den Schinken in schmale Streifen, ordne Gruyèrescheibchen rosettenförmig auf zwei Tellern an, verteile Körbchen mit Keksen und Knäckebrot auf dem Tisch. Essiggurken, Palmherzen, Reiskuchen, Honig und Saft (aus Pulver) runden das Ganze ab. Und als Höhepunkt das Feinste vom Feinen: eine riesige Mirabellentorte.

Was für eine üppige Tafel!

Ab und zu rufe ich oben an, um zu erfahren, wie es mit den Vorbereitungen für ihr Kommen steht, und daß sie sich verspäten, macht mich nur glücklich, denn so kann ich alles fertigmachen und allem den letzten Schliff geben. Schließlich wasche ich mir die Haare, schminke mich sorgfältig, nachdem ich die häßlichen roten Stellen in meinem Gesicht abgedeckt habe – die Zeichen des Widerstands der Haut gegen die unterirdische Behandlung.

Ich bebe, spüre mich nicht mehr, ziehe meine Kleider verkehrt an, werfe Sachen um und zittere am ganzen Körper. Mein Magen meldet sich, indem er sich hart zusammenzieht. Es ist besser, ich esse eine Kleinigkeit. Es muß mitten am Nachmittag sein, und aus freudiger Erregung habe ich seit heute morgen nichts mehr zu mir genommen. So knabbere ich ein bißchen Gemüse. Zum Schluß klebe ich mit der ganzen Selbstbeherrschung, die ich zu dieser Stunde, wo das Wiedersehen naht, noch aufbringen kann, 60 Kerzen auf die Stalagmiten. Die Grotte erhellt sich und schmiegt sich um den Wald aus Felskerzen in einem der seltenen Augenblicke, wo sie Schönheit und Wärme ausstrahlt. Mein Steinkosmos erwacht zum Leben, fängt zaghaft an zu zucken, wie ein Herz, das zu lange geschlafen hat.

Ja, heute, in diesem Augenblick liebe ich diese Grotte aus ganzem Herzen. Sie gehört mir. Und auch sie atmet freier, seit die Luke geöffnet bleibt, damit die Winde, über die meine Freunde heruntersteigen sollen, angebracht werden kann. Um mir ein letztes Mal selbst gegenüberzustehen in diesem verhaßten und geliebten Abgrund, setze ich mich in den Terrassenstuhl, beide Beine auf einem Hocker ausgestreckt. Mir ist warm, und ich fühle mich wohl, fühle mein Blut kraftvoll durch die Adern strömen. Das Zittern hat sich etwas gelegt, aber ich bin wie im Fieber.Ich höre Stimmen auf dem Wall, und von Zeit zu Zeit blitzt ein Scheinwerfer auf. Einmal habe ich ganz deutlich das Gefühl, es sei wieder August, als dieselben Leute in demselben Schacht gearbeitet haben, um das Camp herzurichten. Als sei tatsächlich Sommer und ich hätte diese drei Monate unter der Erde nur geträumt, sei nur aus einem dumpfen Schlaf mitten in der Höhle aufgewacht. Das Experiment fängt erst an. Doch ich schaue in den Spiegel. Nein, meine Haare, die im Nacken kitzeln, können nicht in so kurzer Zeit so gewachsen sein. Und dieses Manuskript da, habe wirklich ich das geschrieben? Natürlich. Die Wirklichkeit ist, daß das Experiment zu Ende ist und daß meine Freunde kommen. Ich höre sie schon.

Mein Herz klopft so rasend, als warte es darauf, aus der Brust zu springen. Ich sehe Scheinwerfer die hervortretenden Felsen zerschneiden. Endlich kommt die Helligkeit nicht mehr nur vom Camp. Endlich werden die einzigen Laute nicht mehr nur von den Tropfen erzeugt, und endlich dringen die einzigen menschlichen Stimmen nicht mehr nur über Telefon zu mir. Ich halte krampfhaft meinen Stift, um mich von der aufreibenden Nervosität abzulenken, die in mir flackert. Als würde ein Kugelblitz durch meinen Körper zucken. Und ich schreibe, schreibe, um mich zu bremsen, durchpflüge buchstäblich das Papier.

Da ruft mich das Telefon, und Michel frohlockt. »Es ist soweit, wir kommen runter.« Ich lege auf und gehe langsam, mit gemessenen Schritten, zum äußersten Rand der Plattform. Direkt neben der Zielscheibe bleibe ich stehen und schaue zum Wall, der schon von Scheinwerfern beleuchtet ist. Mein Atem stockt, während vom Stalagmitenwald der erste Ruf von Michel herüberhallt. Véronique! Wie im Fieber antworte ich mit einem leisen »Ja, ich komme schon«, das er nicht hört. Wieder ruft er: »Véronique!« Ich nehme die Schutzbrille, die verhindern soll, daß ich geblendet werde oder eine Augenentzündung bekomme, und setze sie auf. Die Maske vor meinen Augen ähnelt einem Spiegel, und ich sehe kein bißchen mehr.

Sie sind da und warten auf mich. Ich kann nur winzige Lichtpunkte durch die Schutzgläser erkennen und gehe mit ganz kleinen Schritten vorwärts (ich kenne die Strecke gut, kenne jeden Tropfstein dort). Jetzt erreiche ich sie. In meiner Brust schlägt ein regelrechter Schmiedehammer, und meine Hände sind feucht und wie erfroren. Vor den steinernen Statuen, die in all den Kerzenflammen erstrahlen, bleibe ich stehen, und Michel tritt vor und sagt: »Guten Tag, meine Große, bravo.« Ich umarme ihn und recke in einem unwiderstehlichen Drang den Arm ins Leere, dahin, wo ich Francis fühle. Und in dem Augenblick, wo ich seine Hand in meiner spüre, vor den surrenden Kameras, im Scheinwerferlicht von Tausenden von Watt, lasse ich meinen Tränen freien Lauf, meine Stimme überschlägt sich vor Freude. Ich kann das heftige Schluchzen, das mich schüttelt, nicht mehr unterdrücken, und wenn ich mich nicht mit aller Kraft an Francis geklammert hätte, wenn er mich nicht gehalten hätte, wäre ich in die Knie gesunken.

Es ist vorbei. Endlich ist er da!

Das Vergnügen, die Augen meiner Freunde vor Staunen und Freude leuchten zu sehen angesichts des unterirdischen Büfetts, das so wenig an einen solchen Ort paßt.

Dann eine Frage während eines Interviews: das Mystische. Ein religiöses Gefühl, das Gefühl einer göttlichen Macht oder wenigstens von etwas Höherem habe ich hier nicht empfunden. Das einzige Gefühl, das sich mir aufdrängte, die einzige Reaktion, die mich angesichts des Eingesperrtseins beherrschte, war der Rückzug auf mich selbst, allem den Rücken zu kehren, mich zusammenzukauern.

Die Dreharbeiten enden ziemlich spät, und als ich den Kopf auf das Kopfkissen lege, dämmere ich glückselig ins Nichts hinüber.

26./27./28. November 1988

Während der Tage vor dem offiziellen Ausstiegsdatum lebe ich nach einem »menschlicheren« Rhythmus. Das ist die Phase der Wiederanpassung, in der Michel mir sagt, wann ich schlafen und aufstehen soll.

Die Tage kommen mir ungewöhnlich kurz vor. Kaum habe ich mit einer Sache angefangen, ist es auch schon Abend. Aber, seltsam, das Hin und Her der Filmleute und Höhlenforscher, die in der Grotte arbeiten, erfüllt jeden Tag mit einem derart hektischen Treiben, daß ich innerhalb von 24 Stunden mehr Erinnerungen sammle als während des gesamten Experiments.

29. November 1988

Das ist der Tag X des Aufstiegs, der aus filmtechnischen Gründen für 13 Uhr vorgesehen ist.

Heute morgen ist niemand mehr in meinem unterirdischen Camp. Die Grotte hüllt sich wieder in Schweigen und Einsamkeit, und ich betrachte sie schon wehmütig.

Es ist soweit. Mühsam – mein Herz krampft sich zusammen – steige ich den Wall hinauf, an meincr »Nische« vorbei. Jetzt bin ich am Fuß des Schachts, hebe den Kopf und sehe das kleine blaue Viereck des Tageslichts, auf das ich so sehr gewartet habe. Doch ich drehe mich schnell um und betrachte ein letztes Mal die beeindruckende Felskathedrale, diesen irdischen Abgrund, der mich zu Abgründen in mir selbst geführt hat, die ich sicher noch nicht vollständig erforscht habe. Die Kalkfiguren sind noch immer da, erstarrt in Ewigkeit. Jean-Paul macht mich an einem Stahlseil fest, das mich zur Oberfläche hievt. Ich setze die Brille auf, die meine Augen vor dem grellen Tageslicht draußen schützen soll. Dann ist das Signal gegeben, das Kabel spannt sich, meine Füße heben sich schon vom Boden, schon werde ich vom Boden weggerissen. Und während ich mich langsam um mich sclbst drehe, beschreibe ich mit meinen Armen weite, wortlose Abschiedsgrüße. Adieu, Grotte! Adieu! Wir treffen uns wieder ...

Ich hebe den Kopf nicht, noch nicht, nehme die letzten Wogen von Dunkelheit in mich auf, die mir meine düstere Begleiterin schickt, bevor sie zu ihrem tausendjährigen Frieden zurückfindet.

Das Kabel stoppt einen Moment lang direkt unter der Öffnungsklappe, und ich höre eine Stimme, die alle anderen überdeckt, die Stimme von Francis. Schließlich beuge ich mich zurück und schaue intensiv durch meine versilberte Maske. Ich fühle es, es beginnt mich zu erfrischen wie Quellwasser – das Tageslicht.

Als ich durch die Klappe steige, habe ich das Gefühl, daß die Seifenblase, in der ich so lange eingesperrt war, zerplatzt. Und mit einem Schlag dringt alles auf mich ein, Gerüche, Lärm, die Menschen ganz einfach.

Ich küsse Francis, schließe Mama schluchzend in die Arme, hebe langsam den Blick zum Himmel und lächle ihm hoffnungsvoll zu. Hinter mir schließt sich geräuschlos die Klappe über der Höhle, die nicht mehr meine Herzschläge hören wird.

Schlußwort

Die folgende Woche verbrachte ich in verschiedenen Krankenhäusern, um die wissenschaftlichen Messungen über den 24-Stunden-Rhythmus fortzusetzen.

Alle Analysen und die Schlußfolgerungen aus diesem Experiment werden getrennt als eigenständige Arbeit veröffentlicht.

Kurz nach meinem Ausstieg habe ich mich in einen Strudel von Aktivitäten gestürzt, die Francis für mich vorbereitet hatte. Eine weise Entscheidung, die verhinderte, daß ich nach einer solchen Zäsur im Leben in völliger Erstarrung verharre.

Ich habe keine großen körperlichen Veränderungen nach dem Experiment festgestellt, aber ich muß zugeben, daß ich manchmal Zeiten völliger »psychischer Verschiebung« erlebe, in denen ich nicht mehr weiß, was mir wichtig ist, welches Ziel ich im Leben habe ... »Hohle« Momente (nach vier Monaten in einem Loch ist das relativ normal), die nicht sehr lange dauern und die durch Aktivität schnell weggewischt werden. Doch kann ich selbst noch nichts Endgültiges über die Folgen des Experiments schreiben, denn ich weiß, daß ich es in den kommenden Jahren wieder durchleben werde, in unterschiedlicher Form. Aber das ist eine andere Geschichte ...